Graded French Reader

Graded French Reader THIRD EDITION

Première Étape

Camille Bauer
BROWN UNIVERSITY

Otto Bond

D. C. HEATH AND COMPANY
Lexington, Massachusetts   Toronto

Preface

Language teaching through graded readings was first developed by a group at the University of Chicago in the early 1930s. Its success is indicated by the fact that countless graded readers have been developed since that time.

The suspenseful and dramatic stories in the *French Graded Reader* are easy to read because the semantic and syntactic difficulties in these simplified versions are kept to a minimum; the style, however, is forceful and authentic. The vast majority of the words and structures used may be classed as basic French (90% frequency), and they are introduced again and again throughout the stories to reinforce language acquisition.

The stories appear in the order in which they were written. More advanced students may read them in any order because they sustain the reader's interest independently of the level of language difficulty. The theme throughout is freedom.

"Dantès," an episode taken from *Le Comte de Monte-Cristo* by Alexandre Dumas (1802–70), concerns a sea captain, wrongfully imprisoned on an island in the Mediterranean, who desperately seeks to escape from his prison.

"Les Chandeliers de l'évêque" is taken from *Les Misérables* by Victor Hugo (1802–85). A convict is released from prison, full of hatred against a society that sentenced him to the galleys for stealing a loaf of bread.   He meets a saintly bishop whose example will lead him out of his dark past to moral regeneration.

"L'Attaque du moulin," a short story by Émile Zola (1840–1902), is an ironic, antiwar piece in which the author shows how the peaceful lives of three people are affected by a military attack on their village during the Franco-Prussian War in 1870.

"L'Homme qui dormit cent ans," by Henri Bernay, envisages the civilization of the future.   In the year 2027, two survivors of the previous century find themselves prisoners of an ultramodern New York where the comforts of life have been obtained at the expense of personal freedom and old-world pleasures.

Contents

Study Aids

The exercises accompanying each of the stories focus on grammar, vocabulary, or reading comprehension.

Grammar Exercises: Each exercise covers a specific grammar point and usually provides an example to follow. A translation is provided when there is danger of interference between French and English. Only words appearing in the corresponding section of the text are used, so that a second reading of the text is often helpful. Irregular verbs may be found in the end vocabulary.

Vocabulary Exercises: The general purpose is to attract attention to words and phrases that may present difficulties, as well as to give free rein to imagination and initiative. Whenever possible, the selected words and phrases are grouped under themes (for example, parts of the body, feelings, transportation). This thematic association reinforces memorization. The words may be recombined to express personal experience.

Reading Comprehension Exercises: In discriminating between true and false statements in these exercises, it should be noted that some of the incorrect statements are worded in only a slightly different way from their correct version in the text.

The Grammatical Index shows which grammar points have been covered and should help students set up a program tailored to their individual needs.

1 Dantès

ALEXANDRE DUMAS

DANTÈS

1. M. L'INSPECTEUR FAIT SES VISITES

Le 30 juillet[1] 1816, M. l'inspecteur général des prisons de Sa Majesté Louis XVIII[2] visite, l'une après[3] l'autre, les chambres du Château d'If.[4]   Il demande[5] aux prisonniers si la nourriture[6] est bonne, et s'il y a[7] quelque[8] chose[9] qu'ils désirent.

5   L'un après l'autre, les prisonniers lui répondent[10] que la nourriture est détestable et qu'ils désirent leur liberté.

L'inspecteur général leur demande s'ils n'ont pas autre chose[11] à lui dire.

Ils ne répondent pas.   Quand[12] on est prisonnier, peut-on
10   désirer autre chose que la liberté?

L'inspecteur se tourne et dit au gouverneur de la prison qui l'accompagne:

— Je ne sais pas pourquoi[13] je fais ces visites, ni[14] pourquoi je demande aux prisonniers s'il y a quelque chose qu'ils désirent.
15   C'est toujours[15] la même[16] chose.   La nourriture est toujours détestable, et les prisonniers sont toujours innocents.   Ce qu'ils désirent, c'est toujours la liberté.   En avez-vous d'autres?

— Oui, nous avons des prisonniers qui sont dangereux ou fous,[17] que nous gardons dans les cachots.[18]
20   — Eh bien, descendons dans les cachots.

— Mais on ne descend pas dans les cachots du château d'If sans gardiens.   Ces prisonniers-là sont très dangereux.

— Eh bien, prenez des gardiens.

— Comme vous voulez, dit le gouverneur.

---

[1]**juillet** July.   [2]Brother of Louis XVI, king of France from 1814 to 1824.   [3]**après** after   [4]**château** castle.   The *Château d'If* was built by François Ier on the little island of If, two kilometers from Marseille, and served as a state prison. [5]**demander** to ask (for).   [6]**nourriture** food.   [7]**il y a** there is (are).   [8]**quelque** some, any.   [9]**chose** thing.   [10]**répondre** to answer, reply.   [11]**d'autre chose** something else.   [12]**quand** when.   [13]**pourquoi** why.   [14]**ni** nor.   [15]**toujours** always.   [16]**même** same.   [17]**fou (fol, folle)** mad, insane.   [18]**cachot** dungeon, dark cell.

2

2. LES CACHOTS

Au bout[19] de quelques moments, deux gardiens arrivent, tenant[20] des torches. Ils commencent à descendre un escalier[21] humide et sans lumière.[22] Une odeur désagréable fait hésiter l'inspecteur. C'est comme une odeur de mort.[23]

5 — Oh! dit-il, qui peut vivre[24] là?

— Un prisonnier des plus dangereux, Edmond Dantès. C'est un homme capable de tout. Il a voulu tuer[25] le porte-clefs[26] qui lui apporte[27] sa nourriture.

— Il a voulu tuer le porte-clefs?

10 — Oui, monsieur,[28] celui qui nous accompagne. Le désespoir[29] a rendu[30] ce prisonnier presque[31] fou. Voilà[32] pourquoi on le garde dans ce cachot.

— Il est préférable d'être complètement fou . . . on ne souffre[33] plus . . . on ne désire plus la mort.

15 — Sans doute, dit le gouverneur. Nous avons dans un autre cachot, dans lequel on descend par un autre escalier, un vieil[34] abbé,[35] un Italien. L'abbé est ici depuis[36] 1811. En 1813, le désespoir l'a rendu complètement fou. À présent, il désire vivre, il prend sa nourriture, il est content. Lequel de ces prisonniers

20 voulez-vous voir?

— Tous les deux.[37] Commençons par Dantès.

— Très bien, répond le gouverneur, et il fait signe au porte-clefs d'ouvrir[38] la porte[39] du cachot.

3. LE PRISONNIER DANGEREUX . . .

La porte massive s'ouvre lentement.[40]

25 À la lumière des torches, on voit dans un coin[41] du cachot une

---

[19]**bout** end; **au bout de** after.   [20]**tenir** to hold.   [21]**escalier** staircase, stairs.
[22]**lumière** light.   [23]**mort** *n.f.* death.   [24]**vivre** to live.   [25]**tuer** to kill.
[26]**porte-clefs** turnkey, jailer.   [27]**apporter** to bring.   [28]**monsieur** sir, Mr.
[29]**désespoir** despair, desperation.   [30]**rendre** to render, make.   [31]**presque** almost.
[32]**voilà** there is (are), *here* that is.   [33]**souffrir** to suffer.   [34]**vieil** (*m.* **vieux**, *f.*
vieille), old.   [35]**abbé** priest   [36]**depuis** since, for; **l'abbé est ici depuis 1811** the priest has been here since 1811.   [37]**tous les deux** both.   [38]**ouvrir** to open.
[39]**porte** door.   [40]**lentement** slowly.   [41]**coin** corner.

forme indistincte.   La forme fait un mouvement, se tournant vers[42] la lumière.   C'est un homme.   C'est Dantès.

Il s'approche[43] lentement du gouverneur.   Quand il voit l'inspecteur, accompagné par deux gardiens, et auquel le gouverneur parle[44] avec respect, il n'hésite plus.   Cet homme doit[45] être une autorité supérieure . . . on peut l'implorer . . . on peut lui parler de ses injustices . . .   Avec une éloquence touchante, il implore son visiteur d'avoir pitié de[46] lui.

— Que demandez-vous? dit l'inspecteur.

— Je demande quel crime j'ai commis.[47]   Je demande qu'on me donne des juges.[48]   Je demande qu'on me tue, si je ne suis pas innocent.   Mais, si je suis innocent, je demande ma liberté.

— Votre nourriture est-elle bonne?

— Oui, je le crois[49] . . . je n'en sais rien . . . cela n'a pas d'importance.   Un homme innocent meurt[50] dans un cachot, victime d'une injustice . . .   Voilà ce qui est important . . . à moi, prisonnier . . . à tous les juges qui rendent la justice . . . au roi[51] qui nous gouverne . . .

— Vous êtes très humble, à présent, dit le gouverneur.   Vous n'êtes pas toujours comme cela.   Vous n'avez pas parlé de cette manière le jour où[52] vous avez voulu tuer votre porte-clefs . . .

— Oui, je le sais, monsieur, et je demande pardon à cet homme qui m'apporte ma nourriture et qui est toujours bon pour moi[53] . . .   Mais que voulez-vous?[54]   Le désespoir m'a rendu furieux.

— Et vous ne l'êtes plus?

— Non, monsieur.   La captivité m'a rendu humble . . . je suis ici depuis si longtemps![55]

— Si longtemps? demande l'inspecteur.

— Oui, monsieur.   Je suis ici depuis le 28 février[56] 1815.

— Nous sommes le 30 juillet 1816.   Cela fait dix-sept mois[57] que

---

[42]vers toward.   [43]s'approcher (de)to approach .   [44]parler to speak, talk.
[45]doit (pres. ind. devoir) must.   [46]pitié pity; avoir pitié de to have pity on.
[47]commis (p.p. commettre) committed.   [48]juge judge.   [49]croire to believe,
think.   [50]meurt (pres. ind. mourir) is dying.   [51]roi king.   [52]où where, when.
[53]bon pour moi good (kind) toward me.   [54]Mais que voulez-vous? But what do
you expect?   [55]longtemps long, long time.   [56]février February.   [57]mois month.

vous êtes prisonnier au Château d'If . . . ce n'est pas long.
— Ah! monsieur, dix-sept mois de prison! Mais vous ne savez pas
ce que c'est que d'être prisonnier[58] dans un cachot du Château
d'If! Dix-sept mois, ce sont dix-sept années![59] . . . et quand on
5 meurt lentement pour un crime qu'on n'a pas commis! Ayez pitié
de moi, monsieur! Je demande des juges, monsieur . . . on ne
peut pas refuser des juges à un homme accusé.
— C'est bien,[60] dit l'inspecteur. On va voir.[61]
La porte du cachot se referme.[62]

4. ON PASSE AU Nº 27

10 L'inspecteur général se tourne vers le gouverneur:
— De quels crimes cet homme est-il accusé? demande-t-il.
— De terribles crimes, je crois . . . Vous allez voir les notes dans
le registre des prisonniers, en remontant[63] . . . mais, à présent,
voulez-vous passer au cachot de l'abbé?
15 — Je préfère remonter . . . mais, après tout, il est nécessaire de
continuer ma mission.
— Ah! le vieil abbé n'est pas un prisonnier comme l'autre. Sa
folie[64] n'est pas désagréable.
— Et quelle est sa folie?
20 — Oh! une folie étrange[65]: il se croit possesseur d'un trésor[66]
immense. La première[67] année de sa captivité, il a voulu offrir[68]
au roi un million, en lui demandant sa liberté. La seconde année,
deux millions; la troisième[69] année, trois millions, etc., etc.
L'abbé est à sa cinquième[70] année de captivité; il va vous deman-
25 der de vous parler en secret, et il va vous offrir cinq millions.
— Ah! ah! c'est curieux . . . et qui est ce millionnaire?
— Un Italien, l'abbé Faria.

---

[58]ce que c'est que d'être prisonnier what it is to be a prisoner.   [59]année year.
[60]C'est bien All right.   [61]On va voir We shall see.   [62]refermer to shut (close)
again.   [63]remonter to go up again.   [64]folie madness, insanity.   [65]étrange
strange, queer.   [66]trésor treasure.   [67]premier first.   [68]offrir to offer.
[69]troisième third.   [70]cinquième fifth.

— N⁰[71] 27!

— C'est ici. Ouvrez, Antoine.

Le porte-clefs ouvre la porte du N° 27, et l'inspecteur regarde[72] avec curiosité dans le cachot de l'*abbé fou.*

5. LE PRISONNIER FOU

5   L'abbé Faria se tourne et regarde avec surprise ces hommes qui viennent de descendre[73] dans son cachot.

— Que demandez-vous? dit l'inspecteur.

— Moi, monsieur? dit l'abbé.   Je ne demande rien.

— Vous ne comprenez[74] pas.   Je suis agent du gouvernement.
10   J'ai mission de descendre dans les prisons et de demander aux prisonniers si leur nourriture est bonne et s'il y a quelque chose qu'ils désirent.

— Je comprends, monsieur.   La nourriture est la même que dans toutes les prisons; elle est mauvaise.[75]   Mon cachot est humide
15   . . . l'air ici est mauvais . . . mais que voulez-vous?   C'est une prison.   Mais tout cela n'est pas important.   J'ai des révélations de la plus grande importance à faire au gouvernement . . . voilà ce qui est important, monsieur.   Pouvez-vous me parler en secret?

— Monsieur, ce que vous me demandez est impossible.

20   — Mais, monsieur, s'il est question d'offrir au gouvernement une somme[76] immense? . . . une somme de cinq millions? . . .

— Mon cher[77] monsieur, dit le gouverneur, vous parlez de votre trésor, n'est-ce pas?

Faria regarde le gouverneur un moment en silence.

25   — Sans doute, dit-il.   De quoi voulez-vous que je parle?

— Mon cher monsieur, dit l'inspecteur, le gouvernement est riche.   Il n'a pas besoin[78] de votre argent.[79]   Gardez-le pour le jour où vous sortirez[80] de prison.

---

[71]N° = numéro number.   [72]regarder to look (at).   [73]qui viennent de descendre who have just descended.   [74]comprendre to understand.
[75]mauvais bad, wretched.   [76]somme sum.   [77]cher dear.   [78]avoir besoin to need.   [79]argent money, silver.   [80]sortirez (*fut.* sortir) get out.

— Mais si je ne sors pas de prison? Si on me garde dans ce cachot, et si j'y meurs sans avoir dit mon secret? . . . Ah! monsieur, un secret comme celui-là ne doit pas être perdu![81] J'offre six millions, monsieur; oui, j'offre six millions, si l'on[82] veut me
5 rendre la liberté.

— Je vous ai demandé si votre nourriture est bonne.

— Monsieur, vous ne me comprenez pas. Je ne suis pas fou. Je vous dis la vérité.[83] Ce trésor dont je vous parle, existe. Voulez-vous me rendre[84] la liberté, si je vous dis où l'on peut
10 trouver[85] le trésor?

— Vous ne répondez pas à ma question, dit l'inspecteur avec impatience.

— Ni vous à ma demande![86] Vous êtes comme les autres qui n'ont pas voulu me croire! Vous croyez tous que je ne dis pas la vérité!
15 Je vous maudis![87] Vous ne voulez pas accepter mon argent? Je le garde! Vous me refusez la liberté? Dieu[88] me la donnera! Allez! . . . je n'ai plus rien à dire.

Les hommes sortent.   Le porte-clefs referme la porte.

6.   LE REGISTRE DES PRISONNIERS

— Je crois que l'abbé est possesseur de quelque trésor, dit l'in-
20 specteur, en remontant l'escalier.

— Ou il s'imagine qu'il en est possesseur, répond le gouverneur. Moi, je crois qu'il est fou.

Arrivé dans la chambre[89] du gouverneur, l'inspecteur examine le registre des prisonniers.
25 Il y trouve cette note concernant Dantès:

EDMOND DANTÈS: Bonapartiste[90] fanatique. A pris[91] une part

---

[81]perdu (*p.p.* perdre) lost.   [82]l'on: on may be preceded by l' after que, si, ou, où (see line 23), etc. to prevent hiatus; it has no vocabulary value.   [83]vérité truth.
[84]rendre to return, give back.   [85]trouver to find.   [86]demande *n.* request.
[87]maudire to curse.   [88]Dieu God.   [89]chambre room.   [90]The Bonapartistes were adherents of the imperial monarchy established by Napoleon Bonaparte in 1804.   [91]pris (*p.p.* prendre) taken.

active au retour[92] de l'île[93] d'Elbe. À tenir sous la plus stricte surveillance.

L'accusation est très positive. Il n'y a pas de doute.
L'inspecteur général n'hésite plus. Il écrit[94] ces trois mots[95]
5 sur la page du registre:

Rien à faire.[96]

Il écrit les trois mots sans hésiter, et il referme le livre.[97]
Rien à faire . . . rien à faire . . . trois mots qui signifient la
même chose que *perdu!* Mais dans le cachot de Dantès, un
10 homme prend un morceau[98] de plâtre[99] et écrit sur le mur[100] une
date:

30 JUILLET 1816

et après la date, chaque[101] jour, il fait une marque.

7. LE NUMÉRO 34

Les jours passent, et les mois . . .
15   On change de gouverneur . . . on change de porte-clefs. Pour
le nouveau[102] gouverneur, un prisonnier n'est plus un homme,
c'est un numéro.

On ne dit plus: Dantès. On dit: le numéro 34.
Dantès connaît[103] toutes les formes du malheur.[104]
20   Il commence à douter de son innocence. Il prie,[105] non pas
Dieu, mais les hommes.

---

[92]**retour** return.   [93]**île** island. Following his abdication in April 1814, Napoleon
was sent to the island of Elba, from which he escaped to France a year later.
He regained power for a period known as the Hundred Days. Waterloo
(June 18, 1815) ended his reign and caused his exile to St. Helena.   [94]**écrire**
to write.   [95]**mot** word.   [96]**Rien à faire** Nothing to be done.   [97]**livre** book.
[98]**morceau** piece.   [99]**plâtre** plaster.   [100]**mur** wall.   [101]**chaque** each.
[102]**nouveau** (*f.* **nouvelle**) new.   [103]**connaît** (**connaître**) to know.   [104]**malheur**
unhappiness.   [105]**prier** to pray, beseech, beg.

Il prie qu'on le tire[106] de son cachot pour le mettre[107] dans un autre. Un autre cachot, c'est une distraction[108] de quelques jours. Il prie qu'on lui accorde[109] l'air, la lumière, des livres, des instruments . . . Rien de tout cela ne lui est accordé, mais il
5   recommence ses demandes.

Il parle à son porte-clefs . . . parler à un homme est un plaisir.[110] Dantès parle pour le plaisir d'entendre[111] sa propre[112] voix.[113] Mais il ne peut pas tirer un mot[114] du porte-clefs.

Un jour, il prie le porte-clefs de demander pour lui un compa-
10   gnon. Le porte-clefs transmet la demande du numéro 34 au nouveau gouverneur. Mais le gouverneur s'imagine que Dantès veut trouver quelqu'un pour l'aider à s'échapper[115] de prison. Et il refuse.

Le cercle des ressources humaines est complet. Dantès se
15   tourne vers Dieu.

8. LA RAGE[116]

Les mois passent . . .

Toujours la même vie[117] de prison . . . pas de lettre . . . pas de livres . . . pas de compagnon . . . pas un signe visible de Dieu en réponse à ses prières.[118]   Seul[119] dans le silence profond de son
20   cachot, Dantès n'entend que la voix de son propre cœur.[120]   Dieu n'est plus là.

Dantès passe de la prière à la rage.

Il maudit le porte-clefs, le gouverneur, le roi. Il maudit les hommes qui l'ont mis[121] où il est. Il se dit que c'est la haine[122] des
25   hommes, et non la vengeance de Dieu, qui est responsable de sa captivité au Château d'If. Il trouve que la mort est trop[123] bonne pour ces hommes, car[124] la mort, c'est le repos.[125]   Et lui, victime innocente de leur injustice, ne connaît pas le repos.

---

[106]tirer to take from (out of).   [107]mettre to put, place.   [108]distraction amusement.   [109]accorder to allow, grant.   [110]plaisir pleasure.
[111]entendre to hear.   [112]propre own.   [113]voix voice.   [114]mot word.
[115]échapper to escape; s'échapper de to escape.   [116]rage madness, rage.
[117]vie life.   [118]prière prayer, entreaty.   [119]seul alone.   [120]cœur heart.
[121]mis (p.p. mettre) put, placed.   [122]haine hate, hatred.   [123]trop too.
[124]car for, because.   [125]repos rest, repose.

Enfin,[126] dans sa rage, il maudit Dieu.

Il ne veut plus vivre. S'il meurt, il peut échapper à la haine des hommes, à la vengeance de ses ennemis, à cette horrible vie de prison. C'est dans la mort seule[127] qu'il peut trouver enfin le repos qu'il désire. Mais pourquoi cette mort n'arrive-t-elle pas? Veut-elle qu'il l'aide à venir?

Cette idée de suicide le rend plus calme.

La vie de prison, le malheur dans son cœur . . . il les trouve à présent plus supportables, car il sait enfin qu'il peut les laisser[128] là, quand il le veut.

La porte de sa prison s'ouvrira un jour.

9.   LA MORT PAR LA FAIM[129]

Quatre années passent lentement . . . lentement . . .

Dantès ne compte[130] plus les jours. Pour lui, le temps[131] n'existe pas. Il n'a qu'une seule idée: *mourir.*

Il y a deux moyens[132] de mourir. L'un est très simple: se pendre.[133] L'autre consiste à se laisser[134] mourir de faim.

Le premier moyen, Dantès le trouve mauvais. On pend des pirates, des criminels. Il ne veut pas adopter pour lui-même[135] une mort si peu honorable.

Il adopte le deuxième moyen: la mort par la faim.

Chaque jour, il jette[136] son pain[137] par la fenêtre[138] barrée[139] de son cachot. Les premiers jours, il le jette avec joie, puis[140] avec réflexion,[141] enfin avec regret.

Il n'est pas facile[142] de se laisser mourir de faim! Il n'est pas facile de refuser de vivre! Car le pain, c'est la vie!

Un jour, il prend le morceau de pain et le regarde longtemps. Il l'approche de sa bouche.[143] Il ouvre la bouche. Puis, d'un

---

[126]**enfin** finally, at last.   [127]**seul** only.   [128]**laisser** to leave.   [129]**faim** hunger.
[130]**compter** to count.   [131]**temps** time.   [132]**moyen** way, means.   [133]**pendre**
(**se**) to hang.   [134]**laisser** to let, allow.   [135]**lui-même** himself.   [136]**jeter** to throw
(away).   [137]**pain** bread.   [138]**fenêtre** window.   [139]**barré** barred.   [140]**puis** then,
afterward.   [141]**avec réflexion** deliberately.   [142]**facile** easy.
[143]**bouche** mouth.

mouvement violent, il jette le pain par la fenêtre. Mais ce n'est pas son pain qu'il jette, c'est son existence! C'est la vie qu'il refuse là.

Les derniers[144] instincts de la vie combattent sa résolution de mourir. C'est un combat terrible, sans pitié. Enfin, un jour, il n'a plus la force[145] de jeter par la fenêtre le pain qu'on lui apporte. Il tombe[146] sur son lit.[147]

10. UN BRUIT[148] MYSTÉRIEUX

Le lendemain[149] matin,[150] en ouvrant les yeux,[151] Dantès ne voit plus, il entend avec difficulté. Quand il referme les yeux, il voit des lumières brillantes. C'est le dernier jour de son existence qui commence!

Le soir,[152] vers neuf heures,[153] il entend un bruit dans le mur au coin de son cachot.

Dantès croit que c'est un rat, car les rats sont ses seuls compagnons de tous les soirs.[154] Il est indifférent au bruit qu'ils font. Mais cette fois,[155] ce n'est pas le bruit d'un rat. C'est comme le grattement[156] d'un instrument sur une pierre.[157]

Dantès écoute.[158] Le grattement continue toujours. Cette idée toujours présente à l'esprit[159] de tous les prisonniers, *la liberté*, frappe[160] l'esprit de Dantès. Ce bruit qui arrive au moment où il va mourir, n'est-ce pas le signe que Dieu a enfin pris pitié de lui?

Le bruit mystérieux continue trois heures. Puis Edmond entend un autre bruit comme celui d'une pierre qui tombe. Puis, le silence.

Quelques heures après, le grattement recommence.

À ce moment, le porte-clefs entre dans le cachot.

---

[144]**dernier** last.   [145]**force** strength, might, force.   [146]**tomber** to fall.
[147]**lit** bed.   [148]**bruit** noise, sound.   [149]**lendemain** next day, day after.
[150]**matin** morning; **le lendemain matin** the next morning.   [151]**yeux** (*sing.*
œil) eyes.   [152]**soir** evening.   [153]**heure** o'clock.   [154]**tous les soirs** every evening.
[155]**fois** time.   [156]**grattement** scraping, grating.   [157]**pierre** stone.
[158]**écouter** to listen (to).   [159]**esprit** mind, spirit.
[160]**frapper** to strike, knock.

11.   LA JOIE ET LE DOUTE

Tous les soirs, quand le porte-clefs apporte la nourriture au prisonnier, il lui demande de quelle maladie il souffre.   Dantès ne lui
répond toujours pas.   Puis le porte-clefs met la nourriture sur la
table et regarde son prisonnier très attentivement.   Edmond se
5   tourne toujours vers le mur.

Mais ce soir, Dantès commence à parler sur tous les sujets
possibles . . . de la mauvaise qualité de la nourriture . . . du
froid[161] dont il souffre dans ce misérable cachot . . . de son lit qu'il
trouve dur[162] comme une pierre . . . Il parle de tout cela comme
10   un homme qui a la fièvre.[163]

Le porte-clefs, croyant que son prisonnier est aussi[164] fou que
l'abbé Faria, met la soupe et le morceau de pain sur la table, et
sort.

Dantès est fou, mais c'est une folie causée par la joie!   Le
15   porte-clefs n'a pas entendu le grattement dans le mur.   Il n'a pas
donné l'alarme.   Et ce bruit qui est comme le compagnon de
Dantès dans ses derniers moments, va continuer . . .

Dantès écoute.

Le bruit est si distinct que l'on peut l'entendre sans effort.

20   — Sans doute, se dit-il, c'est quelque prisonnier comme moi qui
travaille[165] à sa délivrance.   Et moi qui ne peux rien faire pour
venir à son aide!

Puis une idée sombre passe dans l'esprit de Dantès: ce bruit
n'est-il pas causé par le travail[166] d'un ouvrier[167] du château
25   réparant la chambre voisine?[168]

Comment[169] savoir si c'est un prisonnier ou un ouvrier du
gouverneur? Comment? . . .

---

[161]froid cold.   [162]dur hard.   [163]fièvre fever.   [164]aussi also, as; aussi . . . que
as . . . as.   [165]travailler to work.   [166]travail n., work.   [167]ouvrier workman.
[168]voisin adj. next, neighboring; n. neighbor.   [169]comment how.

12.   LES TROIS COUPS[170]

Mais, c'est très simple!

On attend[171] l'arrivée[172] du porte-clefs, on lui fait écouter ce bruit, et on le regarde attentivement.   Mais ce moyen est dangereux, car on risque tout.

5 Dantès est si faible[173] que son esprit n'est pas capable de réfléchir[174] longtemps à ce qu'il doit faire.   Ses idées sont confuses et indistinctes.

Enfin, il fait un effort suprême pour redevenir[175] fort[176] et lucide: il s'approche de la table, prend l'assiette[177] de soupe, et la
10 mange.

Au bout de quelques moments, il sent[178] revenir la force dans son corps.[179]   Toutes ses idées reprennent leur place dans sa tête.[180]

Il se dit:

15 — Si celui qui travaille dans le cachot voisin est un ouvrier du gouverneur, je n'ai qu'à frapper contre[181] le mur, et il cessera son travail un moment pour écouter, et puis il continuera.   Mais si c'est un prisonnier, il cessera son travail, car il risque tout en continuant.

20 Dantès s'approche d'un mur, détache une pierre, et frappe contre le mur.

Il frappe trois coups.

Au premier coup, le bruit mystérieux cesse.

13.   LA CENT[182]-DEUXIÈME FOIS

Edmond écoute.

25 Une heure passe . . . deux heures passent . . .

---

[170]**coup** blow, knock.   [171]**attendre** to wait (for).   [172]**arrivée** arrival, coming.
[173]**faible** weak, feeble.   [174]**réfléchir** to think.   [175]**redevenir** to become again.
[176]**fort** strong.   [177]**assiette** plate.   [178]**sent** (*pres. ind.* **sentir**) feels.
[179]**corps** body.   [180]**tête** head.   [181]**contre** against.   [182]**cent** hundred;
cent-deuxième one hundred and second.

Pas un bruit ne se fait entendre. Rien ne vient troubler le silence de sa prison.

Trois heures . . . quatre heures . . .

Le temps passe si lentement quand on attend, seul, dans un
5 cachot!

Edmond mange[183] un morceau de pain et boit un peu d'eau.[184] Il se sent plus fort et plus optimiste.

Les heures passent, le silence continue toujours.

La nuit[185] vient enfin, mais le bruit ne recommence pas. On
10 n'entend que des rats dans la chambre.

— C'est un prisonnier, comme moi! se dit Edmond, avec une immense joie. Et, avec l'espoir,[186] la vie lui revient[187] active et violente.

La nuit se passe sans bruit, comme les autres . . . Mais Ed-
15 mond ne ferme pas les yeux. Il écoute toujours.

Trois jours passent, soixante-douze[188] mortelles heures comptées minute par minute.

Enfin, un soir, après la dernière visite du porte-clefs, Dantès met l'oreille[189] contre le mur et écoute. Pour la cent-unième fois,
20 il lui semble[190] entendre quelque chose.

D'un mouvement violent, Dantès se jette sur son lit, la tête entre les mains:[191]

— Voilà la folie qui recommence! pense-t-il.

Quelquefois,[192] la nuit,[193] après des heures passées à écouter, il
25 lui semble qu'il entend des coups indistincts . . . le grattement d'un instrument dur sur une pierre . . . une voix faible qui l'implore . . . Et il voit, écrits[194] en lettres de lumière sur le sombre mur de son cachot: *Justice . . . Délivrance . . . Vengeance.* Puis la lumière du jour entre par la petite fenêtre barrée . . . c'est le
30 jour qui commence, et qui va passer . . . comme tous les autres! Et l'espoir se change en désespoir.

Eh bien,[195] cette vibration dans sa tête? l'a-t-il imaginée,

---

[183]**manger** to eat.   [184]**eau** water.   [185]**nuit** night.   [186]**espoir** hope.   [187]**revenir** to come back, to return.   [188]**soixante-douze** seventy-two.   [189]**oreille** ear. [190]**sembler** to seem.   [191]**main** hand.   [192]**quelquefois** sometimes.   [193]**la nuit** at night.   [194]**écrit** (*p.p.* **écrire**) written.   [195]**eh bien** well!

aussi? A-t-elle été causée par le mouvement trop rapide de son propre cœur? Ou le travail d'un homme dans le cachot voisin? Il s'approche du mur, met l'oreille contre la même pierre et écoute attentivement.

5 C'est la cent-deuxième fois.

14. UNE CRUCHE[196] CASSÉE[197]

Il n'y a plus de doute! De l'autre côte[198] du mur, un homme, un prisonnier comme lui, travaille. Il travaille lentement, avec précaution. On n'a plus de difficulté à l'entendre.

10 Edmond est presque fou de joie. Il ne veut pas attendre une minute de plus pour venir en aide au travailleur[199] inconnu.[200]

D'abord,[201] il déplace[202] son lit, derrière[203] lequel il lui semble que le travail de délivrance se fait.[204] Puis il examine les pierres du mur pour voir s'il est possible d'en détacher une, en creusant[205]

15 dans le plâtre humide.

Mais il est impossible de creuser sans un instrument tranchant.[206] Edmond n'a pas d'objet tranchant.

Les barreaux[207] de sa fenêtre sont en fer.[208] Mais Edmond sait bien qu'ils sont très solides et bien attachés.

20 Le lit et la table sont en bois.[209] Le bois n'est pas tranchant.

La cruche? . . . ah! voilà pour Dantès la seule ressource: la cruche et, avec un des morceaux, creuser dans le plâtre . . .

Il laisse[210] tomber la cruche par terre.[211] La cruche se casse en cent morceaux.

25 Dantès prend deux ou trois morceaux tranchants, les cache[212] dans son lit, et laisse les autres par terre. Pourquoi se soucier[213]

---

[196]cruche jug. [197]casser to break. [198]côté side; de l'autre côté on the other side. [199]travailleur worker. [200]inconnu unknown. [201]d'abord first. [202]déplacer to move, displace. [203]derrière behind. [204]se faire to take place. [205]creuser to dig. [206]tranchant adj. sharp, cutting. [207]barreau bar. [208]fer iron; en fer of iron. [209]bois wood; en bois wooden. [210]laisser to let, allow; laisser tomber to drop. [211]terre earth; par terre on the ground. [212]cacher to hide. [213]se soucier de to worry about.

d'une cruche cassée? . . . L'accident est tout à fait[214] naturel.

Edmond a toute la nuit pour travailler, mais dans l'obscurité le travail n'avance pas vite. Finalement, il s'arrête[215] de creuser, remet le lit à sa place et attend le jour.

5   Avec l'espoir, vient la patience.

E X E R C I S E S

1

A. *Indirect discourse*

Rewrite the following sentences as indirect discourse, following the model and making the necessary changes.

> EXAMPLE: La nourriture est-elle bonne? demande l'inspecteur.
> **L'inspecteur demande si la nourriture est bonne.**

1. «Votre chambre est-elle bonne?» leur demande l'inspecteur.
2. «Désirez-vous autre chose?» leur demande l'inspecteur.
3. «Avez-vous autre chose à dire?» leur demande l'inspecteur.

B. *Inversion in interjected remarks placed after direct discourse*

Rewrite the following sentences as direct discourse, following the example and making the necessary changes.

> EXAMPLE: L'inspecteur leur demande si la nourriture est bonne.
> **«La nourriture est-elle bonne?» leur demande l'inspec-
> teur.**

1. L'inspecteur dit qu'il ne sait pas pourquoi il fait ces visites.
2. L'inspecteur demande au gouverneur s'il a d'autres prisonniers.
3. Le gouverneur lui répond qu'il a des prisonniers dangereux.

C. *Use of the article* **de** *with a plural noun preceded by an adjective*

Rewrite the following sentences, inserting the adjective so that it precedes the noun in boldface.

---

[214]**tout à fait** quite.   [215]**s'arrêter** to stop.

EXAMPLE: Nous avons des **prisonniers**.   (autres)
Nous avons d'autres prisonniers.

1. L'inspecteur visite des **chambres**. (autres)
2. Le gouverneur a des **chambres**. (bonnes)
3. Sa Majesté a des **prisons**. (bonnes)

D. *Vocabulary*

Write sentences of your own with the following words, using one or more in each sentence.

gardien	garder	l'inspecteur
le gouverneur	le cachot	la prison
le prisonnier	innocent	dangereux
fou		

E. *Reading comprehension*

Rewrite the following statements where necessary to make them agree with the facts as presented in the story.

1. L'inspecteur visite les chambres du gouverneur.
2. L'inspecteur demande au gouverneur si la nourriture est bonne.
3. Les prisonniers disent à l'inspecteur qu'ils désirent autre chose que la liberté.
4. Quand un prisonnier est fou ou dangereux, on le garde dans un cachot.

2

A. *Imperative: first person plural*

Rewrite the following sentences in the imperative.

EXAMPLE: Nous commençons.   (*first person pl., pres. ind.*)
Commençons.   (*first person pl., impv.*)

1. Nous descendons dans les cachots.
2. Nous accompagnons le porte-clefs.
3. Nous visitons les prisonniers dangereux.
4. Nous ouvrons cette porte.

B. *Negative adverb* **ne... plus**

Rewrite the following sentences according to the example.

EXAMPLE: Quand on est complètement fou, on souffre.
Quand on est complètement fou, on ne souffre plus
(*you do not suffer any longer*).

Quand on est complètement fou, . . .
1. on veut la mort.
2. on est un homme.
3. on répond aux questions.
4. on voit les autres.

C. *Interrogative pronouns:* **lequel** (m. sing.), **laquelle** (f. sing), **lesquels** (m. pl.), **lesquelles** (f. pl.)

Rewrite the following sentences, according to the example and making sure the interrogative pronoun agrees with the boldface word.

EXAMPLE: Il veut voir ce **prisonnier**.
Lequel de ces prisonniers voulez-vous voir?

1. Il veut voir ce **cachot**.
2. Il veut inspecter ces **cachots**.
3. Il veut prendre cette **torche**.
4. Il veut prendre ces **torches**.

D. *Vocabulary*

The vocabulary words contained in the two columns can be combined to form meaningful units. Form as many combinations as possible and use them in sentences of your own.

Column A	Column B
faire	fou
commencer	signe
rendre	hésiter
désirer	content
	descendre
	vivre

E. *Reading comprehension*

Rewrite the following statements where necessary to make them agree with the facts as presented in the story.

1. L'inspecteur hésite à descendre parce que Dantès est capable de tout.
2. Dantès a voulu tuer le porte-clefs qui accompagne l'inspecteur et le gouverneur.
3. Le vieil Italien ne veut plus la mort parce qu'il est complètement fou.
4. L'abbé est prisonnier depuis 1813.

3

A. *Use of the present tense with* **depuis**

Translate the following sentences.

EXAMPLE: **Je suis** ici depuis si longtemps.
I have been *here for such a long time.*

1. L'inspecteur visite les prisons depuis longtemps.
2. Les prisonniers désirent la liberté depuis longtemps.
3. Le vieil abbé est fou depuis 1813.
4. Dantès est prisonnier depuis 1815.

B. *Use of the present tense with the phrase* **cela (ça) fait... que**

The phrase **cela (ça) fait... que** *is used at the beginning of a sentence to emphasize length of time. In the following sentences, replace* **depuis** *with* **cela (ça) fait... que** *and make the necessary changes.*

EXAMPLE: Vous êtes prisonnier depuis dix-sept mois.
Cela (ça) fait dix-sept mois que vous êtes prisonnier.
It is seventeen months since you have been a prisoner.

1. Je suis ici depuis longtemps.
2. Le gouverneur gouverne la prison depuis des années.
3. L'abbé italien est prisonnier depuis cinq ans.
4. Dantès meurt lentement depuis dix-sept mois.

C. *Use of the indefinite pronoun* **on**

> **On** *is much more commonly used in French than* one *is in English and is best translated with the passive voice or a personal pronoun. Translate the following sentences.*
>
> **EXAMPLE:** On voit une forme.   *A shape can be seen.*
> Je demande qu'on me donne des juges.
> *I ask to be given judges.*
> Quand on est fou, on ne souffre plus.
> *When you are (one is) insane, you don't (one doesn't) suffer any longer.*

1. On garde les prisonniers dangereux dans les cachots.
2. Quand on est prisonnier, peut-on désirer autre chose que la liberté?
3. Et quand on meurt lentement pour un crime qu'on n'a pas commis!
4. On referme la porte du cachot.

D. *Vocabulary*

> *Write sentences of your own with the following words, using one or more words in each sentence.*

une autorité supérieure	le roi
le gouverneur	gouverner
le juge	rendre la justice
une injustice	condamner
condamner à mort	mourir
commettre un crime	tuer
être innocent	être prisonnier
la prison	la captivité
implorer qqn de faire qqch.	demander pardon à qqn
avoir pitié de qqn	

E. *Reading comprehension*

> *Rewrite the following statements where necessary to make them agree with the facts as presented in the story.*

1. Dantès implore le gouverneur d'avoir pitié de l'inspecteur.
2. Un bon roi commet une injustice s'il refuse de donner des accusés aux juges.
3. Dantès demande pardon au porte-clefs d'avoir voulu le tuer.
4. Ça fait dix-sept ans que Dantès est en prison.
5. L'inspecteur va voir si Dantès est victime d'une injustice.

4

A. *The immediate future:* **aller** + *infinitive*

Rewrite the following sentences in the immediate future, following the example.

EXAMPLE: Vous voyez les notes.
Vous allez voir les notes.

1. Il voit les notes.
2. Il continue sa mission.
3. Nous passons au cachot de l'abbé.
4. Le porte-clefs ouvre la porte.

B. *Position of pronouns with verbs followed by an infinitive*

Rewrite the following sentences by inserting the pronoun in parentheses between the verb and the infinitive.

EXAMPLE: Il va demander sa liberté. (lui)
Il va lui demander sa liberté.

1. Il veut demander sa liberté. (lui)
2. Il va demander des juges. (vous)
3. Vous voulez parler? (me)
4. Il va offrir cinq millions. (nous)

C. *Formation of ordinal numbers*

Cardinal numbers	Ordinal numbers
un	premier
deux	deuxième
trois	troisième
quatre	quatrième
cinq	cinquième
six	sixième
neuf	neuvième
vingt-et-un	vingt-et-unième
cent	centième

Change the following cardinal numbers into ordinal numbers and use them to write sentences of your own.

EXAMPLE: un million
La première fois, l'abbé a voulu offrir un million.

1. deux millions	4. vingt millions
2. trois millions	5. dix-huit millions
3. quatre millions	6. cent-deux millions

D. **Croire que/se croire**

Rewrite the following sentences by replacing **croire que** *with* **se croire.**

EXAMPLE: Il croit qu'il est possesseur d'un trésor.
Il se croit possesseur d'un trésor.

Il croit qu'il est...
1. millionnaire.
2. capable de tout.
3. innocent.
4. fou.

E. *Vocabulary*

Write sentences of your own with each of the following words and phrases.

préférer + *inf.*   il est nécessaire de + *inf.*
être accusé de qqch.   se croire + *adj.* or *n.*

F. *Reading comprehension*

Rewrite the following statements where necessary to make them agree with the facts as presented in the story.

1. Le gouverneur dit que l'abbé est accusé de terribles crimes.
2. La folie de l'abbé est de se croire une autorité supérieure.
3. L'abbé fou va offrir un million la cinquième année de sa captivité.
4. Antoine, le porte-clefs, ouvre la porte avec curiosité.

5

A. *The immediate past with* **venir de** + *infinitive*

Rewrite the following sentences by using **venir de** + *infinitive.*

EXAMPLE: Les hommes descendent.
Les hommes viennent de descendre.
The men have just come down.

1. L'inspecteur descend.
2. L'inspecteur visite le cachot de Dantès.
3. Le porte-clefs ouvre la porte.
4. L'abbé comprend pourquoi.

B. *The relative pronoun* **dont**

Link the following sentences with **dont** *according to the example.*

EXAMPLE: Ce trésor existe. Je parle de ce trésor.
Ce trésor dont je parle existe.

1. Le trésor existe. Faria parle du trésor.
2. Le Château d'If est une prison. Faria va sortir de la prison.
3. L'abbé Faria est le prisonnier fou. Il est question de Faria.
4. Le crime est terrible. Dantès est accusé du crime.

C. *Vocabulary*

Form from the two columns as many combinations of meaningful lexical units as possible and use them in sentences of your own, paying attention to the use or omission of definite articles and prepositions.

Column A	Column B
dire	mission
rendre	question
sortir	besoin
être	liberté
avoir	prison

D. *Reading comprehension*

Rewrite the following statements where necessary to make them agree with the facts as presented in the story.

1. L'inspecteur a pour mission de demander au gouverneur si sa nourriture est mauvaise.
2. L'important pour l'abbé, c'est de faire des révélations sur Dieu.
3. L'abbé offre six millions pour sortir de prison.
4. L'abbé maudit l'inspecteur parce qu'il ne veut pas le croire.

6

A. *Pronoun* y

Rewrite the following sentences by replacing the words in boldface with y *and putting* y *before the verb.*

> EXAMPLE: Il trouve une note **dans le registre.**
>
> **Il y trouve une note.**

1. Il examine le registre **dans la chambre.**
2. Il arrive **dans la chambre.**
3. Dantès a pris une part active **au retour de l'île d'Elbe.**
4. Dantès fait une marque **sur le mur.**

B. *Vocabulary*

Write a sentence of your own with each of the following words and phrases.

prendre part à qqch.   prendre une part active à qqch.
concerner qqn ou qqch.   remonter/descendre l'escalier
s'imaginer que

7

A. *Direct and indirect objects in the passive voice*

The direct object becomes the subject in the passive voice. It is therefore necessary to discriminate between direct and indirect objects to form the passive voice. The objects in the following sentences are in boldface. Make a list of direct and indirect objects, distinguishing them with the letters D *or* I.

1. Il **me** regarde.
2. Dantès **lui** demande des **instruments.**
3. Il refuse l'**instrument** à **Dantès.**
4. On ne **le** met pas dans un autre cachot.
5. Dieu va **me la** donner, ma liberté!

B. *Direct and indirect objects in the passive voice*

Rewrite the following sentences in the passive voice, if possible, making sure to discriminate between direct and indirect objects.

> EXAMPLE: On donne l'instrument.
>
> **L'instrument est donné.**

1. On donne l'instrument à Dantès.
2. On lui parle.
3. On lui refuse tout.
4. On ne le tire pas de son cachot.
5. On ne lui accorde rien.

C. *Vocabulary*

Write sentences of your own with each of the following words and phrases.

changer de + *n*.   accorder qqch. à qqn
le plaisir   s'échapper de + *n. describing a place*
aider qqn à faire qqch.

D. *Reading comprehension*

Rewrite the following statements where necessary to make them agree with the facts as presented in the story.

1. La prison change de cachots.
2. Quand on est longtemps en captivité, on ne doute plus de son innocence.
3. Dantès demande qu'on le tire de son cachot parce qu'il est innocent.
4. Il parle au nouveau porte-clefs pour le plaisir de l'entendre parler.

8

A. *Reflexive verbs*

The reflexive construction is much more commonly used in French than in English, and it is therefore necessary to recognize those verbs in which the pronoun **se** *has its full reflexive value. Translate the following sentences.*

EXAMPLE: Il se parle. *He talks to himself.*
La porte s'ouvre. *The door opens.*

1. Faria se croit millionnaire.
2. Il s'imagine qu'il a un trésor.
3. Le prisonnier s'échappe de prison.
4. Le porte-clefs s'approche.
5. La porte se referme.
6. Dantès se tourne vers Dieu.

7. Il veut se tuer.
8. Il se dit qu'il est perdu.

B. *Vocabulary*

Write sentences of your own with the following words, using one or more words in each sentence.

la rage	la haine
la vengeance	le malheur
maudire qqn	horrible
la vie de prison	la mort
le suicide	échapper à qqn ou à qqch.
s'échapper de prison	le repos, le calme
supportable	rendre supportable
rendre calme	

C. *Reading comprehension*

Rewrite the following statements where necessary to make them agree with the facts as presented in the story.

1. Seul dans son cachot, Dantès rend Dieu responsable de son malheur.
2. Il ne désire pas la mort de ses ennemis parce qu'il est bon.
3. Dans la mort, on peut échapper à la vengeance des hommes.
4. Dantès trouve ses malheurs plus supportables car il sait qu'il ne peut pas y échapper.

9

A. *Negative adverb* **ne... que**

Rewrite the following sentences using **ne... que**.

EXAMPLE: Il a une seule idée.
Il n'a qu'une seule idée *He has only one thought.*

1. On pend les pirates.
2. Il y a deux moyens de mourir.
3. Il jette son pain.
4. Il a la force de tomber sur son lit.

B. *Use of* **c'est** *and* **il est** *with an adjective*

The phrase **c'est** + adj. *may be used at the beginning or at the end of a* *sentence whereas* **il est** + adj. *stands at the beginning of the sentence and must be followed by its complement. Rewrite the following sentences, replacing* **c'est** *with* **il est.**

EXAMPLE: Mourir, ce n'est pas facile. (*Or:* Ce n'est pas facile de mourir.)

Il n'est pas facile de mourir.

1. Parler de suicide, c'est facile.
2. Se tuer, ce n'est pas facile.
3. S'échapper de prison, c'est bon.
4. Avoir des idées de suicide, c'est mauvais.

C. *Reflexive and nonreflexive verbs*

Translate the following sentences to show the change in meaning between the reflexive and nonreflexive use of a verb.

1. Il se laisse mourir de faim.
   On le laisse mourir de faim.
2. Il se pend.
   On pend le prisonnier.
3. Il se jette par la fenêtre.
   Il jette son pain par la fenêtre.
4. Il s'approche du pain.
   Il approche le pain de sa bouche.

D. *Reading comprehension*

Rewrite the following statements where necessary to make them agree with the facts as presented in the story.

1. Pour Dantès, il est peu honorable de se laisser mourir de faim.
2. Il jette son pain par la fenêtre parce qu'il est mauvais.
3. Un jour, il hésite à jeter son pain parce qu'il ne peut plus combattre sa résolution.

10

A. *Use of* **en** *with the gerund*

One of the meanings of **en** + *gerund (pres. part. form) is* when. *Rewrite the following sentences, replacing* **quand** *with* **en** + *gerund and making the necessary changes.*

EXAMPLE: Quand il ouvre les yeux, il ne voit plus.
En ouvrant les yeux, il ne voit plus.

1. Quand il tombe sur le lit, il n'a plus de forces.
2. Quand il referme les yeux, il voit des points brillants.
3. Quand il arrive à l'heure de la mort, il pense à Dieu.
4. Quand il entend le bruit, il pense à la liberté.

B. *Vocabulary: meaning of* **toujours**

Translate the following sentences, discriminating between the two meanings of **toujours**.

EXAMPLE: Le grattement continue toujours.
The scraping still goes on.
Cette idée est toujours présente.
This thought is always present.

1. Le bruit continue toujours.
2. Un prisonnier désire toujours la liberté.
3. Dantès mange toujours le soir, pas le matin.
4. Après trois heures, Dantès entend toujours le bruit.
5. Les rats mangent toujours le pain de Dantès s'il y en a.

C. *Vocabulary*

Write sentences of your own with each of the following words or phrases.

prendre pitié de qqn   prendre possession de qqch.
le lendemain matin   le lendemain soir
le soir   le matin
tous les soirs   tous les matins
tous les jours

D. *Reading comprehension*

Rewrite the following statements where necessary to make them agree with the facts as presented in the story.

1. Dantès n'a plus beaucoup de forces et, en voyant des points brillants, il croit que ce sont des rats.
2. Le bruit que font les rats est comme un grattement sur la fenêtre.
3. Les prisonniers n'ont qu'une seule idée: s'échapper.
4. En entendant le bruit, Dantès croit que Dieu l'a maudit.

11

A. *Use of the disjunctive pronoun for emphasis*

Rewrite the following sentences by replacing the personal pronouns with the disjunctive pronoun + qui.

EXAMPLE: Et je ne peux rien faire!
Et moi qui ne peux rien faire!

1. Et je ne peux rien faire.
2. Et tu ne comprends rien.
3. Et il est en prison depuis si longtemps.
4. Et nous ne mangeons pas bien.
5. Et ils désirent la liberté.

B. *Use of* si + *adjective* + que

Join the following sentences, using si + *adj.* + que.

EXAMPLE: Le bruit est distinct. On l'entend sans effort.
Le bruit est si distinct qu'on l'entend sans effort.

1. Dantès est seul. Il doute de son innocence.
2. Il est facile de mourir. Dantès n'hésite plus.
3. Le bruit est mystérieux. Dantès ne le comprend pas.
4. Dantès est fou. Le porte-clefs sort.

C. *Vocabulary: meaning of* ne... toujours pas *and* ne... pas toujours

Rewrite the following sentences by using ne... toujours pas *instead of* ne... pas toujours *and translate the two sentences.*

EXAMPLE: Dantès ne répond toujours pas.
Dantès still does not answer.
Dantès ne répond pas toujours.
Dantès doesn't always answer.

1. Il ne parle pas toujours.
2. Il n'écoute pas toujours.
3. Il ne mange pas toujours.
4. Il n'entend pas toujours le bruit.
5. Il ne travaille pas toujours.

D. *Vocabulary*

Write sentences of your own with each of the following words and phrases.

souffrir du froid/de la faim/d'une maladie   avoir la fièvre
comment savoir si...   comment faire pour...
venir à l'aide de qqn

E. *Reading comprehension*

Rewrite the following statements where necessary to make them agree with the facts as presented in the story.

1. Quand le porte-clefs apporte la nourriture, Dantès se tourne toujours vers lui pour répondre à ses questions.
2. Dantès parle beaucoup et à voix haute pour que le porte-clefs n'entende pas le bruit dans le mur.
3. Dantès sait que c'est un prisonnier qui fait le bruit et non un ouvrier qui répare un cachot.

12

A. *Direct and indirect object pronouns with causal constructions*

Rewrite the following sentences, replacing the boldface words with a direct or indirect object pronoun.

> EXAMPLE: On fait écouter **le porte-clefs.**
> **On le fait écouter.** *(direct obj.)*
> On fait écouter le bruit **au porte-clefs.**
> **On lui fait écouter le bruit.** *(indirect obj.)*

1. On fait parler **le porte-clefs.**
2. On fait réparer le cachot à **l'ouvrier.**
3. On fait réparer les cachots **aux ouvriers.**
4. On fait dire son nom **au prisonnier.**
5. On fait manger de la mauvaise nourriture **aux prisonniers.**

B. *Reading comprehension*

Rewrite the following statements where necessary to make them agree with the facts as presented in the story.

1. Pour savoir si le bruit est causé par un prisonnier ou par un ouvrier, Dantès fait écouter le porte-clefs.

2. Les idées de Dantès sont confuses parce qu'il n'a pas mangé depuis longtemps.
3. Dantès se dit que si un ouvrier l'entend frapper, il continuera son travail.
4. À l'arrivée du porte-clefs, le bruit mystérieux cesse.

13

A. *Use of* **de** *as a preposition and as a partitive article*

For the following sentences make a list, indicating **du** or **de** as either part. or prep.

EXAMPLE: L'homme sort de la prison.   *prep.*
C'est le gouverneur du Château.   *prep.*
Dantès mange du pain et de la soupe.   *part.*

1. Il mange un morceau de pain.
2. Il mange du pain.
3. Il mange de la soupe.
4. Il vient de manger.
5. Il y a de la joie dans le cœur de Dantès.

B. *Use of* **un peu de**

Un peu de *describes a small portion of a quantity not expressed in units. Rewrite the following sentences, inserting* **un peu de** (**d'**).

EXAMPLE: Il boit de l'eau.
Il boit un peu d'eau.

1. Il a de l'argent.
2. Il mange de la soupe.
3. Il a de l'espoir.
4. Il prend du pain.

C. *Use of the definite article with nouns expressing parts of the body*

Complete the following sentences, with the example in mind.

EXAMPLE: Il ferme les yeux.   *He closes his eyes.*

1. Dantès ouvre ____ bouche.
2. Il n'a pas de force dans ____ corps.
3. Il a ____ tête entre ____ mains.

4. Il referme ____ yeux.
5. Il met ____ oreille contre le mur.

D. *Vocabulary*

Write sentences of your own with each of the following words and phrases.

quelquefois   cent fois
passer des heures à faire qqch.   compter les heures minute par
il me (lui, nous, *etc.*) semble que...   minute.

E. *Reading comprehension*

Rewrite the following statements where necessary to make them agree with the facts as presented in the story.

1. Quand on est seul, les heures sont mortelles.
2. Dantès passe des heures à manger son pain.
3. La centième fois, Dantès se croit fou.
4. Il ne sait pas s'il a imaginé la vibration ou si elle a été causée par un ouvrier.

14

A. *Use of* **en** + *gerund*

Rewrite the following sentences according to the model.

EXAMPLE: On creuse. On peut détacher une pierre.
En creusant, on peut détacher une pierre.

1. Il déplace son lit. Il peut creuser.
2. Il laisse tomber la cruche. Il va avoir un objet tranchant.
3. Il cache les morceaux. Il va avoir tout ce qui est nécessaire.
4. On travaille jour et nuit. On peut s'échapper.

B. *Use of pronoun* **en** *with numerals and adjectives of quantity*

Numerals and adverbs of quantity are repeated when the noun is replaced with **en**. *Rewrite the following sentences by replacing the words in boldface with* **en** *and repeating the numerals and adverbs of quantity.*

EXAMPLE: Il fait tomber une **pierre**.
Il en fait tomber une.

Il fait tomber beaucoup **de pierres**.
Il en fait tomber beaucoup.

1. Il prend deux ou trois **morceaux**.
2. Il n'y a qu'une **cruche**.
3. À présent, il a cent **objets tranchants**.
4. Il cache trois **morceaux** dans son lit.
5. Il a un peu **d'espoir**.

C. *Vocabulary*

Write sentences of your own with the following words, using one or more in each sentence.

travailler
arrêter le travail
détacher
un instrument tranchant

s'arrêter de travailler
un travail qui avance vite (ou lentement)
creuser

D. *Vocabulary*

Write three sentences of your own, describing a sequence of actions introduced by: **d'abord,**...; **puis,**...; **finalement,**...

E. *Reading comprehension*

Rewrite the following statements where necessary to make them agree with the facts as presented in the story.

1. Dantès est fou de joie parce que l'autre prisonnier travaille lentement.
2. Dantès déplace son lit pour creuser derrière.
3. Il peut détacher une pierre en creusant avec un des barreaux.
4. En tombant, la cruche se casse en deux.

15.   UN TRAVAIL INUTILE[1]

Toute la nuit, Dantès écoute le travailleur inconnu.
Le jour vient enfin, le porte-clefs entre.
Dantès lui dit qu'en buvant[2] de l'eau, il a laissé tomber la cruche et qu'elle s'est cassée en tombant par terre.

---

[1]**inutile** useless.   [2]**buvant** (*pres. part.* **boire**) drinking.

Le porte-clefs, mécontent,[3] va chercher[4] une nouvelle cruche
sans se soucier de prendre les morceaux de la cruche brisée. Et il
ne cherche pas à voir si tous les morceaux sont là.
Il revient[5] un instant après, dit au prisonnier qu'il doit faire plus
5 attention[6] et sort.
Dantès écoute le bruit de ses pas[7] dans l'escalier. Puis, quand il
ne peut plus les entendre, il déplace son lit et examine le travail de
la nuit précédente.
Il voit que le plâtre entre les pierres est humide. On peut le
10 détacher par fragments. Au bout d'une heure, Dantès en a
détaché assez[8] pour remplir[9] ses deux mains.
— Comme ça, se dit-il, un passage de deux pieds[10] de diamètre et
de vingt[11] pieds de longueur[12] va prendre presque deux années!
Et si je trouve, un jour, du roc[13] dans le passage? . . . Ou des
15 barreaux de fer fixés dans le plâtre? . . .
Il pense aux heures lentes[14] des années passées à ne rien faire
dans sa prison . . . Pourquoi n'a-t-il pas rempli ces heures d'un
travail lent et continu? . . .d'un travail comme celui-ci? . . .
Cette idée lui donne une nouvelle force.
20 En trois jours, Dantès enlève[15] tout le plâtre autour[16] d'une des
pierres du mur derrière son lit. Puis il fait des efforts pour enlever
la pierre elle-même. C'est une pierre de plus de deux pieds de
longueur.
Impossible de la détacher! Les morceaux de cruche se cassent
25 quand Dantès veut les utiliser[17] comme levier.[18]
Après une heure d'efforts inutiles, Dantès cesse le travail. Il
cache les fragments de plâtre derrière son lit, replace le lit contre
le mur, et réfléchit[19] à ce qu'il faut[20] faire.
Lui faut-il abandonner là son espoir? Lui faut-il attendre,
30 inerte et inutile, que cet homme inconnu, de l'autre côté du mur,
travaille pour sa délivrance? Y a-t-il un autre moyen?[21] . . .
Une nouvelle idée lui vient à l'esprit.

---

[3]**mécontent** displeased, annoyed.   [4]**chercher** to search, look for; **aller chercher**
go for.   [5]**revenir** to come back, return.   [6]**faire attention** to pay attention, to be
careful.   [7]**pas** *n.* step   [8]**assez** enough.   [9]**remplir** to fill.   [10]**pied** foot.
[11]**vingt** twenty.   [12]**longueur** length.   [13]**roc** rock.   [14]**lent** slow.   [15]**enlever**
to remove, take away (out).   [16]**autour (de)** around.   [17]**utiliser** to use, employ.
[18]**levier** lever.   [19]**réfléchir** to think about.   [20]**faut** (*pres. ind.* **falloir**) it is
necessary.   [21]**moyen** way, means.

16.   ET UN MANCHE[22] DE CASSEROLE[23]

Le porte-clefs apporte tous les jours la soupe de Dantès dans une casserole.

Cette casserole a un manche de fer.   C'est à ce manche de fer que le jeune[24] homme pense en ce moment.

5   C'est toujours la même chose.   Le porte-clefs entre, verse[25] la soupe de la casserole dans l'assiette de Dantès, et enlève la casserole.   Le prisonnier mange la soupe, verse un peu d'eau dans son assiette pour la laver[26] et la garde pour un autre jour.

Mais ce soir, Dantès met son assiette par terre, entre la table et
10   la porte.   Puis, il attend.

Le porte-clefs entre et, ne voyant pas bien dans l'obscurité du cachot, il met le pied sur l'assiette et la casse en vingt morceaux.

Cette fois, il n'y a rien à dire contre Dantès.   Dantès a laissé son assiette par terre, mais le porte-clefs n'a pas regardé à ses pieds.

15   Le porte-clefs regarde autour de lui pour voir s'il y a quelque chose où il pourra[27] verser la soupe.   Il ne trouve rien.

— Laissez la casserole, dit Dantès, si vous voulez.

Le porte-clefs, ne voulant pas remonter, redescendre et remonter une seconde fois, laisse la casserole et sort.

20   Le cœur de Dantès se remplit de joie.

Après avoir mangé la soupe, le jeune homme attend une heure pour être certain que le porte-clefs ne va pas revenir chercher[28] sa casserole.   Puis il déplace son lit et recommence son travail, en utilisant le manche de fer de la casserole comme levier.

25   Au bout d'une heure, la pierre est tirée du mur où elle fait un trou[29] de plus de deux pieds de diamètre.

Dantès porte[30] les fragments de plâtre dans le coin[31] de sa prison, fait un trou et couvre[32] le plâtre de terre.

Il continue à creuser toute la nuit.

---

[22]**manche** m. handle.   [23]**casserole** saucepan, casserole.   [24]**jeune** young.
[25]**verser** to pour.   [26]**laver** to wash, to rinse.
[27]**pourra** (*fut*. **pouvoir**) can.
[28]**revenir chercher** to come back for.   [29]**trou** hole.   [30]**porter** to carry, take.
[31]**coin** corner.   [32]**couvrir** to cover.

17. L'OBSTACLE

Le lendemain matin, il replace la pierre dans son trou, met son lit contre le mur et se jette sur son lit.

Le porte-clefs entre et met le pain du prisonnier sur la table.

— Eh bien! vous ne m'apportez pas une nouvelle assiette? de-
5   mande Dantès.

— Non, répond le porte-clefs. Vous êtes un casse-tout.[33] Vous avez cassé votre cruche et à cause[34] de vous, j'ai cassé votre assiette. On vous laisse la casserole et on y verse votre soupe. Comme ça,[35] vous ne casserez plus rien!

10   Dantès sent dans son cœur une gratitude profonde et remer-cie[36] Dieu de ce morceau de fer, au moyen duquel[37] il compte,[38] un jour, retrouver[39] sa liberté.

Une chose l'inquiète:[40] le prisonnier de l'autre côté du mur ne travaille plus.

15   — Eh bien, se dit-il, si mon voisin ne vient pas vers moi, c'est à moi[41] d'aller vers mon voisin!

Toute la journée,[42] il travaille de toutes ses forces; le soir, il tire du trou assez de plâtre pour remplir trois fois sa casserole.

Quand l'heure de la visite du soir arrive, il remet[43] la casserole
20   sur la table. Le porte-clefs entre et y verse la soupe. Puis, la soupe versée, le porte-clefs sort et remonte l'escalier.

Dantès s'approche du mur et écoute.

Tout est silencieux. Il est évident que son voisin n'a pas con-fiance[44] en lui. Mais Dantès continue de travailler toute la nuit.
25   Il ne prend pas de repos. Vers le matin, son instrument ren-contre[45] un obstacle.

Le travail cesse.

---

[33]**casse-tout** a person who breaks everything.   [34]**à cause** because   [35]**comme ça** in that way.   [36]**remercier** to thank (**de,** for).   [37]**au moyen de** by means of.
[38]**compter** to expect.   [39]**retrouver** to regain, find again.
[40]**inquiéter** to worry, disturb.
[41]**c'est à moi** it is for (up to) me.   [42]**toute la journée** all day long.
[43]**remettre** to replace, put back.   [44]**confiance** trust, faith, confidence.
[45]**rencontrer** to meet, to hit.

18.   UNE VOIX DE DESSOUS[46] TERRE

Cet obstacle, est-ce du roc? . . . Ou du fer? . . .
Dantès le touche avec ses mains.   C'est du bois!   Il faut creuser
dessus[47] ou dessous, car l'objet barre complètement le passage.
Le jeune homme n'a pas pensé à cet obstacle.

5 — Oh! mon Dieu, mon Dieu! s'écrie-t-il,[48] je vous ai prié nuit et
jour, et vous ne m'avez pas entendu!   Mon Dieu! après m'avoir
enlevé la liberté de la vie . . . mon Dieu! qui m'avez rendu la vie
et l'espoir après m'avoir refusé le calme de la mort . . . mon Dieu!
ayez[49] pitié de moi, ne me laissez pas mourir dans le désespoir!

10 — Qui parle ici de Dieu et de désespoir en même temps? dit une
voix qui semble venir de dessous terre.

Edmond, tremblant des pieds à la tête comme un homme qui a
la fièvre, s'écrie:
— Au nom[50] de Dieu! vous qui avez parlé, parlez encore![51]   Qui

15 êtes-vous?
— Qui êtes-vous vous-même? demande la voix.
— Un prisonnier.
— De quel pays?[52]
— Français.[53]

20 — Votre nom?
— Edmond Dantès.
— Votre profession?
— Marin.[54]
— Depuis combien[55] de temps êtes-vous ici?

25 — Depuis le 28 février 1815.
— Votre crime?
— Je suis innocent.
— Mais de quoi vous accuse-t-on?
— D'avoir conspiré[56] pour le retour de l'empereur.

30 — Quoi! pour le retour de l'empereur! l'empereur n'est plus sur le
trône?

---

[46]**dessous** under, underneath, beneath.   [47]**dessus** above, over.   [48]**s'écrier** to cry
(out) exclaim.   [49]**ayez** (*impv.* **avoir**) have.   [50]**nom** name.   [51]**encore** again;
also still, yet.   [52]**pays** country.   [53]**Français** French.   [54]**marin** sailor.
[55]**combien** how much (many); **Depuis combien de temps êtes-vous ici?**
How long have you been here?   [56]**conspirer** to plot.

— Il a abdiqué à Fontainebleau[57] en 1814 et a été[58] sur l'île d'Elbe.   Mais vous-même depuis combien de temps êtes-vous ici exilé?

— Depuis 1811.

5   Dantès ne trouve pas de réponse . . . quatre ans de prison de plus que lui![59]

19.   UNE ERREUR

La voix continue:

— C'est bien, ne creusez plus.   Mais dites-moi[60] à quelle hauteur[61] de la terre se trouve[62] l'excavation que vous avez faite?

10   — À la hauteur d'un pied, presque.

— Comment est-elle cachée?

— Derrière mon lit.

— A-t-on déplacé votre lit depuis que vous êtes entré en prison?

— Jamais.[63]

15   — Sur quoi donne[64] votre chambre?

— Elle donne sur un corridor.

— Et le corridor.

— Communique avec l'intérieur du château.

— Hélas![65] murmure la voix.

20   — Mon Dieu! qu'y a-t-il?[66] s'écrie Dantès.

— Ah! j'ai fait une erreur sur mon plan!   Je n'ai pas de compas. Une erreur sur mon plan a fait une différence de dix pieds en réalité.   J'ai pris le mur que vous creusez pour le mur extérieur du château . . .

25   — Mais en creusant de l'autre côté, vous risquez de tomber dans la mer!

— C'est ça.

---

[57]Napoleon signed his abdication April 4, 1814, at his favorite château of Fontainebleau, some 35 miles southeast of Paris.   The château was built by François Ier.   [58]été (*p.p.* être) been.   [59]quatre ans...que lui four years more of prison than he.   [60]dites *pres. ind. and impv.* dire.   [61]hauteur height. [62]se trouver to be, be located.   [63]jamais never.   Ne is omitted when the verb is lacking.   [64]donner sur to look out (open, face) upon.   [65]hélas! alas! [66]qu'y a-t-il? what is the matter?

— Mais comment échapper à la mort dans la mer?

— Je sais nager.[67] En nageant, il est possible d'arriver à une des îles qui se trouvent près[68] du Château d'If . . .

— Mais comment pouvez-vous nager si loin?[69]

5   — J'ai confiance en Dieu . . . Mais, pour le moment, tout est perdu.

— Tout est perdu?

— Oui. Refermez votre trou avec précaution, ne travaillez plus, et attendez.

10   — Mais qui êtes-vous? . . . dites-moi qui vous êtes?

— Je suis . . . je suis . . . le N° 27.

20. AMI[70] OU TRAÎTRE?[71]

— Vous n'avez pas confiance en moi? demande Dantès, croyant que cet homme pense à l'abandonner. Ah! je vous assure que je ne suis pas un traître! Je préfère me tuer que de trahir[72]

15   votre secret. Mais, au nom de Dieu! ne m'enlevez pas votre présence! . . . laissez-moi entendre encore votre voix . . . ou, je vous l'assure, je vais me briser[73] la tête contre ce mur!

— Quel âge avez-vous?[74] votre voix semble être celle d'un jeune homme.

20   — Je ne sais pas mon âge. Je ne sais pas ce qui s'est passé depuis que je suis ici. Ce que je sais, c'est que je suis entré dans cette prison à l'âge de dix-neuf[75] ans.[76]

— Presque vingt-six ans, murmure la voix. Eh bien! à cet âge on n'est pas encore un traître.

25   — Oh! non! non! je vous assure que je préfère me faire couper en morceaux[77] que de révéler ce que vous m'avez dit.

— Vous avez bien fait de me parler, vous avez bien fait de me prier de ne pas vous abandonner, car j'ai pensé à le faire. Mais votre âge me rassure,[78] je vais revenir . . . attendez-moi.

30   — Quand cela?

---

[67]**nager** to swim.   [68]**près** near; **près de** near, close to.   [69]**loin** far.   [70]**ami** friend.
[71]**traître** traitor.   [72]**trahir** to betray.   [73]**briser** to break, to smash.   [74]**Quel âge avez-vous?** How old are you?   [75]**dix-neuf** nineteen.   [76]**an** year.   [77]**me faire couper en morceaux** to have myself cut into pieces.   [78]**rassurer** to reassure.

— Il faut que je calcule nos chances; laissez-moi vous donner le signal.

— Mais vous n'allez pas m'abandonner . . . me laisser seul. Vous allez venir à moi ou me permettre d'aller à vous. Et si nous ne
5 pouvons pas nous échapper, nous pouvons parler, vous des personnes que vous aimez,[79] mois des personnes que j'aime. Vous devez aimer quelqu'un?

— Je suis seul . . . je n'ai pas d'amis.

— Eh bien, si vous êtes jeune, je serai votre camarade. Si vous
10 êtes vieux, je serai votre fils.[80] J'ai un père[81] qui doit avoir l'âge de soixante-douze ans, s'il vit[82] encore. Je vous aimerai comme j'aime mon père.

— C'est bien, je reviendrai le matin.

21. LE SIGNAL

Dantès replace la pierre dans le trou et remet son lit contre le mur.
15 Le soir, le porte-clefs vient; Dantès est sur son lit. De là, il lui semble qu'il peut mieux garder son secret. Sans doute il regarde son visiteur d'un œil[83] étrange, car le porte-clefs lui dit:

— Encore la folie, hein?[84]

Edmond ne répond pas pour ne pas trahir l'émotion de sa voix
20 en parlant.

Le porte-clefs verse la soupe dans la casserole et sort mécontent.

Dantès croit que son voisin va profiter du silence et de la nuit pour recommencer la conversation avec lui, mais la nuit se passe sans que le signal arrive.

25 Mais le lendemain matin, après la visite du porte-clefs, comme[85] Dantès déplace son lit, il entend frapper trois coups . . . Il enlève la pierre et écoute.

— Est-ce vous? dit-il. Me voilà![86]

— Votre porte-clefs, est-il remonté? demande la voix de dessous
30 terre.

---

[79]aimer to like, love.   [80]fils son.   [81]père father.   [82]vit (*pres. ind.* vivre) lives.
[83]œil eye (*pl.* yeux).   [84]hein? eh?   [85]comme as.   [86]Me voilà! Here I am!

— Oui, il ne va revenir que ce soir; nous avons douze[87] heures de liberté.

— Je puis continuer mon travail?

— Oh! oui, oui, sans perdre de temps, je vous prie!

5   Immédiatement la masse de terre sur laquelle se trouvent ses deux mains s'enfonce.[88]

La masse de terre et de pierres détachées disparaît[89] dans un trou qui vient de s'ouvrir au-dessous de[90] l'excavation que lui-même a faite.

10   Au fond[91] de ce trou sombre et profond, Dantès voit paraître[92] une tête, deux bras[93] et enfin un homme tout entier qui sort avec agilité de l'excavation.

Dantès prend dans ses bras ce nouvel ami, attendu depuis si longtemps, et l'examine au peu de lumière qui entre dans son
15   cachot.

22.   L'ABBÉ FARIA

C'est un homme assez[94] petit, aux cheveux[95] blancs,[96] à l'œil pénétrant, à la barbe[97] noire[98] et très longue. Les lignes[99] de son visage[100] révèlent un homme plus habitué[101] à exercer ses facultés intellectuelles que ses forces physiques.

20   Il paraît[102] avoir soixante-cinq ans, mais une certaine vigueur dans les mouvements indique que c'est un homme beaucoup[103] plus jeune.

Les deux hommes se regardent quelques instants avec curiosité. Puis Dantès dit avec une émotion qu'il ne peut plus
25   cacher:

— Ah! mon ami! . . . car vous l'êtes, n'est-ce pas? . . . dites-moi qui vous êtes et de quoi on vous accuse . . .

Le visiteur sourit[104]:

---

[87]douze twelve.   [88]s'enfoncer to sink in.   [89]disparaître to disappear.
[90]au-dessous de under, beneath.   [91]fond bottom.   [92]paraître appear.   [93]bras
arm.   [94]assez rather, quite.   [95]cheveux pl. hair.   [96]blanc (f. blanche) white;
aux cheveux blancs with white hair.   [97]barbe beard.   [98]noir black.   [99]ligne
line.   [100]visage face.   [101]habitué accustomed.   [102]paraître to seem.
[103]beaucoup much, many.   [104]sourire to smile.

— Je suis l'abbé Faria, en 1807 secrétaire du cardinal Spada à
Rome, mais depuis 1811 le numéro 27 au Château d'If.   On
m'accuse d'avoir des idées politiques contraires à celles de
Napoléon Ier.   Voilà tout!
5   — Mais votre vie ici? . . . les longues années passées dans la
solitude? . . .
— Ma vie ici? . . . c'est très simple.   J'ai passé les années à médi-
ter sur les choses de l'esprit, à écrire un livre sur la vie politique de
mon pays, à fabriquer[105] des outils[106] nécessaires à mes travaux, à
10   faire des plans d'évasion,[107] à creuser ce passage . . . inutile!
Ce mot *inutile* révèle à Dantès la déception[108] profonde de
Faria de trouver un second cachot là où il comptait retrouver la
liberté.
L'abbé continue:
15   — Eh bien!   Voyons s'il y a moyen de faire disparaître aux yeux de
votre porte-clefs les traces de mon passage.   Il ne faut pas que cet
homme sache[109] ce qui s'est passé,[110] ou tout est perdu pour
jamais.
Il prend la pierre et la fait entrer dans le trou.   Elle le ferme[111]
20   assez mal.[112]
— Ah! dit l'abbé, en souriant, je vois que vous n'avez pas d'outils?
— Et vous? demande Dantès, avec surprise.
— J'ai passé quatre ans à en fabriquer de toutes sortes, répond
l'abbé.   Voulez-vous les examiner?
25   Dantès accepte l'invitation cordiale de son voisin et les deux
hommes disparaissent dans le passage.
Pour ces deux prisonniers c'est une nouvelle vie qui commence.

23.   LE PLAN

Les jours qui suivent sont remplis de visites, de conversations, de
plans.
30   Dantès ne cesse pas d'admirer l'énergie, la patience et la haute

---

[105]**fabriquer** to make, manufacture.   [106]**outil** tool.   [107]**évasion** escape.
[108]**déception** disappointment.   [109]**sache** *pres. subj.* **savoir.**   [110]**se passer**
to happen, take place.   [111]**fermer** to close, shut.   [112]**mal** badly, poorly.

intelligence de son nouvel ami, et de son côté,[113] Faria admire la
résolution et le courage du jeune homme.   Il trouve en Edmond
un fils, comme celui-ci trouve en lui un père.

Un jour, l'abbé dit à Dantès:

5   — Vous avez retrouvé vos forces; nous pouvons recommencer
notre travail.   Voici mon plan: c'est de creuser un passage au-
dessous de la galerie où se trouve la sentinelle.   Une fois là, on fait
une grande excavation au-dessous d'une des pierres qui forment le
plancher[114] de la galerie.   À un moment donné, quand la sen-
10   tinelle marchera[115] sur la pierre, celle-ci s'enfoncera dans l'excavation, et l'homme aussi.   On se jette sur lui, on le lie[116] et on le
bâillonne.[117]   Puis on passe par une des fenêtres de la galerie, on
descend le long du[118] mur extérieur au moyen d'une corde fa-
briquée par moi et on s'échappe de l'île, en nageant dans la mer.

15   — Admirable! s'écrie Dantès.   Et combien nous faut-il de temps
pour exécuter ce plan?

— Un an.

— Quand pouvons-nous commencer?

— Immédiatement.

20   Le même jour, les deux hommes commencent à creuser le
nouveau passage.

24.   HÉLAS!

Après quinze[119] mois d'efforts nuit et jour, les deux travailleurs
arrivent sous[120] la galerie.   Au-dessus de[121] leur tête, ils enten-
dent les pas de la sentinelle sur les pierres du plancher.

25   Dantès est occupé à placer un support de bois sous une des
pierres quand il entend l'abbé Faria qui l'appelle[122] avec un accent
de détresse.[123]

Il revient auprès de lui.   Faria n'a que le temps de donner
quelques instructions, avant de[124] tomber mourant dans les bras
30   de son ami.

---

[113]côté side.   [114]plancher floor.   [115]marcher to walk.   [116]lier to tie, bind.
[117]bâillonner to gag.   [118]le long de along, the length of.   [119]quinze fifteen.
[120]sous under.   [121]au-dessus de above, over.   [122]appeler to call.
[123]détresse distress.   [124]avant before; avant de before (*with an infinitive*).

Dantès le porte dans sa chambre, où il lui fait boire une potion indiquée dans ses instructions.   Faria est sauvé, mais son côté droit[125] est paralysé.   Il lui est impossible de s'échapper du château.

5   Cette attaque est la seconde.   La troisième fois il sera complètement paralysé ou il mourra.[126]

L'abbé appelle Dantès auprès de[127] son lit:

— Partez![128] lui dit-il.   Ne restez[129] pas ici!   Vous êtes jeune, ne vous inquiétez pas à mon sujet![130]   Je vais attendre la mort

10   ici . . . seul!

— C'est bien, dit Dantès.   Moi, aussi, je reste!

Faria regarde attentivement ce jeune homme si noble, si simple, et voit sur son visage la sincérité de son affection.

— Eh bien! dit-il, j'accepte!

15   Puis, lui prenant la main:

— Comme je ne puis et que[131] vous ne voulez pas partir, il faut remplir le passage sous la galerie.   La sentinelle peut le découvrir[132] et donner l'alarme.   Allez faire ce travail, dans lequel je ne puis plus vous aider.   Employez-y toute la nuit et ne revenez que

20   demain matin après la visite du porte-clefs.   J'ai quelque chose d'important à vous dire.

Dantès prend la main de l'abbé, qui lui sourit, et sort avec ce respect qu'il a toujours accordé à son vieil ami.

25.   LE TESTAMENT[133]

Le lendemain matin, en revenant dans la chambre de son compa-

25   gnon de captivité, Dantès trouve Faria assis[134] sur son lit, le visage calme.   L'abbé tient un morceau de papier dans la main gauche.[135]

Sans rien dire, il donne le papier à Dantès.

— Qu'est-ce que c'est? demande celui-ci.[136]

— Regardez bien, lui dit l'abbé en souriant.   Ce papier, c'est mon

30   trésor.

---

[125]droit right.   [126]mourra *fut.* mourir.   [127]auprès de beside.   [128]partir to leave, depart.   [129]rester to remain, stay.   [130]ne vous inquiétez pas à mon sujet don't worry about me.   [131]que *here* = comme.   [132]découvrir to discover. [133]testament will.   [134]assis seated, sitting.   [135]gauche left.   [136]celui-ci the latter.

Dantès prend le morceau de papier sur lequel sont tracés des caractères etranges.   C est un vieux testament, portant la date du 25 avril[137] 1498, dans lequel un certain César Spada donne à un membre de sa famille des instructions pour trouver un trésor
5 fabuleux qu'il dit caché dans les grottes de la petite île de Monte-Cristo.[138]

Par un curieux hasard[139] l'abbé Faria a découvert[140] le secret du vieux manuscrit qu'il a trouvé entre les pages d'un livre donné à lui par le dernier descendant de la famille Spada.   Il est le seul
10 possesseur légitime de ce trésor.

— Eh bien! mon ami, dit Faria, vous savez mon secret.   Si jamais nous nous échappons de cette prison, la moitié[141] de ce trésor est à vous.[142]   Mais si je meurs ici, et si vous vous échappez seul, je vous laisse cette fortune entière.

15 — Et vous dites que cette fortune se compose . . .

— D'environ[143] treize[144] millions de notre monnaie.[145]

— Impossible!   C'est une somme énorme!

— Impossible! . . . et pourquoi?   La famille Spada est une des plus vieilles d'Italie, une des plus riches autrefois![146]

20 — Eh bien, je ne dois accepter ni la moitié de la fortune, ni la fortune entière; je ne suis pas votre descendant légitime.

— Vous êtes mon fils, Dantès! s'écrie le vieil abbé.   Vous êtes l'enfant[147] de ma captivité.   Dieu vous a donné à moi pour consoler l'homme qui ne peut pas être père et le prisonnier qui ne
25 peut pas être libre.[148]

26.   ADIEU![149]

Faria ne connaît[150] pas l'île de Monte-Cristo, mais Dantès la connaît.   Il a passé quelques heures sur cette petite île qui se trouve entre la Corse[151] et l'île d'Elbe.   Elle est complètement déserte.[152]   Dantès trace le plan de l'île, et Faria lui indique ce

---

[137]avril April.   [138]The little island of Monte-Cristo is south of the island of Elba, off the coast of Tuscany, Italy.   [139]hasard accident, chance.   [140]découvert (p.p. découvrir) discovered.   [141]moitié half.   [142]est à vous is yours.   [143]environ about.   [144]treize thirteen.   [145]monnaie currency.   [146]autrefois formerly.   [147]enfant child.   [148]libre free.   [149]adieu good-bye.   [150]connaître to know.   [151]Corse Corsica.   [152]désert deserted.

qu'il faut faire pour retrouver le trésor.

Les jours passent . . .

Une nuit, Edmond croit entendre une voix plaintive qui l'appelle.

5   Sans perdre un instant, il déplace son lit, enlève la pierre, entre dans le passage et arrive dans la chambre de l'abbé.

Faria est assis sur son lit, le visage pâle, les mains tremblantes:

— Eh bien, mon ami, dit-il, c'est la troisième attaque qui commence . . . la dernière, vous comprenez, n'est-ce pas? Ne criez

10 pas, ou vous êtes perdu! . . . vous et celui qui viendra prendre ma place ici . . . car un autre prisonnier va venir, après ma mort . . . et il faut que vous restiez près de lui pour l'aider. Je ne suis qu'une moitié de cadavre[153] liée à vous pour vous paralyser dans tous vos mouvements . . .

15 — Oh! pas encore! J'ai sauvé votre vie une fois; je la sauverai une seconde fois! Il reste[154] encore un peu de votre potion. Dites-moi ce qu'il faut que je fasse[155] cette fois; y a-t-il des instructions nouvelles? Parlez, mon ami, j'écoute.

— Il n'y a pas d'espoir. Mais . . . si vous voulez . . . faites

20 comme la première fois. Si après avoir versé douze gouttes[156] dans ma bouche, vous voyez que je ne reviens pas à moi,[157] vous pouvez verser le reste. C'est tout. Maintenant,[158] approchez-vous, j'ai encore deux choses à vous dire. La première, c'est que je prie Dieu de vous accorder le bonheur[159] et la

25 prospérité que vous méritez. La seconde, c'est que le trésor des Spada existe . . . le vieil abbé qu'on croit fou ne l'est pas . . . mon trésor existe! Partez! Allez à Monte-Cristo . . . profitez de notre fortune . . . vous avez assez souffert.[160]

Une convulsion violente secoue[161] son corps. Ses yeux ne

30 voient plus. Il presse la main d'Edmond:

— Adieu! adieu! murmure-t-il. N'appelez personne! Je ne souffre pas comme la première fois . . . je n'ai plus assez de forces pour souffrir. C'est le privilège des jeunes de croire . . . de garder de l'espoir . . . mais les vieux voient plus clairement la mort.

---

[153]**cadavre** corpse.   [154]**il reste** there remains.   [155]**fasse** *pres. subj.* **faire.**
[156]**goutte** drop.   [157]**que je ne reviens pas à moi** that I do not regain consciousness.
[158]**maintenant** now.   [159]**bonheur** happiness.   [160]**souffert** (*p.p.* **souffrir**) suffered.
[161]**secouer** to shake.

Oh! la voilà!... Elle vient... Libre, enfin!... Votre main,
Dantès!... adieu!... adieu!...
    Puis, avec un dernier effort il s'écrie «Monte-Cristo! Monte-
Cristo!», et sa tête retombe[162] sur le lit.

27. LA MORT PASSE AU Nº 27

5 Dantès, suivant les instructions, verse le reste de la potion dans la
bouche de son ami.
    Une heure, deux heures passent . . .
    Edmond, assis auprès du lit, tient la main pressée sur le cœur
de Faria. Il sent le froid qui pénètre dans le corps inerte. Les
10 yeux de l'abbé restent ouverts[163] et fixes. Enfin Dantès comprend qu'il est en présence d'un mort.[164] Saisi[165] d'une terreur
profonde et invincible, il retourne vite dans le passage et remet la
pierre à sa place.
    Il est bien temps.[166] Le porte-clefs va venir.
15 Sa visite faite, le porte-clefs passe dans le cachot de Faria.
    Dantès est impatient de savoir ce qui va se passer dans le cachot
de son ami quand le porte-clefs verra[167] que le prisonnier est
mort. Il rentre dans le passage et arrive à temps pour entendre les
exclamations du porte-clefs, qui appelle à l'aide.
20 Les autres porte-clefs arrivent. Puis le gouverneur.
    Edmond entend des voix qui disent:
    — Inutile de jeter de l'eau au visage; il est bien mort.[168]
    — Eh bien! le vieux fou est allé chercher son trésor!
    — Avec tous ses millions, il n'est pas assez riche pour payer sa
25 place dans un cimetière.[169]
    — Oh! il n'est pas nécessaire de payer sa place dans le cimetière du
Château d'If!
le cimetière du Château d'If!
    — On va lui faire les honneurs du sac![170]
30 Puis on n'entend plus les voix.

---

[162]retomber to fall back. [163]ouvert (p.p. ouvrir) opened; adj. open.
[164]mort m. dead man. [165]saisir to seize. [166]Il est bien temps It is just in time.
[167]verra fut. voir. [168]bien mort quite dead. [169]cimetière cemetery.
[170]sac bag, sack.

Dantès écoute toujours. Au bout d'une heure, il entend des pas qui reviennent, au-dessus de sa tête.

— Ce sont les hommes, pense-t-il, qui viennent chercher le cadavre.

5 Il y a des mouvements rapides, des bruits indistincts, le choc[171] d'un objet lourd[172] qu'on laisse tomber sur le lit . . .

— À quelle heure, ce soir? demande une voix.

— Vers dix ou onze[173] heures, répond une autre.

— Faut-il laisser un garde dans le cachot? demande la première.

10 — Pourquoi faire?[174] répond l'autre gardien. On va fermer le cachot comme toujours, voilà tout.

Les voix cessent. Les pas remontent le corridor.

Le silence de la mort descend sur le numéro 27 et pénètre dans le cœur de Dantès.

28. LES HONNEURS DU SAC

15 Edmond sort du passage et regarde autour de lui.

La chambre du mort est vide.[175]

Sur le lit, le long du mur, il voit un sac, dans lequel il peut distinguer[176] la forme d'un corps humain.

— Voilà, pense Dantès, tout ce qui reste de Faria, l'ami, le bon 20 compagnon. Il n'existe plus. Je suis seul . . . seul dans le silence de la prison . . . seul dans mon malheur. Je n'ai plus qu'à mourir!

Mais cette idée de suicide passe:

— Mourir! Oh non! s'écrie-t-il. J'ai trop souffert pour mourir 25 maintenant. Non! je veux vivre . . . je veux retrouver le bonheur qu'on m'a enlevé. Avant de mourir, il faut me venger de[177] mes ennemis. J'ai des amis à récompenser[178] . . . Mais à présent on va me laisser ici . . . je ne sortirai de ce cachot que mort comme Faria.

30 Comme Faria? . . . comme Faria? . . .

---

[171]choc shock. [172]lourd heavy. [173]onze eleven. [174]Pourquoi faire? What for? [175]vide empty. [176]distinguer to make out, distinguish. [177]se venger to avenge oneself (de, upon). [178]récompenser to reward.

Dantès reste là, les yeux fixes, comme un homme frappé d'une idée horrible:

— Oh! murmure-t-il, de qui me vient cette idée? . . . est-ce de vous, mon Dieu? . . . s'il n'y a que les morts qui sortent d'ici,
5 pourquoi ne prend-on pas la place des morts?

Il se jette sur le sac hideux, le coupe[179] avec le couteau[180] de Faria, sort le cadavre du sac et le porte dans sa propre chambre.

Il met le cadavre sur son lit, le couvre, presse une dernière fois cette main froide, et tourne la tête le long du mur.

10 Puis il rentre dans le passage, remet le lit contre le mur, et passe dans l'autre chambre. Là, il prend une aiguille[181] et du fil,[182] cache ses vêtements sous le lit de Faria, se met dans le sac ouvert, se remet dans la même situation où il a trouvé le cadavre, et referme le sac au moyen de l'aiguille et du fil qu'il a pris.

15 C'est le travail d'une heure.

29. LE CIMETIÈRE DU CHÂTEAU D'IF

Vers onze heures, des pas se font entendre[183] dans le corridor.

Edmond comprend que l'heure de partir est venue.

La porte s'ouvre et trois hommes entrent dans la chambre. Le premier porte une torche, les deux autres portent une civière.[184]
20 Ils mettent la civière par terre. Puis ils s'approchent du lit, prennent le sac par les deux bouts et le transportent du lit à la civière.

Le cortège,[185] précédé par l'homme à la torche, remonte l'escalier. Ils sortent dans l'air de la nuit.

25 Au bout de quelques pas, les porteurs[186] s'arrêtent et mettent la civière par terre.

Ils vont chercher quelque chose; puis ils reviennent avec un objet lourd, qu'ils placent sur la civière auprès d'Edmond et qu'ils attachent avec une corde à ses pieds.

30 — Eh bien! c'est fait? demande l'un des porteurs.

---

[179]**couper** to cut.   [180]**couteau** knife.   [181]**aiguille** needle.   [182]**fil** thread.
[183]**se font entendre** are heard.   [184]**civière** litter, stretcher.   [185]**cortège** procession.   [186]**porteur** bearer, porter.

— Oui, dit l'autre, et bien fait!

— Allons-y![187]

Ils font cinquante[188] pas, puis s'arrêtent pour ouvrir une porte. Dantès peut entendre le bruit de la mer qui vient se briser[189] contre les murs du château.

Encore quatre ou cinq pas,[190] en montant toujours . . .

Dantès sent qu'on le prend par la tête et par les pieds et qu'on le balance.[191]

— Une! disent les porteurs.

— Deux!

— Trois!

En même temps, Dantès se sent jeté dans un espace énorme, tombant, tombant toujours . . . tiré en bas[192] par un objet lourd . . .

Puis, avec un bruit terrible, il entre dans une eau froide et s'enfonce.

On l'a jeté dans la mer, avec un boulet[193] lourd attaché à ses pieds.

La mer est le cimetière du Château d'If.

EXERCISES

15

A. *Use of preposition* **en** + *gerund: recapitulation*

Translate the following sentences, keeping in mind the three possibilities.

EXAMPLE: a. La cruche s'est cassée en tombant.
The jug broke in falling.
b. Il a laissé tomber la cruche en buvant.
He dropped the jug while drinking.

---

[187]**allons-y** let's go.   [188]**cinquante** fifty; **Ils font cinquante pas** They take fifty steps.   [189]**vient se briser** is breaking.   [190]**encore quatre ou cinq pas** four or five more steps.   [191]**balancer** to swing.   [192]**en bas** down below.   [193]**boulet** cannon ball.

c. Il peut s'échapper en creusant un passage.
He can escape by digging a passage.

1. En arrivant au Château d'If, l'inspecteur visite les cachots.
2. En descendant l'escalier, l'inspecteur et le gouverneur parlent des prisonniers.
3. L'abbé Faria veut sortir de prison en offrant six millions.
4. En jetant le pain par la fenêtre, il refuse de vivre.
5. En entendant le grattement, il croit que c'est un rat.
6. En écoutant parler Dantès, le porte-clefs n'a pas entendu le bruit.
7. Dantès réfléchit en mangeant.

B. *The past indefinite of reflexive verbs*

The auxiliary verb être *is used to form the past indefinite of reflexive verbs, and the past participle agrees in gender and number with the preceding direct object (reflexive) pronoun. Rewrite the following sentences in the past indefinite.*

EXAMPLE: La cruche se casse.
La cruche s'est cassée.

1. Le porte-clefs s'approche du mur.
2. Dantès s'arrête de creuser.
3. La porte se referme.
4. Les pierres se détachent.

C. *Vocabulary*

The following adjectives and nouns contain a prefix which makes them negative. Write down the original word to which the prefix was added.

inutile   impossible   indistinct
inconnu   insupportable   le désespoir
l'impatience   l'injustice

D. *Vocabulary*

Write sentences of your own with each of the following words and phrases.

remplir   chercher à faire qqch.
il faut + *inf.*

E. *Reading comprehension*

Rewrite the following statements where necessary to make them agree with the facts as presented in the story.

1. Dantès dit au porte-clefs qu'il a cassé la cruche en mangeant.
2. Le porte-clefs compte les morceaux parce qu'il croit que ce n'est pas naturel.
3. Après des heures passées à détacher le plâtre, Dantès cherche à enlever la pierre.
4. En employant les barreaux de fer comme levier, Dantès les casse.

16

A. *Use of* c'est... que *for emphasis*

Rewrite the following sentences, using c'est... que *to emphasize the words in boldface.*

EXAMPLE: Le jeune homme pense à **ce manche**.
          C'est à ce manche que le jeune homme pense.

1. Il va casser **l'assiette** en entrant.
2. Il va casser l'assiette **en entrant**.
3. Dantès fait **le trou** avec un morceau de cruche.
4. Il emploie **le manche** comme levier.

B. *Use of* après + *perfect infinitive*

Rewrite the following sentences according to the example.

EXAMPLE: Il a mangé. Il attend.
          Après avoir mangé, il attend.

1. Il a versé la soupe. Il enlève la casserole.
2. Il a mangé la soupe. Il verse l'eau dans son assiette.
3. Il a mis l'assiette par terre. Il attend.
4. Il a cassé l'assiette. Il laisse la casserole.
5. Il a déplacé le lit. Il recommence à travailler.

C. *Vocabulary*

Write sentences of your own with each of the following words and phrases.

venir chercher   revenir chercher
faire un trou   porter
couvrir qqch. de qqch.

D. *Reading comprehension*

Rewrite the following statements where necessary to make them agree with the facts as presented in the story.

1. Le porte-clefs fait toujours la même chose. D'abord il enlève la casserole, puis il verse la soupe et finalement il entre dans le cachot de Dantès.
2. Le porte-clefs casse l'assiette parce que Dantès l'a mise près de la porte.
3. En employant le manche comme levier, Dantès peut detacher la pierre.
4. Dantès creuse un trou dans le coin pour y cacher la pierre.

17

A. *Use of relative pronouns with prepositional phrases*

Complete the following sentences with **duquel** (m. sing.), **desquels** (m. pl.), **de laquelle** (f. sing.), **desquelles** (f. pl.).

EXAMPLE: Dantès remercie Dieu de ce morceau de fer au moyen **duquel** il compte retrouver sa liberté.

1. C'est le manche au moyen _____ il peut enlever la pierre.
2. Ce sont les morceaux de plâtre au moyen _____ il a pu détacher la pierre.
3. Il enlève la pierre autour _____ il n'y a plus de plâtre.
4. C'est le passage au bout _____ il va retrouver sa liberté.

B. *Vocabulary*

Write sentences of your own with each of the following words and phrases.

avoir confiance en qqn   compter + inf.
remercier qqn de qqch.   faire qqch. de toutes ses forces
inquiéter

C. *Reading comprehension*

Rewrite the following statements when necessary to make them agree with the facts as presented in the story.

1. Le porte-clefs accuse Dantès de tout casser.
2. Dantès remercie le porte-clefs de lui avoir laissé la casserole.
3. Un matin, Dantès s'arrête de travailler parce que l'autre n'a plus confiance en lui.

18

A. *Personal pronouns with the imperative*

Rewrite the following commands in the negative.

> EXAMPLE: Laissez-moi mourir.   (**moi** *used in the affirmative*)
> Ne me laissez pas mourir.   (**me** *used in the negative*)

1. Laissez-moi mourir.
2. Laissez-moi tomber.
3. Laissez-moi seul.
4. Enlevez-moi la vie.

Rewrite the following commands in the affirmative.

5. Ne m'écoutez pas.
6. Ne m'aidez pas.
7. Ne me répondez pas.
8. Ne me rendez pas la liberté.

B. *Ellipsis*

Rewrite the following questions to make them elliptic.

> EXAMPLE: De quel pays êtes-vous?
> **De quel pays?**

1. Quelle est votre profession?
2. Quel est votre âge?
3. De quoi vous accuse-t-on?
4. Vous êtes ici depuis combien de temps?

C. *Vocabulary*

Write sentences of your own with each of the following words and phrases.

l'empereur   le trône
conspirer   abdiquer
des pieds à la tête   faire qqch. nuit et jour

D. *Reading comprehension*

*Rewrite the following statements where necessary to make them agree
with the facts as presented in the story.*

1. L'obstacle qui barre le passage est un barreau de fer.
2. Dantès demande à Dieu d'avoir pitié de lui et de le laisser mourir.
3. Le voisin demande à Dantès qui il est et de quel crime on l'accuse.
4. Dantès répond qu'il est accusé d'avoir conspiré pour le retour de
   Louis XVIII.

19

A. *Vocabulary: meaning of* **savoir** + *infinitive and* **pouvoir** + *infinitive*

Complete the following sentences with a form of **savoir** *(for a learned
skill or ability) or* **pouvoir** *(for a possible action).*

EXAMPLE: Je sais nager.
*I can swim (I know how to swim, I have mastered that
skill).*
Je peux nager.
*I can swim (nothing or nobody can stop me from swim-
ming).*

1. On ne _____ pas nager si l'eau n'est pas assez profonde.
2. Si on est dans la mer profonde, il faut _____ nager.
3. Dantès ne sait pas si l'abbé _____ nager si loin.
4. On _____ écrire sur un mur avec du plâtre.
5. Dantès ne _____ pas creuser s'il n'a pas d'instrument.

B. *Vocabulary*

*Write sentences of your own with each of the following words, using
one or more in each sentence.*

la hauteur   à la hauteur d'un pied
faire un plan   (deux pieds, etc.)
le compas   faire une erreur
prendre une chose pour une autre

une fenêtre ou une porte qui   communiquer
    donne sur qqch.   le mur intérieur ou extérieur
de l'autre côté

C. *Reading comprehension*

*Rewrite the following statements where necessary to make them agree
with the facts as presented in the story.*

1. Le passage creusé par Dantès se trouve à plus d'un pied de
   hauteur.
2. On n'a jamais déplacé le lit depuis que Dantès a été mis dans le
   cachot.
3. L'erreur du N° 27 est d'avoir pris le mur extérieur pour le mur
   intérieur.
4. Son plan est d'arriver dans une autre île par un passage creusé sous
   la mer.

20

A. *Past indefinite*

*With a limited number of verbs expressing motion (**entrer, sortir,
monter, descendre, tomber, arriver, partir,** etc.), the auxiliary verb
être is used to form the past indefinite. Translate the following
sentences, discriminating between **être** used as an auxiliary and as a
regular verb.*

EXAMPLE: Il est entré. *He entered.*

1. Dantès est entré en prison en 1815.
2. Tout est perdu.
3. La cruche est tombée.
4. Le moment de s'échapper est arrivé.
5. Les prisonniers dangereux ne sont pas aimés.
6. Le porte-clefs est sorti.

B. *Formation of the past indefinite: recapitulation*

*Rewrite the following sentences in the past indefinite, using **être** with
reflexive verbs and verbs of motion, and **avoir** with the other verbs.
Irregular past participles are indicated.*

EXAMPLE: Il entre au Château d'If.
Il est entré au Château d'If.

1. Qu'est-ce qui se passe?
2. Dantès est accusé d'un crime. (été)
3. La captivité le rend presque fou.
4. Il se tourne vers Dieu.
5. Dieu ne répond pas.
6. Il met l'oreille contre le mur. (mis)
7. Il laisse tomber sa cruche.
8. En tombant, elle se casse.

C. *Vocabulary: meaning of* **encore**

There is a shift in the meaning of **encore** *depending on whether the verb is negative or affirmative.*

EXAMPLE: Il vit encore.   *He still lives.*
On n'est pas encore un traître.   *You are not a traitor yet.*

1. Dantès est encore jeune.
2. À son âge, on n'est pas encore un traître.
3. L'abbé pense encore à s'échapper à son âge.
4. Il est encore actif.
5. Il ne s'est pas encore échappé.

D. *Vocabulary*

Write sentences of your own with the following words, using one or more in each sentence.

le père
le camarade
le traître
préférer faire qqch. que de + *inf.*
rassurer qqn
laisser seul
jeune ou vieux
avoir + *number* + ans

le fils
l'ami
aimer
assurer qqn
avoir confiance en qqn
abandonner
un jeune homme
à l'âge de + *number* + ans

E. *Reading comprehension*

Rewrite the following statements where necessary to make them agree with the facts as presented in the story.

1. Dantès dit à l'homme que s'il l'abandonne, il se tuera.
2. Il sait son âge mais l'autre prisonnier ne le sait pas.

3. L'homme ne veut pas abandonner Dantès car à son âge on ne trahit pas encore.
4. Dantès veut être le fils de cet homme car il ne sait pas si son vieux père vit encore.

21

A. *Vocabulary*

Write sentences of your own with each of the following words and phrases.

au-dessus ou au-dessous   au fond de
tout entier   prendre qqn dans ses bras

B. *Reading comprehension*

Rewrite the following statements where necessary to make them agree with the facts as presented in the story.

1. Quand le porte-clefs apporte la soupe, Dantès se met sur son lit pour mieux cacher le trou.
2. Le porte-clefs croit que Dantès est fou parce qu'il est au lit.
3. La terre est tombée dans le trou creusé par Dantès.
4. Dantès prend l'homme dans ses bras pour mieux l'examiner.

22

A. *Use of* à *with distinguishing characteristics*

Rewrite the following sentences using à, à l', à la, au, aux.

EXAMPLE: Cet homme a des cheveux blancs.
        C'est un homme aux cheveux blancs (*with white hair*).

Cet homme a...
1. des oreilles très longues.
2. un œil pénétrant.
3. une barbe blanche.
4. des bras longs.
5. une voix faible.

B. *Use of the subjunctive after* **il faut que**

Rewrite the following sentences according to the example.

Remember that the first and third person singular of the subjunctive can be derived from the third person plural of the indicative by dropping the -nt *from the* -ent *ending. Irregular forms of the subjunctive are indicated in parentheses.*

EXAMPLE: Ils réfléchissent   **Il faut que Dantès réfléchisse.**

1. Ils remplissent la casserole.
2. Ils viennent.
3. Ils répondent.
4. Ils écrivent.
5. Ils ont confiance. (ait)
6. Ils font un trou. (fasse)

C. *Vocabulary*

Write sentences of your own with the following words, using one or more in each sentence.

les cheveux	la barbe
les yeux	un œil pénétrant
les lignes	la force physique
la vigueur	les facultés morales
la déception (*disappointment*)	sourire

D. *Reading comprehension*

Rewrite the following statements where necessary to make them agree with the facts as presented in the story.

1. L'abbé Faria est assez grand; il a des cheveux noirs, des yeux fous et une barbe blanche.   Il est habitué aux exercices physiques.   Il paraît être assez jeune mais certains mouvements lents révèlent un homme plus vieux.
2. L'abbé est accusé d'avoir voulu aider Napoléon à s'échapper du Château d'If.
3. L'abbé a fabriqué toutes sortes d'outils pendant sa captivité.

23

A. *Use of* **c'est** *to emphasize the subject*

Rewrite the following sentences using **c'est**.

EXAMPLE: Mon plan est de creuser un passage.
Mon plan, c'est de creuser un passage.

1. Mon idée est de creuser un passage.
2. Mon désir est de m'échapper.

3. Son espoir est de s'échapper.
4. Notre bonheur est de retrouver nos amis.

B. *Vocabulary: meaning of* **il faut**

Translate the following sentences.

EXAMPLE: Il faut travailler. (*verb obj.*)
We must work
Il faut beaucoup de temps. (*noun obj.*)
A lot of time is needed.

1. Il lui faut beaucoup de temps.
2. Il lui faut beaucoup travailler.
3. Il nous faut creuser.
4. Il nous faut des outils pour creuser.
5. Il me faut bien comprendre le plan.

C. *Vocabulary*

Write sentences of your own with each of the following words and phrases.

le long de   au moyen de
être rempli de qqch.   passer par

D. *Reading comprehension*

Rewrite the following statements where necessary to make them agree with the facts as presented in the story.

1. Dantès admire la résolution et le courage de Faria et celui-ci admire l'énergie et la haute intelligence du vieil homme.
2. Le plan de Faria, c'est de faire une excavation sous les pieds du gouverneur.
3. Pour s'échapper il faut une corde et il faut savoir nager.
4. Il faut commencer le travail le même jour pour exécuter le plan.

24

A. *Direct and indirect object pronouns with* **faire** + *infinitive*

Rewrite the following sentences by replacing the words in boldface with the appropriate pronoun.

EXAMPLE: Il fait boire **l'abbé**. (*direct obj.*)
Il le fait boire.

Il fait boire une potion à l'abbé. *(indirect obj.)*
Il lui fait boire une potion.

1. Le cri fait revenir **Dantès.**
2. Il fait remplir le passage à **Dantès.**
3. Il fait travailler **Dantès** toute la nuit.
4. Il fait faire ce travail à **Dantès.**
5. Il fait fermer le passage à **Dantès.**

B. *Vocabulary*

Write sentences of your own with each of the following words and
phrases.

avant de + *inf.*
il est impossible de + *inf.*
partir ou rester

qqch. de + *adj.*
le lendemain matin
demain matin

C. *Reading comprehension*

Rewrite the following statements where necessary to make them agree
with the facts as presented in the story.

1. Il faut un an avant d'arriver au-dessous de la sentinelle.
2. Dantès fait boire de la soupe à l'abbé.
3. L'abbé demande à Dantès de partir parce qu'il veut mourir seul.
4. Il lui demande de revenir le lendemain soir.
5. Dantès le prend dans ses bras avant de sortir.

25

A. *Position of* **rien** *with* **sans** + *infinitive*

Rewrite the following sentences according to the example.

EXAMPLE: Il le regarde.   Il ne dit rien.
   Il le regarde sans rien dire *(without saying anything).*

1. Il passe la nuit.   Il ne fait rien.
2. Il passe la nuit.   Il n'écrit rien.
3. Il passe la nuit.   Il n'attend rien.
4. Il passe la nuit.   Il n'entend rien.

B. *Position of* **jamais** *with* **si**

Rewrite the following sentences according to the example.

EXAMPLE: Nous nous échappons.   La moitié du trésor est à vous.
Si jamais nous nous échappons, la moitié du trésor est à vous.

1. Ils sortent de prison.   Le trésor est à eux.
2. L'abbé meurt en prison.   Il lui laisse toute la fortune.
3. Dantès arrive dans l'île.   Le trésor est à lui.
4. Dantès trouve le trésor.   Il est à lui.

C. *Reading comprehension*

Rewrite the following statements where necessary to make them agree with the facts as presented in the story.

1. Le papier porte des instructions pour retrouver un trésor.
2. L'abbé est le dernier descendant de la famille Spada.
3. Le trésor de l'abbé se compose d'environ treize millions en monnaie italienne.
4. Dantès n'accepte pas le trésor parce qu'il est un enfant illégitime.

26

A. *Formation of the future tense*

The verbs contained in the following sentences are in the future. Make a list of the infinitives from which the futures are formed. In the case of irregular forms, try to identify the infinitive from the context.

1. Il passera quelques heures sur l'île.
2. Ils rempliront le passage.
3. Il disparaîtra.
4. Dantès prendra le trésor.
5. Ils n'attendront pas longtemps.
6. L'abbé mourra de l'attaque.
7. Il sera bientôt mort.
8. Dantès le verra mourir.
9. Un autre prisonnier viendra à sa place.
10. Dantès ira à l'île de Monte Cristo.
11. Il fera tout ce qu'on lui a dit.
12. Il ne reviendra plus à la prison.
13. Il aura une fortune immense.
14. Il pourra faire ce qu'il voudra.

B. *Reading comprehension*

Rewrite the following statements where necessary to make them agree with the facts as presented in the story.

1. Dantès connaît bien Monte Cristo. Il y va souvent voir ses amis.
2. Dantès veut sauver une seconde fois l'abbé, qui a une troisième attaque.
3. L'abbé souffre plus que la première fois parce qu'il va mourir.
4. Avant de mourir, l'abbé parle de liberté et de son île au trésor.

27

A. *Vocabulary*

Write five sentences of your own (questions or statements) calling for the rejoinder **pourquoi faire?**

B. *Reading comprehension*

Rewrite the following statements where necessary to make them agree with the facts as presented in the story.

1. Dantès verse le reste de la potion pour faire revenir l'abbé à lui.
2. Il retourne dans son cachot parce qu'il est impatient de revoir le porte-clefs.
3. «L'abbé n'est pas assez riche pour payer sa place au cimetière de la prison», disent les porte-clefs.
4. On viendra chercher le cadavre le lendemain.

29

A. *Vocabulary: meaning of* **venir** + *infinitive and* **venir de** + *infinitive*

Translate the following sentences.

> **EXAMPLE:** Il vient manger. *He comes to eat.*
> Il vient de manger. *He has just eaten.*

1. Les rats viennent manger sur la table.
2. Les rats viennent de manger sur la table.
3. Les autres hommes viennent aider le porte-clefs.
4. Les autres hommes viennent d'aider le porte-clefs.

B. *Vocabulary*

Write sentences of your own with each of the following words and phrases.

sentir
prendre qqch./qqn par le bout/la tête/la main, *etc.*
encore + *expression of*
   quantity
se sentir

C. *Reading comprehension*

Rewrite the following statements where necessary to make them agree with the facts as presented in the story.

1. Les porteurs ont une civière pour transporter le sac.
2. Ils balancent le sac parce qu'ils aiment faire ça.
3. Le sac reste à la surface de l'eau parce qu'il n'est pas très lourd.

2 Les Chandeliers de l'évêque

VICTOR HUGO

LES CHANDELIERS
DE L'ÉVÊQUE

1. LA FAIM[1]

Un dimanche soir,[2] en décembre 1795,* un jeune homme de vingt-cinq ans était assis[3] devant une table dans une petite maison du village de Faverolles en Brie.[4]

C'était Jean Valjean. Quand il était tout petit enfant, il avait
5 perdu son père et sa mère. De sa famille,* il ne restait que lui et sa sœur,[5] et les sept enfants de sa sœur, qui avait perdu son mari.[6] Le premier de ses enfants avait huit ans,[7] le dernier un an. Jean Valjean avait pris la place* du père et par un travail dur[8] et mal payé, il gagnait sa vie[9] pauvrement, mais honnêtement.[10]
10 Il faisait ce qu'il pouvait. Certains jours, il gagnait dix-huit sous;[11] d'autres, il ne gagnait rien. La famille passait de nombreux[12] jours sans ni pain ni viande. Sa sœur travaillait aussi, mais que faire[13] avec sept petits enfants?

En ce mois de décembre, 1795, il faisait très froid.[14] Jean
15 n'avait pas de travail. La famille n'avait pas de pain. Pas de pain! et sept petits enfants!

Assis seul devant la table vide,[15] il pensait à la situation, cherchant une solution. Dans la chambre voisine,[16] il pouvait entendre pleurer de faim les sept petits enfants. Comme la vie était
20 dure et triste!

À dix heures du soir, [17] un boulanger[18] de la place[19] de l'Église[20] a entendu un grand bruit dans sa boulangerie.[21] Il est vite descendu et il est arrivé à temps pour voir un bras passé par un trou[22]

---

[1]**faim** hunger; **avoir faim** to be hungry.   [2]**un dimanche soir** one Sunday night.   [3]**assis** *p.p.* **asseoir** seated, sitting.   [4]**Brie** province to the south of Paris.   [5]**sœur** sister.   [6]**mari** husband.   [7]**avait huit ans** was eight years old.   [8]**dur** hard.   [9]**vie** livelihood, living.   [10]**honnêtement** honestly, respectably.   [11]**dix-huit sous** (a **sou** is worth five **centimes**) i.e., very little money.   [12]**nombreux** many, (numerous).   [13]**que faire** what can be done.   [14]**il faisait très froid** the weather was bitterly cold.   [15]**vide** empty.   [16]**voisine** (*m.* **voisin**) next, near-by.   [17]**heure** hour; **dix heures du soir** ten o'clock at night.   [18]**boulanger** baker.   [19]**place** square.   [20]**église** church.   [21]**boulangerie** bakery.   [22]**trou** hole.

dans la fenêtre.   Le bras a saisi[23] un pain et l'a emporté.[24]   Le
boulanger est vite sorti et a vu le voleur[25] qui courait sur la place.
Le boulanger a couru après lui et l'a arrêté.   C'était Jean Valjean.

2. AU TRIBUNAL[26]

On a conduit Jean Valjean devant le tribunal.   La grande salle[27] du
5   tribunal était pleine; tous les gens[28] du village qui connaissaient
Jean Valjean, s'y trouvaient.
Jean Valjean écoutait la voix du juge*:
«Jean Valjean, vous êtes accusé d'avoir volé[29] un pain au
boulanger.   Vous n'avez pas pu prouver que vous êtes innocent,
10   vous êtes donc coupable.[30]   Aux yeux de la justice, vous êtes un
voleur.   Vous avez quelque chose à déclarer?»
Jean Valjean a compris[31] qu'il devait se défendre, mais les mots
ne pouvaient pas sortir d'entre ses lèvres.   Enfin, il a répondu au
juge:
15   «Je n'avais pas l'intention* de voler.   Je ne suis pas un voleur.
Je suis honnête, comme tout le monde pourrait vous le dire.   Vous
ne savez pas ce que c'est que[32] d'avoir faim!   Vous ne savez pas ce
que c'est que[32] d'être sans travail, sans argent, sans pain!   J'ai
cherché dans tous les villages voisins; j'ai fait des kilomètres[33] pour
20   trouver du travail, mais rien!   Pas de travail, pas de pain.   Je ne
voulais pas faire quelque chose de malhonnête.[34]   Tout le monde
le sait, je n'avais pas l'intention de voler; j'avais seulement
faim, et les petits avaient faim.   Vous comprenez, faim, faim!»
«Il n'y a rien à faire,» dit le juge du tribunal.   «Il faut que la
25   justice se fasse.   Vous êtes condamné* à cinq ans de galères.»[35]
«Vous ne pouvez pas m'envoyer[36] aux galères pour avoir volé un
pain!»[35] s'est écrié Jean Valjean.   Il ne pouvait pas croire ce qu'il
avait entendu.   Cinq ans de galères pour un pain!

---

[23]**saisir** to seize.   [24]**emporter** to carry off.   [25]**voleur** thief.   [26]**tribunal**
court.   [27]**salle** hall, room.   [28]**gens** people.   [29]**voler** to steal.   [30]**coupable**
guilty.   [31]**comprendre** to understand.   [32]**que:** disregard here.   [33]**kilomètre**
kilometer (= *app.* ⅝ *mile*); **faire des kilomètres** to travel (walk) miles.
[34]**malhonnête** dishonest.   [35]**galères** *pl.* (galleys), prison   (with hard labor).
[36]**envoyer** to send.

Mais les gendarmes[37] l'ont saisi et l'ont emmené. Sa voix s'est perdue[38] dans le bruit de la salle.

3. NUMÉRO[39] 24601

Comme pour tous les autres prisonniers condamnés aux galères, à Toulon,[40] on ne l'a plus appelé par son nom.[41] Il n'était plus Jean Valjean; il était le numéro 24601.

Vers la fin de la quatrième année,[42] ses camarades l'ont aidé à s'évader.[43] Pendant deux jours il a été en liberté, dans les champs, si c'est être libre que[44] d'avoir peur de tout, d'un homme qui passe sur la route, d'un cheval qui court le long du chemin, d'une bête qui sort de son trou, d'un chien, des enfants, du jour parce qu'on voit, de la nuit parce qu'on ne voit pas. Le soir du deuxième jour, les gendarmes l'ont repris. Il n'avait ni mangé ni dormi depuis[45] trente-six[46] heures.

Le tribunal l'a condamné à trois ans de prison en plus des cinq premiers.

La sixième année, il a essayé de s'évader une deuxième fois.[47] Il s'est caché, la nuit[48] dans un vieux bateau, au bord de l'eau. Mais il a été repris. Et il a été condamné à cinq ans de prison de plus, dont deux ans de double* chaîne.* Treize[49] ans, en tout.

La dixième année, il a essayé pour la troisième fois de s'évader. Il n'a pas mieux réussi.[50] Trois ans de plus. Ça fait seize[51] ans de prison.

Enfin, pendant la treizième année, il a essayé une dernière fois et n'a réussi qu'à se faire reprendre après quatre heures de liberté. Trois ans pour ces quatre heures. Dix-neuf ans . . .

Dix-neuf ans, c'est long! L'homme qui était entré en prison en 1796 pour avoir volé un pain, et qui pleurait à la pensée des sept petits enfants qui souffraient de la faim et du froid. En 1815, cet

---

[37]gendarme gendarme (state police officer).   [38]se perdre to become lost.
[39]numéro number.   [40]Toulon seaport on the Mediterranean coast.   [41]nom
name.   [42]année year.   [43]s'évader to escape.   [44]que disregard.   [45]depuis
since, for.   [46]trente thirty.   [47]fois time.   [48]la nuit at night.   [49]treize
thirteen.   [50]réussir to succeed.   [51]seize sixteen.

homme-là n'était plus. C'est cette année-là, 1815, que le numéro
24601 est sorti de prison.

Jean Valjean ne pleurait plus, il ne montrait plus ses émotions, il
parlait peu, ne riait[52] jamais.   Pour lui, la vie était devenue
5 sombre, dure, sans espoir.[53]   Depuis longtemps, il était sans
nouvelles[54] de sa famille; il n'allait plus revoir personne.   Il était
seul, tout seul, contre la société cruelle.

4. LIBERTÉ

En octobre* 1815, la porte de la prison s'est ouverte. Jean Valjean
était libre. Libre! Mais il entendait toujours ce qu'on lui avait dit
10 en sortant:
«Il faudra aller te présenter* à Pontarlier.[55]   Tu connais les
règlements.[56]   Tu te présenteras au bureau* de police, deux fois
par semaine,[57] pendant la première année; tous les mois pendant
la deuxième année; tous les trois mois pendant la troisième année,
15 et le premier de l'an, tous les ans, pendant les dix années qui
suivront.   Si tu oublies de suivre les règlements une seule fois, tu
risques de te faire arrêter.[58]   Voici ton passeport* et ton argent.
Passe ton chemin!»
«J'ai un passeport jaune?»[59]
20 «Oui, il est jaune! Tu as essayé de t'évader plusieurs fois.   On
ne donne pas de passeport blanc à des gens comme toi!»
Jean Valjean s'en est allé sur la route de Digne.[60]
En traversant les petits villages sur son chemin, il essayait de
trouver du travail.   Il était très fort et pouvait faire le travail de
25 quatre hommes, sans se fatiguer.[61]   Mais il n'y avait pas de travail
pour un homme à passeport jaune, un galérien![62]
Un soir, il est arrivé dans la petite ville de Digne, dans les
Alpes.*

---

[52]**rire** to laugh.   [53]**espoir** hope   [54]**être sans nouvelles** not to hear from.
[55]**Pontarlier** a small town in Eastern France, north of Besançon, where
Jean Valjean hoped to find work.   [56]**règlements** regulations.   [57]**semaine**
week.   [58]**arrêter** to arrest.   [59]**jaune** yellow.   [60]**Digne** city of southeastern
France, north of Toulon where Valjean had been imprisoned.   [61]**se fatiguer** to
become tired, tire.   [62]**galérien** convict.

Il y avait peu de gens dans les rues. Ceux qui regardaient cet homme misérable,* sombre et fatigué, avec un sac[63] sur le dos[64] et un bâton fort à la main, passaient leur chemin sans lui parler.

Jean Valjean est entré dans la mairie,[65] puis est sorti peu après.
5 Un gendarme, assis près de la porte, l'a regardé, l'a suivi quelque temps des yeux, puis est rentré dans la mairie.

Jean Valjean avait faim. Il est entré dans la meilleure auberge[66] et a demandé un lit pour la nuit et quelque chose[67] à manger. Mais pendant qu'il attendait, l'aubergiste[68] avait envoyé un enfant
10 au bureau de police pour savoir qui était cet homme qui se présentait à l'auberge.

«Monsieur,» dit l'aubergiste, «nous n'avons pas de chambre.»

«Mais je peux dormir avec les chevaux.»

«Il n'y a pas de place.»
15 «Alors, donnez-moi quelque chose à manger. J'ai de l'argent.»

«Je ne puis pas vous donner à manger.»

Jean Valjean se leva.

«Je meurs de faim. Je marche depuis ce matin. J'ai fait seize kilomètres. Je paye. Je veux manger.»
20 «Je n'ai rien,» dit l'aubergiste.

«Je suis à l'auberge; j'ai faim et je reste.»

L'aubergiste l'a regardé un moment; puis, il lui a dit:

«Allez-vous-en. Voulez-vous que je vous dise votre nom? Vous vous appelez Jean Valjean. Maintenant,[69] voulez-vous que
25 je vous dise qui vous êtes? Vous êtes un galérien. Allez-vous-en!»

Jean Valjean a baissé la tête, a repris son sac et son bâton, et s'en est allé.

5.   VA-T-EN!

Il faisait froid.
30 Dans les Alpes, on ne peut pas passer la nuit dans la rue. Alors Jean Valjean est entré dans une autre auberge, a pris une place

---

[63]sac knapsack.   [64]dos back, shoulder.   [65]mairie townhall (where the police station was located).   [66]auberge inn.   [67]chose thing.   [68]aubergiste innkeeper.   [69]maintenant now.

devant le feu, et a demandé quelque chose à manger. L'aubergiste
a mis une main sur l'epaule de l'étranger,* et lui a dit:
«Tu vas t'en aller d'ici.»
«Ah! vous savez? . . .»
5 «Oui.»
«Où voulez-vous que j'aille?»
«N'importe où; mais pas ici!»
Jean Valjean a pris son bâton, a mis son sac sur le dos et s'en est
allé.
10 Il est passé devant la prison. Il a frappé à la porte. La porte
s'est ouverte.
«Monsieur, voudriez-vous m'ouvrir et me donner une place
pour cette nuit?»
«Une prison n'est pas une auberge. Faites-vous arrêter,[70] on
15 vous ouvrira.»
La porte s'est refermée.
En passant devant une petite maison, Jean Valjean a vu une
lumière. Il a regardé par la fenêtre. C'était une famille de
paysans. Au milieu de la chambre, il y avait une table, sur
20 laquelle se trouvaient du pain et du vin. Il a frappé à la fenêtre un
petit coup, très faible . . . Il a frappé un second coup . . . un
troisième coup.
Le paysan s'est levé pour aller ouvrir la porte.
«Pardon,* monsieur» dit l'étranger. «En payant, pourriez-vous
25 me donner une place pour dormir? Dites, pourriez-vous? en
payant?»
«Pourquoi n'allez-vous pas à l'auberge?»
«Il n'y pas de place chez[71] Labarre.»
«Et à l'autre auberge?»
30 «Non plus.»
Le paysan a regardé le nouveau venu[72] de la tête aux pieds, puis
il s'est écrié:
«Est-ce que vous seriez l'homme? . . . Va-t-en! Va-t-en?»
Puis il a refermé la porte.

---

[70]**faites-vous arrêter** get yourself arrested.   [71]**chez** at, in, into, to the house of.
[72]**le nouveau venu** the newcomer.

Au bord de la rue, dans un jardin, Jean Valjean a vu une sorte de
petite hutte.   Il souffrait du froid et de la fatigue.*   Alors, il s'est
glissé⁷³ dans la hutte.

Il y faisait chaud.⁷⁴   L'homme y est resté un moment sans
5 pouvoir faire un mouvement.*   Puis il a essayé de mettre son sac à
terre.   En ce moment, un bruit lui a fait lever les yeux.   Il a vu la
tête d'un chien énorme derrière lui.   Jean Valjean s'est armé* de
son bâton, a mis son sac entre lui et le chien et est sorti de la hutte
comme il a pu.

10 Une fois dans la rue, il a marché vers la place de la ville, et s'est
couché sur un banc⁷⁵ de pierre devant l'église, en se disant:
«Je ne suis pas même un chien!»

6.   UN JUSTE⁷⁶

Une vieille femme sortait de l'église en ce moment.
«Que faites-vous là, mon ami?» lui a-t-elle dit.
15 «Vous le voyez, bonne femme, je me couche,» a-t-il répondu,
durement.
«Sur ce banc?»
«Oui, sur ce banc; un lit de pierre, ça n'a pas d'importance!»
«Mais vous ne pouvez pas passer ainsi la nuit.»
20 «J'ai frappé à toutes les portes . . . on m'a chassé.»
La bonne femme lui a montré⁷⁷ une petite maison, tout près de
l'église.
«Vous avez frappé à toutes les portes?» lui a-t-elle dit.
«Oui.»
25 «Avez-vous frappé à celle-là?»
«Non.»
«Frappez-y.»
Jean a regardé la maison, s'est levé et s'est approché lentement
de la porte.
30 C'était la maison de Mgr.⁷⁸ Bienvenu, évêque⁷⁹ de Digne, un

---

⁷³se glisser to slip, slide.   ⁷⁴Il y faisait chaud It was warm there.   ⁷⁵banc
bench.   ⁷⁶juste *n.* just or upright person.   ⁷⁷montrer to show, point
out.   ⁷⁸Mgr. *abbreviation for* monseigneur his (your) Grace (= title of church
dignitary.   ⁷⁹évêque bishop.

vieil homme de soixante-dix[80] ans, qui y vivait seul avec sa sœur, Mlle Baptistine, et une vieille servante,* appelée madame Magloire.

Entendant quelqu'un frapper à sa porte, le bon évêque a crié:
5   «Entrez.»

La porte s'est ouverte.   Un homme est entré, un sac au dos, un bâton à la main.   Son air sombre et sauvage a fait peur à la petite servante, qui n'a même pas eu la force de jeter un cri.[81]   Mlle Baptistine a regardé son frère, restant calme.

10   L'évêque a regardé l'homme d'un œil tranquille.

«Entrez,» a-t-il dit.   «Que voulez-vous ici?»

«On m'a dit de venir ici.   Êtes-vous aubergiste?   J'ai de l'argent.   Puis-je rester pour la nuit?»

Au lieu de[82] répondre à cette question, l'évêque a dit à madame
15   Magloire:

«Mettez un couvert[83] de plus à la table.»

Puis, il a dit à l'étranger:

«Vous avez faim?   Entrez donc!»

Jean l'a regardé un moment.   Il ne pouvait pas comprendre cet
20   homme-là.   Pourquoi ne lui avait-il pas dit: «Va-t-en!»?   Il s'est approché de[84] l'évêque et l'a regardé dans les yeux; puis, il lui a dit, lentement, lentement:

«Attendez!   Il faut que je vous dise . . . Je m'appelle Jean Valjean.   Je suis un galérien.   J'ai passé dix-neuf ans en prison.   Je
25   suis libre depuis quatre jours[85] et en route pour Pontarlier.   Ce soir, en arrivant dans cette ville, j'ai été dans une auberge, on m'a dit de m'en aller à cause de[86] mon passeport jaune.   J'ai été à une autre auberge.   On m'a dit: Va-t-en!   Personne[87] n'a voulu de moi.   J'ai été dans la hutte d'un chien.   Ce chien m'a chassé
30   comme s'il avait été un homme.   Alors je me suis couché sur un banc de pierre, sur la place.   Mais une bonne femme m'a montré votre maison et m'a dit: Frappe là . . . J'ai frappé.   Qu'est-ce que c'est ici?   est-ce une auberge?   J'ai de l'argent; cent neuf francs

---

[80]**soixante** sixty; **soixante-dix** seventy.   [81]**jeter un cri** utter a cry.   [82]**au lieu de** instead of.   [83]**couvert** cover (= knife, fork, and spoon).   [84]**s'approcher de** to approach.   [85]**je suis libre depuis quatre jours** I have been free for four days.   [86]**à cause de** because of.   [87]**ne . . . personne** no one, nobody.

quinze[88] sous que j'ai gagnés aux galères par mon travail en dix-neuf ans. Je payerai. Voulez-vous que je reste?»

«Madame Magloire, vous mettrez un couvert de plus,» a dit l'évêque.

5 L'homme s'est approché de plus près:

«Avez-vous bien compris? Je suis un galérien! un galérien! Je viens des galères.»

Il a tiré[89] de sa poche son passeport et l'a montré à Mgr. Bienvenu.

10 «Voilà mon passeport,» lui a-t-il dit. «Jaune, comme vous le voyez. Tenez, voilà ce qu'on a mis sur le passeport: Jean Valjean, galérien libéré[90] . . . est resté dix-neuf ans en prison. Cinq ans pour vol.[91] Quatorze[92] ans pour avoir essayé de s'évader quatre fois. Cet homme est très dangereux.*»

15 «Madame Magloire,» dit l'évêque, «vous mettrez des draps blancs au lit dans la chambre voisine.»

L'évêque s'est tourné* vers l'homme:

«Monsieur,» lui a-t-il dit, «vous êtes le bienvenu. Asseyez-vous devant le feu. Nous allons souper[93] dans un moment, et l'on

20 fera votre lit pendant que vous souperez.»

Enfin, Jean Valjean a compris. On ne le chassait pas. Il s'est mis à parler, en cherchant ses mots:

«Vrai? Quoi? vous me gardez? Vous ne me chassez pas? Vous m'appelez «monsieur», moi, un galérien! Je vais souper! J'ai un

25 lit! Je payerai tout ce que vous voudrez. Pardon, monsieur l'aubergiste, comment vous appelez-vous? Vous êtes aubergiste, n'est-ce pas?»

«Je suis,» a dit l'évêque, «un prêtre[94] qui demeure[95] ici.»

«Un prêtre!» a répondu l'homme. «Oh! un brave homme de

30 prêtre![96] C'est bien bon un bon prêtre. Alors vous n'avez pas besoin que je paye?»

«Non,» a dit l'évêque, «gardez votre argent.»

---

[88]quinze fifteen.   [89]tirer to draw, pull.   [90]libéré freed, released.   [91]vol theft.   [92]quatorze fourteen.   [93]souper to have supper.   [94]prêtre priest.   [95]demeurer to live, dwell.   [96]un brave homme de prêtre a worthy man and a priest.

7. LES CHANDELIERS[97] D'ARGENT

Madame Magloire est rentrée. Elle apportait un couvert qu'elle a mis sur la table. «Madame Magloire,» a dit l'évêque, «mettez ce couvert un peu plus près du feu. Il fait froid dans les Alpes, et monsieur doit avoir
5 froid.»

Chaque fois qu'il disait ce mot *monsieur,* avec sa voix sérieuse* et bonne, Jean Valjean sentait quelque chose remuer[98] dans son cœur.

«Voici,» a continué l'évêque, «une lampe* qui ne donne pas
10 beaucoup de lumière.»

Madame Magloire a compris et elle est allée chercher dans la chambre à coucher[99] de monseigneur les deux chandeliers d'argent qu'elle a mis sur la table tout allumés.[100]

«Monsieur,» a dit Jean, «vous êtes bon, vous me respectez.
15 Vous me recevez chez vous et vous allumez vos beaux chandeliers d'argent pour moi. Ne vous ai-je pas dit d'où je viens, et que je suis un homme dangereux?»

L'évêque a mis sa main doucement sur celle de Jean Valjean, et a dit:
20 «Vous n'aviez pas besoin de me dire votre nom. Je vous connais. Cette porte ne demande pas à un homme qui y entre, s'il a un nom, mais s'il a une douleur. Vous avez faim et soif,[101] vous souffrez, ainsi vous êtes le bienvenu. Et il ne faut pas me remercier, parce que vous êtes chez vous.[102] Tout ce qui est ici est à
25 vous. Alors je n'ai pas besoin de vous demander ce que je savais déjà»[103]

«Vous me connaissez, donc?»

«Oui, vous êtes mon frère. Vous comprenez? mon frère. Et vous avez beaucoup souffert,[104] n'est-ce pas?»

30 «Oh! la blouse rouge, les chaînes aux pieds, une planche pour dormir, le chaud,[105] le froid, le travail, les gardiens, les coups de

---

[97]**chandelier** candlestick.   [98]**remuer** to stir, move.   [99]**chambre à coucher** bedroom.   [100]**allumer** to light.   [101]**soif** thirst; **avoir soif** to be thirsty.   [102]**chez vous** at home, in your house.   [103]**déjà** already.   [104]**souffert** *p.p.* **souffrir** suffered.   [105]**chaud** *n.* heat.

bâton, la double chaîne pour rien, même malade[106] au lit, la
chaîne.   Les chiens sont plus heureux!   Dix-neuf ans!   j'en ai
quarante-six.[107]   Et maintenant le passeport jaune.   Voilà!»
    «Oui, vous sortez d'un lieu de tristesse.[108]   Écoutez.   Il y aura
5   plus de joie[109] au ciel pour un homme qui a fait le mal et qui le
regrette que pour la robe blanche de cent justes.   Si vous sortez de
ce lieu douloureux avec des pensées de colère[110] contre les hommes, vous êtes digne de pitié*; si vous en sortez avec des pensées
de bonté[111] et de douceur, vous valez mieux[112] que n'importe
10 lequel d'entre nous.[113]   Si c'est comme ça que vous sortez, alors, il
y a de l'espoir pour vous en ce monde, et après.»
    Madame Magloire avait servi[114] le souper.   On s'est mis à
table.[115]   Comme il faisait toujours quand quelque étranger
soupait chez lui, l'évêque a fait asseoir Jean Valjean à sa droite,[116]
15 entre sa sœur et lui.
    Jean n'a pas levé la tête.   Il a mangé comme une bête sauvage
qui souffre de la faim.
    Après le souper, monseigneur Bienvenu a pris sur la table un des
deux chandeliers d'argent, a donné l'autre à Jean Valjean, et lui a
20 dit:
    Monsieur, je vais vous conduire à votre chambre.»

8.   ON PENSE À TOUT

Pour passer dans la chambre où Jean Valjean allait coucher, il
fallait traverser* la chambre à coucher de l'évêque.
    Au moment où ils la traversaient, madame Magloire mettait
25 l'argenterie[117] dans un placard[118] dans le mur, près du lit de
l'évêque.   C'était la dernière chose qu'elle faisait chaque soir
avant d'aller se coucher.   Elle sentait les yeux de l'étranger qui
suivaient tous ses mouvements, et, ayant peur de lui, elle a fermé

---

[106]malade ill, sick.   [107]quarante forty.   [108]tristesse sadness.   [109]joie joy,
happiness.   [110]colère anger.   [111]bonté kindness, goodness.   [112]valoir mieux to
be better, worth more.   [113]n'importe lequel d'entre nous any one of us, no
matter which.   [114]servir to serve.   [115]se mettre à table to sit down to
table.   [116]droite n. right hand, right.   [117]argenterie silver (plate).   [118]placard
cupboard.

le placard à clef et elle est vite sortie de la chambre. Mais, dans
son émotion* elle a oublié de prendre la clef avec elle.

Entrant dans la petite chambre voisine, l'évêque a fait signe à
Jean Valjean de le suivre.

5   «Voilà votre lit, monsieur,» a-t-il dit. «Faites une bonne
nuit.[119] Demain matin, avant de partir, vous boirez une tasse de
lait[120] chaud.»

Jean Valjean l'a remercié. Puis, tout à coup,[121] il a eu un
étrange* mouvement du cœur. Il s'est tourné vers le vieillard,[122]

10   a levé son bâton, et, regardant l'évêque avec des yeux de bête
sauvage, il s'est écrié:

«Comment! Vous me donnez un lit chez vous, près de vous
comme cela! Avez-vous bien pensé à tout? Qui est-ce qui vous
dit que je n'ai pas tué un homme?»

15   L'évêque a répondu:

«Cela regarde[123] le bon Dieu.»

Puis, gravement et remuant les lèvres comme quelqu'un qui
prie ou qui se parle à lui-même, il a levé la main droite et a béni[124]
Jean Valjean, qui n'a pas baissé la tête. Sans regarder derrière lui,

20   il est rentré dans sa chambre.

Il était si fatigué qu'il n'a pas profité des bons draps blancs et il a
éteint[125] la lumière d'un coup de sa main et s'est laissé tomber sur
le lit. Il s'est endormi tout de suite.

EXERCISES

1

A. *Use of the imperfect*

*Generally speaking, the imperfect describes a condition or an action
in progress in the past. It is used to answer questions like: What were
things or people like? What were people or things doing during a past
period or at a given point in the past? Rewrite the following sentences
in the imperfect.*

---

[119]**Faites une bonne nuit** Have a good night's sleep.   [120]**une tasse de lait** a cup of
milk.   [121]**tout à coup** suddenly.   [122]**vieillard** old man.   [123]**regarder** to
concern.   [124]**bénir** to bless.   [125]**éteindre** to extinguish, put out (light, etc.).

EXAMPLE: Jean pense à sa situation.
Jean pensait à sa situation.

1. Jean Valjean est un jeune homme.
2. Il a vingt-cinq ans.
3. Il gagne sa vie pauvrement.
4. Sa sœur travaille aussi.
5. Ce dimanche soir, il est assis dans une chambre.

B. *Use of the past indefinite*

The past indefinite is used to present conditions or actions as events and to answer questions like: What happened at that moment? What happened next? Rewrite the following passage in the past indefinite, using the appropriate auxiliary verb: **avoir** *or* **être**.

EXAMPLE: Le boulanger voit le voleur.
Le boulanger a vu le voleur.

Jean Valjean arrive devant la boulangerie. Il voit le pain. Il fait un trou dans la fenêtre. Il prend le pain. Le boulanger entend le bruit. Il sort de la boulangerie. Il court après le voleur.

C. *Use of the imperfect and past indefinite*

Rewrite the following passage in the past, using the imperfect to describe actions in progress or existing conditions, and the past indefinite to express events.

À la mort des parents, il ne reste que deux enfants. La vie est très dure en 1795. Certains jours, Jean ne gagne rien. Sa sœur travaille aussi. Un dimanche soir, Jean est seul dans une chambre. Il n'a pas de pain pour les enfants. À dix heures, il sort de la maison. Il arrive devant la boulangerie. Il fait un trou dans la fenêtre. Le boulanger entend le bruit. Il sort vite. Il court après le voleur. Il l'arrête.

D. *Vocabulary*

Write sentences of your own with the following words, using one or more in each sentence.

un an	le mois
décembre	le jour
dimanche	dimanche soir
l'heure	avoir + *number* + ans

jeune	petit
la famille	le père
la mère	la sœur
l'enfant	le mari
perdre son mari	gagner sa vie
travailler	un travail dur et mal payé

E. *Reading comprehension*

Rewrite the following statements where necessary to make them agree with the facts as presented in the story.

1. La famille avait du pain en décembre parce que le travail de Jean était bien payé.
2. Les sept enfants pleuraient parce qu'ils n'avaient pas de père.
3. Le boulanger est descendu dans la boulangerie parce qu'il avait entendu du bruit.
4. Le voleur a couru après le boulanger pour lui voler son pain.

2

A. *Use of* à *and* de *with* **quelque chose** *and* **rien**

The preposition à *is used to introduce a verb after* **quelque chose** *and* **rien**, *whereas* de *is used to introduce an adjective.   Complete the following sentences with the appropriate preposition:* **de** *or* à.

1. Jean n'avait rien _____ manger.
2. Il n'avait rien _____ bon à manger.
3. Il cherchait quelque chose _____ manger.
4. Il avait quelque chose _____ triste à dire.
5. Il n'avait rien fait _____ malhonnête.
6. Le juge a dit qu'il n'y avait rien _____ faire.

B. *Vocabulary*

Write sentences of your own with the following words, using one or more in each sentence.

le gendarme	saisir
emmener	conduire au tribunal
la justice	le juge
accuser d'avoir fait qqch.	condamner
envoyer ou condamner aux galères	le voleur
pour avoir fait qqch.	voler qqch. à qqn

être coupable/innocent
se défendre

malhonnête/honnête
ne pas avoir l'intention de
faire qqch.

C. *Reading comprehension*

Rewrite the following statements where necessary to make them agree with the facts as presented in the story.

1. Les gens du village qui sont allés au tribunal savaient qu'il était un homme honnête.
2. Le juge a accusé Jean d'avoir eu l'intention de voler.
3. Jean Valjean n'avait rien fait pour trouver du travail.
4. Il a très bien compris pourquoi le juge le condamnait.

3

A. *Formation of the past indefinite of reflexive verbs*

Rewrite the following sentences in the past indefinite, using être *when the verb is used reflexively.*

EXAMPLE: Il s'évade.
Il s'est évadé.

1. Le boulanger arrête le voleur.
2. Jean Valjean ne s'arrête pas.
3. Il fait dix-neuf ans de prison.
4. Il se fait reprendre quatre fois.
5. Jean trouve un trou.
6. Il se trouve dans un trou.
7. Il cache son nom.
8. Il se cache sous un bateau.

B. *Position of* **premier** *and* **dernier** *with numerals*

Insert the numerals in the following sentences.

EXAMPLE: Les premières années. (cinq)
Les cinq premières années.
Les dernières années. (cinq)
Les cinq dernières années.

1. Les premières années. (six)
2. Les dernières années. (trois)
3. Ls premiers mois. (neuf)

4. Les dernières fois. (quatre)
5. Les premiers numéros. (vingt-quatre-mille)

C. *Vocabulary*

Find the opposites of premier, être en prison, and rire and write sentences of your own with each of them.

D. *Reading comprehension*

Rewrite the following statements where necessary to make them agree with the facts as presented in the story.

1. Après quatre ans de prison, on a aidé Jean Valjean à s'évader.
2. Quand Jean Valjean a été repris par les gendarmes, il n'avait pas faim.
3. En 1815, Jean Valjean a réussi à s'évader.
4. Il était devenu un voleur parce que les sept enfants souffraient de la faim et du froid.

4

A. *Use of the gerund:* **en** + *present participle*

Rewrite the following sentences according to the example.

EXAMPLE: Il entendait toujours ce qu'on lui avait dit quand il est sorti.
Il entendait toujours ce qu'on lui avait dit en sortant.

1. Il a essayé de trouver du travail quand il a traversé les villages.
2. Il avait faim quand il est arrivé à Digne.
3. Il avait son passeport quand il s'est présenté à la police.
4. Il a baissé la tête quand il s'en est allé. (s'en allant)

B. *Use of the infinitive with* **sans**

Rewrite the following sentences by linking them with **sans**.

EXAMPLE: Il travaillait. Il ne se fatiguait pas.
Il travaillait sans se fatiguer.

1. Il a traversé les villages. Il n'a pas trouvé de travail.
2. Il a traversé les villages. Il n'a pas pu trouver de travail.
3. Les gens l'ont regardé. Ils ne savaient pas qui il était.
4. On peut faire seize kilomètres. On ne s'arrête pas.

C. *Vocabulary: use of* an *and* année

Use of an

With numerals:
Il n'a pas vu sa famille depuis
dix-neuf ans.
Après quatre ans de prison, il
s'est évadé.
Il avait vingt-cinq ans quand il est
entré en prison.

In set phrases:
Le premier janvier est le premier
jour de l'an.
Le premier janvier, c'est le
nouvel an.
Il doit se présenter à la police
tous les ans.
Il s'est présenté douze fois par
an.

Use of année

With indefinite numbers:
Il n'a pas vu sa famille depuis des
années.
With ordinal numbers:
Il s'est s'évadé pendant sa quatrième année de prison.
Il était dans sa vingt-cinquième
année quand il est entré en
prison.

Le premier janvier est le premier
jour de l'année.
Le premier janvier, une nouvelle
année commence.
Il doit se présenter à la police
chaque année.
Il s'est présenté douze fois cette
année.

Phrases in which an *and* année *are interchangeable:*
l'an dernier (passé, prochain)   l'année dernière (passée,
                                      prochaine)

Complete the following sentences with an *or* année, *making the necessary changes.*

1. Jean Valjean a été condamné à cinq ____ de prison.
2. Il s'est évadé une deuxième fois pendant ____ sixième ____.
3. Il était sans nouvelles de sa famille depuis des ____.
4. Il était dans son/sa ____ trente-quatrième ____ quand il est sorti
   de prison.
5. Il devait se présenter à la police le premier de l'____.
6. Il est allé à la mairie une fois par ____.

D. *Reading comprehension*

*Rewrite the following statements where necessary to make them agree
with the facts as presented in the story.*

1. Le règlement que les galériens devaient suivre était d'aller se présenter à la police pendant treize ans.
2. Les galériens ordinaires recevaient un passeport jaune. Ceux qui avaient essayé de s'évader recevaient un passeport rouge.
3. Jean Valjean est entré dans la mairie de Digne pour demander du travail.
4. L'aubergiste savait qui était Jean Valjean parce qu'il s'était présenté à la mairie en arrivant.

5

A. *Use of the conditional of* **pouvoir**

Rewrite the following sentences according to the example.

EXAMPLE: Donnez-moi une place.
Pardon, monsieur, pourriez-vous me donner une place?

1. Donnez-moi un lit.
2. Donnez-moi à manger.
3. Donnez-moi du pain et du vin.
4. Laissez-moi entrer.
5. Recevez-moi.

B. *Use of* **tu**

Note: the innkeeper uses **tu** when addressing a man he considers inferior. Likewise, as soon as the peasant realizes who the visitor is, he switches from the normal **vous**, used when addressing strangers, to **tu**.

Rewrite the following sentences, switching from **vous** *to* **tu** *and making all necessary changes.*

EXAMPLE: Vous allez vous en aller d'ici.
Tu vas t'en aller d'ici.

1. Allez-vous-en!
2. Vous allez vous en aller.
3. Vous pouvez vous coucher sur ce banc.
4. Pourquoi n'allez-vous pas à l'auberge?
5. Voulez-vous que je vous dise votre nom?

C. *Use of the relative pronoun*

Complete the following sentences with the appropriate form of the relative pronoun.

M. sing. and pl. and contractions: **lequel, lesquels; auquel, auxquels; duquel, desquels.** F. sing. and pl. and contractions: **laquelle, lesquelles; auxquelles; desquelles.**

EXAMPLE: Il y avait une table sur **laquelle** se trouvait du pain.

1. Il y avait une fenêtre à _____ Jean a frappé.
2. Il y avait un feu devant _____ il s'est assis.
3. Il y avait des rues au bord _____ se trouvaient des maisons.
4. Il y avait un paysan _____ Jean a demandé du pain.
5. Il y avait un jardin au milieu _____ se trouvait une hutte.

D. *Vocabulary*

Write sentences of your own using the following phrases.

1. Pardon, monsieur, pourriez-vous (+ *inf.*)?
2. Pardon, madame, pourriez-vous (+ *inf.*)?
3. Pardon, mademoiselle, pourriez-vous (+ *inf.*)?
4. Pardon (Jean/Paul/Hélène, etc.), pourrais-tu (+ *inf.*)?

E. *Reading comprehension*

Rewrite the following statements where necessary to make them agree with the facts as presented in the story.

1. Jean n'a pas pu passer la nuit dans la prison parce qu'il était un galérien.
2. Il voulait payer une place au paysan pour dormir.
3. Il s'est glissé dans la hutte parce qu'il n'y avait personne.
4. Il s'est couché sur un banc de l'église.

6

A. *Use of the imperfect in indirect discourse*

Rewrite the following statements as indirect discourse, according to the example.

EXAMPLE: Je m'appelle Jean Valjean. (*pres. ind.*)
Il a dit qu'il s'appelait Jean Valjean. (*impf.*)

1. Je cherche une place pour la nuit.
2. Je suis un galérien.
3. Je viens de Toulon.

4. Je sors de prison.
5. Je meurs de faim.

B. *Use of the pluperfect in indirect discourse*

Rewrite the following statements as indirect discourse.

EXAMPLE: J'ai passé neuf ans en prison. (*p. indef.*)
Il a dit qu'il avait passé neuf ans en prison. (*plup.*)

1. Je suis resté dix-neuf ans en prison.
2. J'ai fait seize kilomètres.
3. Je suis allé à l'auberge.
4. J'ai demandé une chambre.
5. J'ai été chassé.

C. *Use of the infinitive in indirect discourse*

Rewrite the following statements as indirect discourse.

EXAMPLE: On m'a dit: «Va-t-en!» (*impv.*)
On m'a dit de m'en aller. (*inf.*)

1. À l'auberge on m'a dit: «Attendez quelques minutes.»
2. Au retour de l'enfant on m'a dit: «Allez-vous-en.»
3. À la prison de Digne on m'a dit: «Faites-vous arrêter.»
4. À Toulon on m'a dit: «Présentez-vous à la police.»
5. Vous m'avez dit: «Prenez place.»

D. *Vocabulary*

Write sentences of your own with each of the following words and phrases.

entrer dans	sortir de
faire peur à qqn	avoir peur de qqn ou de qqch.
s'appeler	appeler qqn
au lieu de + *inf.*	jeter un cri
s'approcher de	avoir besoin de qqn ou de qqch.

E. *Reading comprehension*

Rewrite the following statements where necessary to make them agree with the facts as presented in the story.

1. La vieille femme a dit à Jean de frapper à la porte de l'église.
2. Jean ne savait pas qu'il était dans la maison de l'évêque.
3. Madame Magloire a crié de peur en voyant entrer la galérien.
4. L'évêque n'avait pas besoin que Jean lui explique sa situation pour le recevoir.
5. Jean voulait payer avec l'argent gagné dans les villages.

7

A. Vocabulary

Write sentences of your own with the following words, using one or more in each sentence.

être un juste	bon
la bonté	remercier qqn
être le frère de qqn	être digne de qqch.
valoir mieux que qqn	respecter
sérieux	sentir qqch. remuer dans son cœur
le ciel	la joie
la douceur	l'espoir
la douleur	douloureux
malheureux	souffrir
la tristesse	regretter
la colère	faire le mal

B. Vocabulary: word formation

1. *Write the nouns corresponding to the following adjectives and verbs:* **doux, joyeux, triste, bon, espérer, penser.**
2. *Write the verbs or adjectives coresponding to the following nouns:* **le regret, la souffrance, le respect, le bonheur, le malheur, la douleur, la dignité, le danger, la justice.**

C. Reading comprehension

Rewrite the following statements where necessary to make them agree with the facts as presented in the story.

1. Pour faire comprendre à Madame Magloire d'aller chercher les chandeliers, l'évêque a dit que la lampe ne donnait pas beaucoup de lumière.
2. Jean Valjean sentait quelque chose dans son cœur chaque fois que l'évêque parlait aux deux femmes.

3. Jean Valjean était très heureux à Toulon: la robe blanche, un lit avec des draps blancs, les chaînes aux pieds des gardiens.
4. Chaque fois que l'évêque recevait un étranger à table, il le faisait asseoir à sa gauche, entre sa sœur et Mme Magloire.
5. Après le souper, l'évêque a pris les chandeliers pour conduire Jean à l'auberge.

8

A. *Use of the imperfect and past indefinite*

The imperfect is used to express a habitual action that was taking place within an undetermined period of time while the past indefinite is used to clearly indicate that an action was finished within a determined period of time.

i. *Rewrite the following sentences in the past by using the phrase* **chaque soir** *at the beginning of the sentence and making the present tense the imperfect.*

EXAMPLE: Madame Magloire met les couverts.
Chaque soir, Madame Magloire mettait les couverts.

1. Madame Magloire sert le souper.
2. L'évêque mange avec sa sœur.
3. Après le souper, Madame Magloire prend sa clef.
4. Elle ouvre le placard.
5. Elle y met les couverts.

ii. *Rewrite the following sentences by using the phrase* **ce soir-là** *and making the present tense the past indefinite.*

EXAMPLE: Ils mangent sans rien dire.
Ce soir-là, ils ont mangé sans rien dire.

6. Madame Magloire met les couverts comme les autres soirs.
7. Après le souper, Madame Magloire prend la clef.
8. Elle met les couverts dans le placard.
9. Elle ferme le placard mais elle oublie la clef.
10. Elle sort et va se coucher.

B. *Vocabulary*

Write sentences of your own with the following words, using one or more in each sentence.

la chambre à coucher   coucher dans une chambre
se coucher dans un lit ou   faire son lit
  sur un banc   le drap
éteindre la lumière   s'endormir
faire/passer une bonne nuit   le placard
la clef   fermer qqch. à clef

C. Reading comprehension

*Rewrite the following statements where necessary to make them agree
with the facts as presented in the story.*

1. La chambre à coucher de Jean Valjean était voisine de celle de
   l'évêque.
2. Madame Magloire n'a pas pu fermer à clef la porte du placard parce
   qu'elle avait oublié de la prendre dans son émotion.
3. Jean Valjean a remercié l'évêque de lui avoir donné une tasse de
   lait.
4. Jean Valjean avait peut-être tué un homme mais cela n'avait pas
   d'importance aux yeux de l'évêque.
5. Jean a prié quand l'évêque l'a béni.

9. UN VOLEUR DANS LA NUIT

À deux heures du matin, Jean Valjean s'est réveillé.

Il avait dormi plus de¹ quatre heures. Sa fatigue était passée.
Il n'a pas pu se rendormir,² et il s'est mis à réfléchir. Beaucoup de
pensées lui venaient, mais il y en avait une qui chassait toutes les
5 autres: celle de l'argenterie.

Les quatre couverts d'argent que madame Magloire avait mis
sur la table étaient là. Tout près de lui. Ils étaient en argent
massif.³ Ils valaient au moins⁴ deux cents francs. Le double de
ce qu'il avait gagné en dix-neuf ans . . . Dans ce placard, dans
10 la chambre voisine . . .

Trois heures ont sonné.⁵

Jean Valjean a rouvert les yeux. Il s'est brusquement levé. Il a

---

¹plus de more than.   ²se rendormir to go back to sleep.   ³en argent massif
made of solid silver.   ⁴au moins at least.   ⁵sonner to sound, strike (of a bell).

écouté; pas un seul bruit dans la maison. Alors, il a marché droit
vers la fenêtre. Elle n'était pas fermée; elle donnait sur le jardin.
Il a regardé: le mur du jardin n'était pas haut, on pourrait monter
dessus très facilement.[6]

5   Ce coup d'œil[7] jeté, il a pris son bâton dans sa main droite et,
marchant très doucement, il s'est approché de la porte de la
chambre voisine, celle de l'évêque. Arrivé à cette porte, il l'a
trouvée entr'ouverte.[8] Jean Valjean a écouté. Pas de bruit . . .
Personne ne remuait dans la maison.

10   Il a poussé[9] la porte. Elle s'est ouverte un peu. Il a attendu un
moment, puis a poussé la porte une seconde fois, avec plus de
force.

Cette fois, la porte s'est ouverte toute grande.[10] Mais, en
s'ouvrant, elle a fait un bruit aigu,[11] comme le cri d'une bête dans
15   la forêt, la nuit.

Ce bruit est entré dans le cœur de Jean Valjean comme une
épée. Il était terrible, ce bruit, comme le cri d'un homme condamné à mort.

Jean Valjean s'est cru perdu. Il s'est imaginé que toute la
20   maison allait se réveiller. Il voyait déjà les gendarmes et . . . la
double chaîne . . . pour la vie . . .

Il est resté où il était, ne faisant pas de mouvement. Quelques
minutes* ont passé. La porte restait toujours grande ouverte. Il
pouvait regarder dans la chambre. Rien ne remuait dans la
25   chambre de l'évêque. Il y est entré.

Comme la chambre était tranquille! Sans faire de bruit,
l'homme a avancé vers le lit. Il s'est arrêté tout à coup. Il était
près du lit.

Depuis une heure un sombre nuage[12] couvrait le ciel. Au
30   moment où Jean Valjean s'est arrêté près du lit, le nuage est passé
et la lune, comme une lumière qu'on avait éteinte[13] et puis vite
rallumée, est apparue tout à coup au-dessus des arbres du jardin.
Un rayon de lune[14] a traversé la longue fenêtre étroite de la

---

[6]facile easy; facilement easily.   [7]coup d'œil glance, survey, ce coup d'œil jeté
this survey made.   [8]entr'ouverte half-open, partly open.   [9]pousser to
push.   [10]grand wide; s'ouvrit toute grande opened wide.   [11]aigu sharp,
piercing.   [12]nuage cloud.   [13]éteint .p.p. éteindre extinguished.   [14]rayon de
lune moonbeam.

chambre et a éclairé la figure pâle* et les cheveux blancs de
l'évêque. Il dormait comme un enfant, comme un juste qui avait passé sa
vie à faire le bien pour les autres, ses frères. Sa figure était si noble
5   et si pleine de bonté et de douceur que Jean Valjean s'est senti le
cœur remué par une émotion profonde et étrange. Son œil n'a pas
quitté[15] la figure du vieux. Dans sa main droite, il tenait toujours
son gros bâton. Mais il ne savait plus ce qu'il devait faire.

D'abord, il a eu l'idée de frapper . . . de prendre . . . de sauter;
10   puis, il a voulu baiser[16] la main de celui qui avait dit: «Oui, vous
êtes mon frère . . . vous avez souffert . . . de l'espoir . . . demain matin, du lait chaud . . . faites une bonne nuit . . .»

Il est resté là, les yeux fixés sur la figure de l'évêque. Au bout
de[17] quelques minutes, il a laissé tomber lentement son bras droit;
15   puis, il a levé son bras gauche[18] et a ôté[19] sa casquette.[20] Il est
resté longtemps immobile.

Tout à coup, il a remis sa casquette et a vite marché le long du lit,
sans regarder l'évêque, vers le placard qu'il voyait dans le mur. Il
a saisi la clef, l'a tournée et a ouvert le placard. La première chose
20   qu'il a vue, c'était l'argenterie; il l'a saisie, a traversé la chambre,
est rentré dans la chambre voisine, a ouvert la fenêtre, a mis
l'argenterie dans son sac, a traversé le jardin en courant, a sauté
par-dessus le mur comme un tigre et s'est enfui.

10.   L'ÉVÊQUE ACHÈTE UNE ÂME[21]

Le lendemain matin, vers six heures, pendant que monseigneur
25   Bienvenu faisait sa promenade[22] habituelle au jardin, madame
Magloire est tout à coup sortie de la maison et a couru vers lui, en
criant:

«Monseigneur, monseigneur, l'argenterie n'est plus dans le
placard!   Grand bon Dieu! elle est volée! c'est cet homme . . . je

---

[15]quitter to leave.   [16]baiser to kiss.   [17]au bout de after.   [18]gauche left.   [19]ôter
to take off, remove.   [20]casquette cap.   [21]âme soul.   [22]promenade walk; faire
une promenade to take a walk.

vous l'avais bien dit! Il est parti sans rien dire et il a emporté
l'argenterie.   Maintenant nous n'aurons plus de couverts en argent!»
   L'évêque venait de remarquer une plante* que Jean Valjean
5   avait brisée[23] en sautant de la fenêtre.   Il est resté un moment sans
rien dire, puis a levé son œil sérieux et a dit à madame Magloire
avec douceur:
   «Et cette argenterie était-elle à nous?»
   Madame Magloire n'a pas su que dire.   Il y a eu encore un
10   moment de silence, puis l'évêque a continué:
   «J'avais depuis longtemps cette argenterie.   Elle était aux
pauvres.   Qui était cet homme?   Un pauvre, c'est évident.*   Il
devait en avoir besoin,[24] et il l'a prise.   C'est juste.»
   Quelques minutes après, il déjeunait[25] à cette même table où
15   Jean Valjean s'était assis la veille.[26]   Sa sœur ne disait rien, mais
madame Magloire parlait toujours de la perte de l'argenterie.
Enfin, l'évêque lui a dit:
   «Madame Magloire, à quoi bon regretter cette argenterie?   On
n'en a pas besoin pour manger son pain et boire son lait.»
20   Le frère et la sœur allaient se lever de table quand on a frappé à
la porte.
   «Entrez,» dit l'évêque.
   La porte s'est ouverte.   Un groupe* étrange et violent est
apparu.   Trois hommes en tenaient un quatrième par les deux
25   bras.   Les trois hommes étaient des gendarmes; le quatrième était
Jean Valjean.
   Le brigadier[27] s'est avancé vers l'évêque.
   Mais monseigneur Bienvenu s'était approché de Jean Valjean,
en s'écriant:
30   «Ah! vous voilà, mon ami!   Je suis heureux de vous revoir.   Eh
bien, mais! je vous avais donné les chandeliers aussi, qui sont en
argent comme le reste* et pour lesquels on vous donnera certainement deux cents francs.   Pourquoi ne les avez-vous pas emportés avec vos couverts?»

---

[23]briser to break.   [24]il devait en avoir besoin he must have needed it.
[25]déjeuner to breakfast; n. breakfast.   [26]veille evening or day before.
[27]brigadier sergeant.

Jean Valjean a ouvert les yeux et a regardé le vénérable évêque.
Avec une émotion étrange, il n'a pu rien dire.

«Monseigneur,» a dit le brigadier, «ce que cet homme nous
disait était donc²⁸ vrai? Nous l'avons rencontré il y a une heure; il
5 courait dans les champs. Il avait cette argenterie dans son sac, la
vôtre, et nous avons cru qu'il l'avait volée. Mais . . .»

«Il vous a dit,» a vite répondu l'évêque, «qu'elle lui avait été
donnée par un vieux prêtre chez lequel il avait passé la nuit,
n'est-ce pas? Je vois la chose. Et vous l'avez ramené ici? Vous
10 avez fait votre devoir.²⁹   Mais, c'est une erreur,* monsieur.»

«Ainsi,» a répondu le gendarme, «nous pouvons le laisser aller?»

«Oui,» a dit l'évêque.

Les gendarmes ont lâché³⁰ Jean Valjean, qui a laissé retomber
15 ses bras sans lever la tête:

«Est-ce que c'est vrai qu'on me laisse aller?» a-t-il dit d'une voix
inarticulée.

«Oui, on te laisse, tu n'entends donc pas?» a dit le brigadier.

«Mon ami,» dit l'évêque, «avant de vous en aller, voici vos
20 chandeliers.   Prenez-les.»

Il est rentré dans la chambre, a pris les deux chandeliers d'argent et les a apportés à Jean Valjean, qui tremblait* d'émotion.

Jean Valjean a pris les deux chandeliers.   Il ne paraissait pas
comprendre ce qu'il faisait.

25 «Maintenant,» a dit l'évêque, «allez en paix.»³¹

Puis, se tournant vers les gendarmes:

«Messieurs, vous pouvez partir.   Je vous remercie de vos bons
services.»

Les gendarmes s'en sont allés, lentement.

30 L'évêque s'est approché de Jean Valjean, l'a regardé un moment
dans les yeux, et lui a dit d'une voix douce et pleine de bonté:

«N'oubliez pas, n'oubliez jamais que vous m'avez promis
d'employer* cet argent à devenir honnête homme.»

Jean Valjean, qui ne se souvenait³² pas d'avoir fait cette pro-
35 messe, n'a rien dit.

---

²⁸donc therefore; *here*, used for emphasis: it *was* true.   ²⁹devoir *n.*
duty.   ³⁰lâcher to let go.   ³¹paix peace.   ³²se souvenir de to remember.

La voix sérieuse de l'évêque a continué:
«Jean Valjean, mon frère, votre âme n'appartient plus au mal,[33]
mais au bien. Le mal est derrière vous. C'est votre âme que je
vous achète[34] et je la rends à Dieu. Allez en paix.»
5   Jean Valjean, tenant toujours les deux chandeliers dans ses
mains, n'a rien pu trouver à dire. Il était incapable de parler. Il
est brusquement parti. L'évêque a suivi l'homme des yeux et ses
lèvres[35] répétaient ces mots: «C'est votre âme que je vous
achète . . . et je la rends à Dieu.»

11.   PETIT-GERVAIS

10   Jean Valjean est sorti de la ville comme s'il s'échappait.[36] Il s'est
mis à marcher dans les champs, sans faire attention où il allait.
Deux fois, quatre fois, il repassait sur le même chemin sans le
reconnaître.
Il se sentait remué de sensations* nouvelles,[37] étranges, il avait
15   peur . . . Il se fâchait, mais il ne savait pas contre qui il se fâchait.
De temps en temps, une douceur étrange remuait[38] son cœur;
puis, tout à coup, les vingt terribles années aux galères s'élevaient
comme un mur entre elle et lui. Il voyait qu'il n'était plus calme,*
que sa main tremblait, sa main dure de galérien!
20   Il entendait toujours: «Vous m'avez promis de devenir honnête
homme . . . vous n'appartenez plus au mal . . . c'est votre âme
que j'achète . . . je la rends à Dieu.»
Vers cinq heures du soir, Jean Valjean était assis sous un arbre
dans une grande plaine* absolument déserte, à douze[39] kilomètres
25   de Digne. Au loin, on ne voyait que les Alpes. Pas de maison,
pas de village. Il était seul, tout seul, avec ses pensées.
Tout à coup, il a entendu un bruit joyeux.[40]
Il a tourné la tête et a vu venir dans le chemin un garçon[41] de dix
ou douze ans qui chantait, en jouant en même temps avec des sous

---

[33]n'appartient plus au mal no longer belongs to evil.   [34]acheter to buy.   [35]lèvre
lip.   [36]s'échapper to flee, to escape.   [37]nouvelle (m. nouveau) adj. new.
[38]remuer to move.   [39]douze twelve.   [40]joyeux (fem. joyeuse) joyous, merry.
[41]garçon boy.

et des pièces[42] d'argent qu'il avait dans la main. Il les jetait en l'air et les rattrapait[43] sur le dos de sa main. C'était toute sa fortune. Le garçon s'est arrêté près de l'arbre sans voir Jean Valjean et a fait sauter son argent en l'air. Mais, cette fois, une pièce de
5   quarante sous lui a échappé, est venue rouler*[44] aux pieds de Jean Valjean.

Jean Valjean a mis le pied dessus. Mais l'enfant avait suivi sa pièce des yeux, et l'avait vu. Il n'a pas eu peur; il a marché droit à l'homme et a dit:
10   «Monsieur, ma pièce.»
«Ton nom?» a dit Jean Valjean.
«Petit-Gervais, monsieur.»
«Va-t-en,» a dit Jean Valjean.
«Ma pièce, monsieur, s'il vous plaît,[45] rendez-moi ma pièce.»
15   Jean Valjean a baissé la tête et n'a pas répondu.
«Ma pièce de quarante sous, monsieur.»
L'œil de Jean Valjean est resté fixé par terre.
«Ma pièce!» a crié l'enfant, «ma pièce blanche[46]!»
Le garçon l'a pris par le bras et a essayé de lui faire ôter le pied de
20   dessus la pièce. Jean Valjean restait immobile, ne paraissant rien entendre.
"Ôtez votre pied, monsieur, s'il vous plaît! Je veux ma pièce, ma pièce de quarante sous!»
L'enfant pleurait. Jean Valjean a relevé la tête. Il a regardé
25   autour de lui, comme s'il ne pouvait pas bien voir et cherchait d'où venait ce bruit. Quand il a vu l'enfant tout près de lui, il a mis la main sur son bâton, et a crié d'une voix terrible:
«Qui est là?»
«Moi, monsieur,» a répondu l'enfant. «Petit-Gervais! moi!
30   Rendez-moi mes quarante sous, s'il vous plaît! ôtez votre pied, monsieur, s'il vous plaît.»
«Ah! c'est encore toi!» a dit Jean Valjean, se levant brusquement, mais sans ôter le pied de dessus la pièce d'argent. «Va-t-en! va-t-en! ou je te frappe!»
35   L'enfant l'a regardé. Après quelques secondes de stupeur, il a

---

[42]pièce coin.   [43]rattraper to catch again.   [44]est venue rouler came rolling.   [45]s'il vous plaît if you please.   [46]pièce blanche silver coin.

commencé à trembler de la tête aux pieds. Puis il s'est enfui en courant de toutes ses forces, sans tourner la tête ni jeter un cri. Le jour finissait . . .

12. UN MISÉRABLE[47]

Le garçon avait disparu.[48] Le soleil s'était couché. Jean Valjean
5 n'avait pas mangé depuis la veille; il sentait le froid de la nuit qui tombait.
Avant de se mettre en route, il s'est baissé pour reprendre son bâton par terre. En ce moment, il a vu la pièce de quarante sous qu'il avait sous son pied. Il a eu une commotion.
10 «Qu'est-ce que c'est que cela?» s'est-il dit entre ses dents.
Il a fait quelques pas,[49] puis s'est arrêté. La pièce d'argent brillait[50] et l'attirait comme si elle était un œil ouvert fixé sur lui.
Au bout de quelques minutes, il a saisi convulsivement la pièce d'argent et s'est mis à regarder au loin dans la plaine, cherchant des
15 yeux tous les points* de l'horizon.*   Il n'a rien vu.   La nuit tombait, la plaine était froide, le ciel était sombre et sans étoiles.
Il a dit: «Ah!» et s'est mis à marcher rapidement dans la direction* où l'enfant avait disparu. Après trente pas, il s'est arrêté, a regardé et n'a rien vu.   Alors, il a crié de toutes ses forces:
20 «Petit-Gervais! Petit Gervais!»
Personne n'a répondu.   Personne.
Jean Valjean a recommencé à courir dans la direction qu'il avait prise avant de s'être arrêté. De temps en temps, il s'arrêtait pour jeter dans la solitude son cri: «Petit-Gervais! Petit-Gervais!»
25 Si le garçon l'avait entendu, il aurait eu peur et ne lui aurait pas répondu; mais l'enfant était déjà loin.
L'homme a rencontré un prêtre à cheval.   Il s'est approché de lui, en disant:
«Monsieur, avez-vous vu passer un garçon?»
30 «Non,» a répondu le prêtre.
«Un garçon s'appelant Petit-Gervais?»

---

[47]**misérable** n. scoundrel, wretch.   [48]**disparu** p.p. (**disparaître**) disappeared.
[49]**pas** n. step.   [50]**briller** to shine, gleam.

«Je n'ai vu personne.»

Jean Valjean a pris deux pièces de cinq francs dans son sac et les a données au prêtre.

«Voilà, monsieur, pour vos pauvres,» lui a-t-il dit. «C'était un
5   garçon d'environ dix ans, je crois.   Un pauvre, vous savez.»

«Je ne l'ai pas vu.»

«Alors, pouvez-vous me dire s'il y a quelqu'un qui s'appelle Petit-Gervais dans les villages voisins?»

«Si c'est comme vous dites, mon ami, c'est un petit enfant
10   étranger.⁵¹ Il y en a qui passent par ici.   On ne les connaît pas.

Jean Valjean a cherché dans son sac, a pris violemment deux autres pièces de cinq francs qu'il a données au prêtre.

«Pour vos pauvres!» a-t-il dit.   Puis, d'une voix qui tremblait d'émotion: «Faites-moi arrêter, monsieur; je suis un voleur
15   . . . un voleur! vous comprenez!»

Le prêtre s'est enfui sans répondre, croyant que Jean Valjean avait perdu la raison.⁵²

Jean Valjean s'est remis en route.   Il a marché longtemps, cherchant des yeux dans la nuit, jetant toujours son cri vers tous les
20   points de l'horizon, cherchant à entendre la réponse qui ne lui arrivait jamais.

Deux fois il a couru dans la plaine vers quelque chose qui lui paraissait être une personne couchée par terre, mais ce n'était qu'une grosse pierre ou le tronc d'un arbre mort.

25   Enfin, à un endroit d'où partaient trois chemins, il s'est arrêté. La lune s'était levée.   Il a regardé autour de lui et a appelé une dernière fois: «Petit-Gervais! Petit-Gervais!»

Son cri s'est éteint dans la nuit et le silence, sans écho.*

C'était là son dernier effort.   Brusquement, ses jambes⁵³ ont
30   faibli; il est tombé sur une grosse pierre, la tête entre les mains, et a crié: «Je suis un misérable . . . un misérable!»

Alors, il s'est mis à pleurer.   C'était la première fois qu'il pleurait depuis dix-neuf ans . . .

A-t-il pleuré longtemps?   Qu'a-t-il fait après avoir pleuré?   Où
35   est-il allé?   On ne l'a jamais su.

---

⁵¹étranger foreign, stranger.   ⁵²perdre la raison to lose one's mind.   ⁵³jambe leg.

Mais, cette même nuit, un paysan qui arrivait à Digne vers trois heures du matin, a vu en traversant la place de l'église un homme qui priait devant la porte de monseigneur Bienvenu.

13. LE PÈRE[54] MADELEINE

Vers la fin de l'année 1815, un homme, un inconnu,[55] était venu
5   demeurer dans la petite ville de Montreuil-sur-Mer.[56]
Il avait eu l'idée de faire quelques changements[57] dans la fabrication* du jais,[58] l'industrie* spéciale* de la ville.
En moins de trois ans, cet homme était devenu très riche, ce qui est bien, et avait enrichi* tous ceux qui étaient autour de lui, ce qui
10   est mieux.   Il était étranger à Montreuil.   De son origine,* on ne savait rien.
Il paraît que, le jour de son arrivée, cet inconnu s'était jeté dans une maison en feu, et avait sauvé* la vie à deux enfants qui se trouvaient être[59] ceux du capitaine* de gendarmerie; voilà pour-
20   quoi on n'avait pas pensé à lui demander son passeport.   Depuis ce jour-là, on avait su son nom.   Il s'appelait le père Madeleine, c'était un homme de cinquante[60] ans, et il était bon.   Voilà tout ce qu'on en pouvait dire.
Les changements qu'il avait apportés dans la fabrication du jais
25   ont enrichi toute la ville.   Si un homme avait faim et pouvait se présenter à la fabrique[61] il y trouvait du travail et du pain.   Le père Madeleine employait tout le monde.   Il ne demandait qu'une seule chose: Soyez honnête homme!   Soyez honnête fille!
Ainsi le père Madeleine faisait sa fortune; mais ce n'est pas à cela
30   qu'il pensait.   Il pensait beaucoup aux autres, et peu à lui.   En cinq ans, il avait donné plus d'un million* de francs à la ville de Montreuil-sur-Mer, et aux pauvres.
En 1819, le roi l'a nommé maire[62] de la ville.   Il a refusé.   En 1820, il a d'abord voulu refuser une seconde fois.   Mais un jour, il a

---

[54]**père** familiar way of calling older men.   [55]**inconnu** unknown.   [56]Industrial city of northwestern France, south of Boulogne; it is no longer on the sea.   [57]**changement** change.   [58]**jais** jet (for bead making).   [59]**se trouver être** to turn out to be.   [60]**cinquante** fifty.   [61]**fabrique** factory.   [62]**nommer maire** to appoint mayor (under the monarchy, mayors were appointed, not elected).

entendu une vieille femme qui criait: «Un bon maire, c'est utile.»
Est-ce qu'on recule devant du bien qu'on peut faire? Alors il a
accepté.

Ainsi, le père Madeleine était devenu monsieur Madeleine, et
5   monsieur Madeleine est devenu monsieur le maire.

Mais il était demeuré aussi simple que le premier jour. Il vivait
seul. Il soupait seul, avec un livre[63] ouvert devant lui où il
lisait.[64] Il aimait beaucoup lire, il disait que les livres sont nos
meilleurs[65] amis. Il parlait à peu de gens; il ne riait pas. Le
10 dimanche, il faisait une promenade dans les champs.

Il n'était plus jeune mais il était d'une force énorme. Il aidait
ceux qui en avaient besoin, relevait un cheval qui tombait dans la
rue, poussait une voiture.

Les enfants l'aimaient, et couraient après lui quand il passait
15 dans un village.

Il faisait secrètement beaucoup de bonnes actions. Un pauvre
homme rentrait chez lui le soir et trouvait la porte de sa chambre
entr'ouverte; il croyait qu'on l'avait volé. Il entrait, et la première
chose qu'il voyait, c'était quelques pièces d'argent oubliées sur la
20 table. C'était le père Madeleine qui avait passé par là.

On disait dans la ville que personne n'entrait jamais dans la
chambre à coucher de monsieur Madeleine. Un jour, deux dames
sont venues chez lui et lui ont dit:

«Monsieur le maire, voulez-vous bien nous faire voir votre
25 chambre? On dit que vous seul savez ce qu'il y a dans cette
chambre.»

Monsieur Madeleine les y a fait entrer, sans rien dire.

Ce n'était qu'une chambre à coucher, très simple, avec un lit à
draps blancs, une chaise,[66] et une table sur laquelle il y avait
30 quelques livres et deux vieux chandeliers d'argent. C'était tout.

Le matin du 15 janvier,[67] 1821, monsieur Madeleine lisait
comme d'habitude[68] le journal[69] de Montreuil-sur-Mer, en dé-
jeunant.

Tout à coup, il a laissé tomber le journal, a jeté un cri de douleur,
35 et s'est caché la figure dans les mains.

---

[63]livre book.   [64]lire to read.   [65]meilleur better, best.   [66]chaise chair.
[67]janvier January.   [68]comme d'habitude as usual.   [69]journal newspaper.

Il venait de lire dans le journal que monseigneur Bienvenu, évêque de Digne, était mort.

*   *   *

14. UN ACCIDENT

Un matin, monsieur Madeleine passait dans une rue étroite et mauvaise[70] de Montreuil-sur-Mer. Il a entendu du bruit et a vu
5 un groupe de personnes à quelque distance. Il s'est approché. Un vieil homme, appelé le père Fauchelevent, venait de tomber sous sa voiture. Le cheval s'était blessé en tombant. Il avait les deux jambes de derrière cassées[71] et ne pouvait se relever. L'homme se trouvait pris entre les roues[72] de la voiture, qui
10 pesait[73] sur son corps. On avait essayé de le tirer de dessous[74] la voiture, mais on n'avait pas pu la soulever.[75] On ne savait plus que faire.

«Écoutez,» a dit M. Madeleine, «il y a encore assez de place sous la voiture pour qu'un homme s'y glisse et la soulève avec son
15 dos. Y a-t-il ici quelqu'un qui ait du courage et des forces? Cent francs à gagner!»

Personne n'a remué dans le groupe.

«Deux cents francs,» a dit M. Madeleine.

Tous les hommes baissaient les yeux.
20 «Allons,»[76] a dit M. Madeleine, «quatre cents francs!»

Même silence.

«Ce n'est pas que nous ne le voulons pas,» a dit une voix, «mais c'est que nous n'en avons pas la force.»

M. Madeleine s'est retourné[77] et a reconnu Javert, inspecteur*
25 de police de la ville.

Javert était le seul homme à Montreuil-sur-Mer qui n'aimait pas M. Madeleine. Chaque fois qu'ils se rencontraient dans une rue, Javert se retournait derrière lui et le suivait des yeux, en se disant:

---

[70]mauvaise (m. mauvais) bad, wretched.   [71]casser to break.   [72]roue wheel.   [73]peser to weigh, rest heavily.   [74]dessous under, underneath.
[75]soulever to raise up, lift.   [76]Allons! Come now!   [77]se retourner to turn around.

«Mais qu'est-ce que c'est que[78] cet homme-là? . . . Il est certain que je l'ai vu quelque part!»[79] M. Madeleine ne faisait pas attention à cet œil toujours fixé sur lui. Enfin, il s'en est aperçu,[80] mais il traitait Javert comme tout le monde, avec bonté.

5   «Monsieur Madeleine,» a continué Javert, «je n'ai connu qu'un seul homme capable de faire ce que vous demandez là.»

M. Madeleine a fait un mouvement qui n'a pas échappé aux yeux froids de l'inspecteur.

«C'était un galérien.»

10   «Ah!» a dit M. Madeleine.

«Oui, un galérien de la prison de Toulon.»

M. Madeleine est devenu pâle.

Le père Fauchelevent, sur qui la voiture pesait de plus en plus[81] et qui souffrait beaucoup criait:

15   «Je ne peux plus respirer![82] Ça m'écrase! Vite! quelqu'un! Ah!»

M. Madeleine a regardé autour de lui:

«Il n'y a donc personne qui veuille gagner quatre cents francs et sauver la vie à ce misérable?»

20   Personne n'a remué. Javert a continué:

«Je n'ai jamais connu qu'un homme capable de faire cela; c'était un galérien.»

«Vite!» criait le vieux.

Madeleine a levé la tête, a rencontré l'œil cruel de Javert

25   toujours fixé sur lui, a regardé les paysans et a souri[83] tristement. Puis, sans dire un mot, il s'est glissé sous la voiture.

Il y a eu un moment de silence. La voiture s'enfonçait de plus en plus.

Tout à coup on a vu l'énorme masse de la voiture se soulever un

30   peu. On a entendu une voix qui criait: «Vite! vite! aidez!» C'était M. Madeleine qui faisait un dernier effort.*

Tout le monde a mis la main à la voiture. Le courage d'un seul avait donné de la force et du courage à tous. La voiture a été soulevée par vingt bras. Le vieux Fauchelevent était sauvé.

---

[78]que disregard here.   [79]quelque part somewhere.   [80]s'apercevoir (de) to notice.   [81]de plus en plus more and more.   [82]respirer to breathe.   [83]sourire to smile.

Le lendemain matin, le vieil homme a trouvé mille francs sur la table près de son lit, avec ce mot de la main de M. Madeleine: «Je vous achète votre voiture et votre cheval.» La voiture ne valait plus rien, et le cheval était mort.

15. JAVERT

5 Un jour, pendant que M. Madeleine écrivait[84] une lettre dans son bureau, on est venu lui dire que l'inspecteur de police Javert demandait à lui parler.

Javert avait arrêté une jeune femme, Fantine, qui travaillait dans la fabrique de M. Madeleine. Jugeant que Javert avait été 10 trop sévère, M. Madeleine, comme maire de la ville, avait mis Fantine en liberté. Depuis cet incident au bureau de police, M. Madeleine n'avait pas revu l'inspecteur.

«Faites entrer,»[85] a-t-il dit.

Javert est entré.

15 M. Madeleine était resté assis à sa table, sans lever la tête. Il ne pouvait pas oublier la douleur de la pauvre Fantine. Alors, il n'a pas regardé Javert et a continué d'écrire.

Javert a fait deux ou trois pas dans le bureau et s'est arrêté. Monsieur le maire écrivait toujours. Enfin, il a levé la tête, a 20 regardé l'inspecteur dans les yeux, et a dit:

«Eh bien! qu'est-ce que c'est, Javert?»

«C'est, monsieur le maire, qu'un acte* coupable a été commis.»[86]

«Quel acte?»

25 «Un agent a manqué[87] de respect à un magistrat.* Je viens, comme c'est mon devoir, vous le dire.»

«Qui est cet agent?» a demandé M. Madeleine.

«Moi,» a dit Javert.

«Et qui est le magistrat auquel on a manqué de respect?»

30 «Vous, monsieur le maire. Voilà pourquoi je viens vous demander de me chasser.[88] J'ai commis un acte coupable; il faut que je

---

[84]écrire to write.   [85]Faites entrer Show him in.   [86]commis p.p. (commettre) committed.   [87]manquer to lack, be wanting, fail.   [88]chasser to discharge.

sois chassé. Monsieur le maire, il y a six semaines, après l'incident au bureau de police, j'étais furieux et je vous ai dénoncé* à la Préfecture de Police,[89] à Paris.»

M. Madeleine, qui ne riait pas plus souvent que Javert, s'est mis
5   à rire.

«Comme maire ayant fait obstacle à la police?»

«Comme ancien[90] galérien!»

Le maire est devenu pâle.

«Je le croyais,» a continué Javert. «Depuis longtemps, j'avais
10 des idées: une ressemblance,* votre force, l'accident du vieux Fauchelevent, votre façon[91] de marcher, enfin,[92] je vous prenais pour un certain Jean Valjean.»

«Un certain? . . . Comment[93] dites-vous ce nom-là?»

«Jean Valjean. C'est un galérien que j'avais vu il y a vingt ans
15 quand j'étais à Toulon. En sortant de prison, ce Jean Valjean avait volé chez un évêque, puis il avait commis un autre vol, dans un chemin public,* sur un petit garçon. Depuis huit ans il s'était caché, on ne sait comment, et on le cherchait. Moi, j'ai cru . . . Alors, j'ai fait cette chose! Je vous ai dénoncé à la Préfecture de
20 Police de Paris.»

M. Madeleine a répondu d'une voix qui ne trahissait pas son émotion:

«Et que vous a-t-on répondu?»

«Que j'étais fou[94] . . . »

25 «Eh bien?»

«Eh bien, on avait raison.»

«C'est heureux que vous le reconnaissiez!»[95]

«Il faut bien, puisque[96] le vrai Jean Valjean est trouvé.»

La lettre que tenait M. Madeleine, lui a échappé des mains. Il a
30 regardé Javert et a dit: «Ah!»

«Voici l'histoire, monsieur le maire,» a continué Javert. «Il paraît qu'il y avait dans la région un misérable qu'on appelait le père

---

[89]**Préfecture de Police** police headquarters.   [90]**ancien** former.   [91]**façon** way, manner.   [92]**enfin** in a word, in short (in this context).   [93]**comment** how.   [94]**fou** (f. **folle**) mad, crazy.   [95]**reconnaître** to admit.   [96]**il faut bien, puisque** I have to since.

Champmathieu. On ne faisait pas attention à lui. Il y a quelques semaines, le père Champmathieu a été arrêté pour un vol de pommes. On met l'homme en prison, à Arras.[97] Dans cette prison d'Arras, il y a un ancien galérien nommé[98] Brevet.

5 Monsieur le maire, au moment où ce Brevet voit le père Champmathieu, il s'écrie: ‹Eh! mais! je connais cet homme-là. Regardez-moi donc, mon vieux![99] Vous êtes Jean Valjean!› ‹Qui ça, Jean Valjean?› Le père Champmathieu ne veut pas comprendre. ‹Ah! tu comprends bien,› dit Brevet, ‹tu es Jean Val-

10 jean. Tu as été à la prison de Toulon, il y a vingt ans. Nous y étions, tous les deux.› On va à Toulon. Avec Brevet, il n'y a plus que deux galériens qui aient vu Jean Valjean. Ce sont les condamnés à vie Cochepaille et Chenildieu. On les fait venir à Arras et on leur fait voir le nommé Champathieu. Ils le reconnaissent

15 tout de suite,[100] c'est Jean Valjean. Même âge,* même air, même façon de marcher, même homme, enfin, c'est lui. C'est à ce moment-là que je vous ai dénoncé comme étant Jean Valjean. On me répond que je suis fou et que Jean Valjean est à Arras au pouvoir de la justice. On me fait venir à Arras . . . »

20 «Eh bien?» a dit M. Madeleine.

«Monsieur le maire, la vérité[101] est la vérité. Je regrette, mais cet homme-là, c'est Jean Valjean. Moi, aussi, je l'ai reconnu.»

«Vous êtes certain?»

«Oui, certain! Et même, maintenant que je vois le vrai Jean

25 Valjean, je ne comprends pas comment j'ai pu croire autre chose.[102] Je vous demande pardon, monsieur le maire.»

«Assez, Javert,» a dit M. Madeleine. «Nous perdons notre temps. Et quand est-ce qu'on va juger cet homme?»

«Demain, dans la nuit.»

30 «Bon,» a dit M. Madeleine, et il a fait signe à Javert de partir. Javert ne s'en est pas allé.

«Qu'est-ce encore?» a demandé M. Madeleine.

«C'est qu'on doit me chasser.»

---

[97]**Arras** large industrial city, north of Paris and east of Montreuil.   [98]**nommer** to name, call.   [99]**mon vieux** pal.   [100]**tout de suite** immediately, at once.   [101]**vérité** truth.   [102]**autre chose** anything else, otherwise.

«Javert, vous êtes un homme d'honneur. Votre erreur n'est pas si grande. Vous êtes digne de monter et non de descendre. Je veux que vous gardiez votre place.»

Mais Javert a continué:

5 «Monsieur le maire, dans un moment de colère, je vous ai dénoncé comme ancien galérien, vous, un homme aimé de tous, un maire, un magistrat! Ceci est sérieux, très sérieux. Monsieur, pour le bien du service, il faut me chasser!»-

«Nous verrons,» a dit M. Madeleine. Et il lui a tendu[103] la 10 main. Mais Javert ne l'a pas prise. Il a avancé vers la porte, puis s'est retourné et a dit, les yeux toujours baissés:

«Monsieur le maire, je continuerai le service en attendant d'être remplacé.»[104]

Il est sorti.

15 M. Madeleine est resté pensif, écoutant le pas de l'inspecteur qui s'en allait dans la rue.

16. LA VOIX

Pour M. Madeleine, ce nom de Jean Valjean, prononcé par l'inspecteur, avait réveillé tout un monde d'idées sombres et d'émotions douloureuses. Ce Jean Valjean, c'était lui.

20 En écoutant parler Javert, il avait eu une première pensée, celle d'aller se dénoncer,[105] de tirer ce Champmathieu de prison et de s'y mettre.

Puis cela a passé, et il s'est dit: «Voyons! voyons!»[106] Il avait oublié ce premier mouvement de bonté et de justice, et n'a voulu 25 que se sauver.[107]

Ce soir-là, M. Madeleine n'a pas soupé.

Il est rentré dans sa chambre et s'est assis, seul avec ses pensées.

Un bruit dans la rue l'a fait se lever, aller à la porte, et la fermer à clef, comme s'il avait peur. Un moment après il a éteint les 30 chandeliers. Il pensait qu'on pouvait le voir.

---

[103]tendre to stretch; tendre la main to hold out one's hand.   [104]remplacer to replace.   [105]se dénoncer to give oneself up.   [106]voyons! come!   [107]se sauver to flee.

Qui?

Hélas![108] ce qu'il ne voulait pas y laisser entrer, était déjà entré:
sa conscience.*

Seul, dans la chambre sans lumière, il s'est mis à examiner la
5 situation.

«Est-ce que je ne rêve pas? Que m'a-t-on dit? Est-il bien vrai
que j'aie vu ce Javert et qu'il m'ait parlé ainsi? Que peut être ce
Champmathieu? Il me ressemble donc? Est-ce possible?*
Hier,[109] j'étais si tranquille! Qu'est-ce que je faisais donc hier, à
10 cette heure?»

Il est allé à la fenêtre et l'a ouverte. Il n'y avait pas d'étoiles au
ciel. Il est revenu s'asseoir près de la table.

La première heure a passé ainsi.

Puis, brusquement, il a compris qu'il était seul maître[110] de la
15 situation; que ce terrible nom de Jean Valjean allait disparaître à
jamais[111]; et que, de cette aventure, le digne monsieur Madeleine
sortirait plus respecté* que jamais. Tout ce qu'il fallait faire,
c'était de laisser aller aux galères cet inconnu, ce misérable, ce
voleur de pommes, sous le nom de Jean Valjean. Comme ça, ce
20 serait fini. Fini! Ah! fini à jamais!

A cette pensée, la conscience a commencé à remuer dans son
cœur. Il a rallumé les chandeliers.

«Eh bien!» s'est-il dit, «de quoi est-ce que j'ai peur? Je ne suis
pas coupable. Tout est fini. Ce chien de Javert qui me chasse
25 toujours, le voilà content!* Il me laissera tranquille, il tient son
Jean Valjean! Moi, je ne fais rien. Rien! C'est Dieu qui a fait
ceci, ce n'est pas moi! Comment! je n'en suis pas content? Mais
qu'est-ce qu'il me faut,[112] donc? Qu'est-ce que je demande?
C'est Dieu qui le veut. Et pourquoi? Pour que je continue ce
30 que j'ai commencé, pour que je fasse le bien . . . alors, laissons
faire le bon Dieu!»[113]

Il se parlait ainsi dans sa conscience.

Il s'est levé de sa chaise et s'est mis à marcher dans la chambre.

---

[108]Hélas! Alas!   [109]hier yesterday.   [110]maître master.   [111]jamais always; à
jamais forever.   [112]il me faut I need.   [113]laissons faire le bon Dieu! let God's
will be done!

«Eh bien, n'y pensons plus. C'est décidé!»*

Mais il ne sentait aucune joie. La pensée revenait toujours à sa première idée.

Que voulait-il sauver, son corps ou son âme? Redevenir honnête et bon, être un juste, est-ce que ce n'était pas ce qu'il avait toujours voulu, ce que l'évêque avait voulu qu'il soit? Fermer la porte à son passé?[114] Mais, il ne la fermait pas, il la rouvrait, en faisant une mauvaise action!* Il redevenait un voleur, parce qu'il volait à un autre sa vie, sa paix, sa place au soleil! il tuait! il tuait un homme misérable,* innocent. Aller au tribunal, sauver cet homme, reprendre son nom de Jean Valjean, redevenir par devoir un galérien, c'était vraiment fermer pour jamais l'enfer d'où il sortait! Il fallait faire cela!

Il a pris ses livres, et les a mis en ordre. Il a écrit une lettre, l'a mise dans sa poche, et a commencé à marcher. Il voyait son devoir écrit en lettres de feu: *Va! nomme-toi! dénonce-toi!*

Deux heures ont sonné.

Il avait froid. Il a allumé un peu de feu. Tout à coup, l'idée de se sauver l'a saisi. Et il a recommencé son dialogue avec lui-même.

«Eh bien, cet homme va aux galères, c'est vrai, mais il a volé. Il est coupable. Moi, je reste ici, et je continue. Dans dix ans j'aurai gagné dix millions, je les mets au service de la ville, je ne garde rien pour moi. Ce n'est pas pour moi ce que je fais! C'est le bien de tous, de cent familles, de mille familles; elles sont heureuses, la misère disparaît, et avec la misère, le vol, les crimes!* Il faut faire attention![115] Qu'est-ce que je sauve? un vieux voleur de pommes, un misérable, un homme qui ne vaut rien!»

Il s'est levé et s'est mis à marcher. Cette fois, il lui paraissait qu'il était content.

«Oui,» a-t-il pensé, «c'est cela. Ce que je fais, c'est pour le bien de tous. Je suis Madeleine, je reste Madeleine.»

Il a fait encore quelques pas, puis il s'est arrêté.

«Mais,» s'est-il dit, «il y a ici, dans cette chambre, des objets qui

---

[114]**passé** *n*. past.   [115]**il faut faire attention** let's be careful.

pourraient me nuire[116]; il faut qu'elles disparaissent.»
Il a cherché dans sa poche et y a pris une petite clef.   Avec cette
clef, il a ouvert un placard dans le mur, près de son lit.
Il n'y avait dans ce placard que de vieux habits, un vieux sac, et
5 un gros bâton.   Ceux qui avaient vu Jean Valjean, une nuit d'octobre, à Digne, auraient reconnu tous ces objets.   Il les avait
gardés, comme il avait gardé les chandeliers de l'évêque.
Il a regardé vers la porte; puis, d'un mouvement vif[117] il a tout
pris, a tout jeté au feu et a refermé le placard.
10 Tout brûlait.   La chambre était tout éclairée.
Dans le feu, près du bâton qui brûlait comme une vieille
branche, il y avait quelque chose qui brillait comme un œil.
C'était une pièce de quarante sous!   La pièce de Petit-Gervais.
M. Madeleine ne l'a pas vue.   Tout à coup ses yeux sont tombés
15 sur les deux chandeliers d'argent.
«Ah!» a-t-il pensé, «tout Jean Valjean est encore là!   Il faut tout
détruire!»[118]
Il a pris les deux chandeliers et a remué le feu.   Une minute de
plus,[119] et ils étaient dans le feu.
20 En ce moment, il a cru entendre une voix qui criait:
«Jean Valjean!   Jean Valjean!»
M. Madeleine a écouté ces mots terribles.
«Oui! c'est cela,» disait la voix.   «Finis ce que tu fais!   Détruis
ces chandeliers! oublie l'évêque! oublie tout! va! va, c'est bien!
25 Voilà un homme qui sait ce qu'il veut!   Détruis ce Champmathieu,
qui n'a rien fait, sur qui ton nom pèse comme un crime, qui va être
pris pour toi, qui va être condamné, qui va finir ses jours dans les
galères!   C'est bien.   Sois honnête homme, toi.   Reste monsieur
le maire, vis heureux et aimé!   Pendant ce temps-là, pendant que
30 tu seras ici dans la joie et la lumière, il y aura quelqu'un qui aura
ton uniforme rouge, qui portera tes chaînes et ton nom en prison!
Ah! misérable que tu es!»
Cette voix était devenue terrible.
M. Madeleine a regardé dans la chambre:

---

[116]**nuire** to be harmful.   [117]**vif** quick.   [118]**détruire** to destroy.   [119]**de plus**
more.

«Y a-t-il quelqu'un ici?» a-t-il demandé. Puis il a continué, en
riant comme un fou[120]: «Comme je suis bête![121] Il n'y a personne
ici.»
 Il a mis les chandeliers sur la table.
5   Puis, il s'est remis à marcher, mais il marchait comme un petit
enfant qu'on laisse aller seul. Trois heures ont sonné. Le combat entre Jean Valjean et M.
Madeleine continuait.
 À quatre heures, une voiture dans laquelle il n'y avait qu'une
10 seule personne, un homme tout en noir, est partie de Montreuil-
sur-Mer et a pris la route d'Arras.

E X E R C I S E S

9

A. *Use of the gerund with* en.

Translate the following sentences.

EXAMPLE: Jean est allé à l'auberge en arrivant à Digne.
          Jean went to the inn on arriving in Digne. (specific time)

          Jean a traversé le jardin en courant.
          Running, Jean crossed the garden. (simultaneous action)

1. Jean s'est approché du lit en regardant l'évêque.
2. Il a ôté sa casquette en voyant la figure noble de l'évêque.
3. Il avait peur en s'approchant du lit.
4. La porte s'est ouverte en faisant un bruit aigu.
5. Il a vu l'argenterie en ouvrant le placard.

B. *Use of past tenses*

*Rewrite the following passage, using the past indefinite or the imper-
fect according to the context.*

Jean Valjean se réveille à deux heures. À trois heures il se lève. Il
écoute: personne ne remue dans la maison. Il s'approche de la
fenêtre. Le mur du jardin n'est pas haut. Il pousse la porte de la

---

[120]**fou** *n.* madman; *adj.* mad, insane.   [121]**bête** stupid.

chambre voisine. Tout à coup, la lune éclaire la figure de l'évêque.
Jean voit l'évêque qui dort. Ses cheveux sont blancs. D'abord, Jean
a l'idée de le frapper. Puis, il ôte sa casquette. Après quelque
temps, il prend l'argenterie. Il met l'argenterie dans son sac. Il
s'enfuit.

C. *Vocabulary: meaning of the prefix* **re-**

*Some of the following verbs have a basic form to which a form of the
prefix* **re-** *has been added to indicate repetition. Write the infinitives
of those verbs only and ignore the others.*

1. Jean n'a pas revu sa famille.
2. Il ne s'est pas rendormi.
3. Il s'est réveillé.
4. Il est resté au lit.
5. Il a regardé l'évêque.
6. Il est rentré dans sa chambre.

D. *Vocabulary*

*Write sentences of your own with the following words, using one or
more in each sentence.*

remuer	faire un mouvement
monter	sauter par-dessus
frapper	courir
s'enfuir	
le nuage	le ciel
la lune	un rayon de lune
éclairer	un arbre
le jardin	

E. *Reading comprehension*

*Rewrite the following statements where necessary to make them agree
with the facts as presented in the story.*

1. Jean avait gagné deux cents francs en dix-neuf ans.
2. Il a fait du bruit en s'approchant du lit de l'évêque.
3. Il a d'abord voulu tuer l'évêque, mais en voyant son visage noble et
   bon il est resté devant lui, la casquette à la main.
4. Il est sorti de la maison par la fenêtre, puis il a traversé le jardin en
   sautant.

10

A. *Use of* **me, te, nous, vous** *as direct or indirect object pronouns*

Rewrite the following sentences, replacing the pronouns in boldface with third person pronouns (direct: **le, la, les;** *indirect:* **lui, leur**).*

EXAMPLE: L'argenterie **m'**a été donnée par l'évêque.
L'argenterie **lui** a été donnée par l'évêque.

Les gendarmes **nous** ont dit cela.
Les gendarmes **leur** ont dit cela.

On **m'**a laissé aller.
On **l'**a laissé aller.

1. Il **m'**a demandé cela.
2. On **vous** permet de partir.
3. Les gendarmes **m'**ont arrêté.
4. On **t'**a repris tout de suite.
5. On **vous** connaît.
6. On **vous** a montré le passeport.
7. Ils **me** reverront ce soir.
8. On **nous** a volé l'argenterie.
9. Jean ne **m'**a pas frappé.

B. *Use of the tonic pronoun with certain verbs*

Rewrite the following sentences, replacing **appartenir à** *with* **être à** + *tonic pronoun.*

EXAMPLE: Cette clef appartient à Madame Magloire.
Elle est à elle.

Cette clef m'appartient.
Elle est à moi.

1. Cette maison m'appartient.
2. Ce chandelier ne t'appartient pas.
3. Ces chandeliers ne leur appartiennent pas.
4. Cette clef lui appartient (à Madame Magloire).
5. La maison leur appartient (à l'évêque et à sa sœur).

C. *Vocabulary*

Write sentences of your own with each of the following words and phrases.

demain	le lendemain
hier	la veille
être heureux de qqch.	être heureux de faire qqch.
être incapable de faire qqch.	promettre de + *inf.*
se souvenir de qqn ou de qqch.	se lever de table
à quoi bon + *inf.*	laisser + *inf.*
ne plus + *inf.*	

D. Reading comprehension

Rewrite the following statements where necessary to make them agree with the facts as presented in the story.

1. Tous les jours, l'évêque faisait une promenade le soir.
2. En marchant, l'évêque avait brisé une plante.
3. Jean s'était fait reprendre dans les champs par les gendarmes.
4. L'évêque a dit au brigadier qu'il avait fait une erreur de croire Jean.
5. Jean avait promis à l'évêque de devenir honnête homme.
6. L'évêque voulait acheter à Jean son âme pour la rendre à Dieu.

11

A. Use of the adverb ne... que *to express a restriction*

Rewrite the following sentences by using ne... que.

EXAMPLE: On voyait seulement les Alpes.
On ne voyait que les Alpes.

1. Jean Valjean pensait seulement aux galères.
2. Il entendait seulement la voix de l'évêque.
3. Le garçon avait seulement une pièce de quarante sous.
4. Il voulait seulement sa pièce.
5. Il demandait seulement sa pièce.

B. Use of comme si + imperfect *to express a hypothetical state or action*

Rewrite the following sentences by using comme si + imperfect.

EXAMPLE: Il est sorti de la ville.   Il paraissait s'échapper.
Il est sorti de la ville comme s'il s'échappait.

1. Il a couru.   Quelqu'un paraissait être derrière lui.
2. Il est sorti de Digne.   Les gendarmes paraissaient courir derrière lui.

3. Il a écouté. Il paraissait entendre une voix.
4. Il avait la tête baissée. Il paraissait réfléchir.
5. Il a regardé autour de lui. Il paraissait ne pas bien voir.

C. *Repetition for emphasis*

Rewrite the following sentences, using repetition to give emphasis to the words in boldface.

EXAMPLE: Rendez-moi ma pièce.
Ma pièce, rendez-moi ma pièce.

1. Rendez-moi **mon argent.**
2. Je veux **ma pièce.**
3. Donnez-moi **mon argent.**
4. Ôtez **votre pied.**

D. *Reflexive and nonreflexive verbs*

Translate the following sentences to show the change in the meaning between the reflexive and nonreflexive use of a verb.

1. Jean se sentait remué.   Il sentait de la douceur.
2. Jean se fâchait.   Il n'avait pas fâché l'évêque.
3. Jean s'est arrêté.   Les gendarmes ont arrêté Jean.
4. Jean s'est levé.   Il a levé la tête.
5. Jean s'est mis à courir.   Il a mis le pied sur la pièce.

E. *Vocabulary*

Write sentences of your own with each of the following words and phrases.

s'élever
jeter qqch. en l'air
faire attention à qqch. ou
à qqn
de temps en temps

au loin
relever
rattraper qqch.
faire qqch. de toutes ses forces
de la tête aux pieds

F. *Reading comprehension*

Rewrite the following statements where necessary to make them agree with the facts as presented in the story.

1. Jean Valjean est sorti de Digne en courant pour échapper aux gendarmes.
2. Petit-Gervais jetait ses pièces en l'air parce que sa fortune était grande.
3. Petit-Gervais ne savait pas où était tombée sa pièce.
4. Petit-Gervais s'en est allé lentement.

12

A. *Position of* **rien** *and* **personne**

Answer the following questions in the negative, using **ne... personne** *or* **ne... rien** *and keeping the same tense.*

EXAMPLE: Il a vu quelqu'un?
Il n'a vu personne.

Il voyait quelque chose?
Il ne voyait rien.

1. Il avait mangé quelque chose?
2. Il a rencontré quelqu'un?
3. Il entendait quelque chose?
4. On savait quelque chose sur l'étranger?
5. On a su quelque chose sur l'étranger?

B. *Position of* **jamais**

Rewrite the following sentences in the negative, using **ne... jamais** *and keeping in mind the example.*

EXAMPLE: On ne sait jamais.
On n'a jamais su.

1. Jean Valjean pleurait en prison.
2. Il a pleuré en prison.
3. Il a pu pleurer en prison.
4. Il montrait ses émotions.
5. Il se fatiguait.

C. *Adverb formation*

An adverb can often be recognized from the ending **-ment** *added to the feminine form of an adjective. Rewrite the following sentences, using the adjectives from which the adverbs are derived.*

EXAMPLE: Il parlait rapidement. **Il parlait d'une voix rapide.**

Il parlait...
1. convulsivement.
2. doucement.
3. calmement.
4. joyeusement.
5. tranquillement.
6. violemment.

D. *Vocabulary*

Write sentences of your own with the following words, using one or more in each sentence.

la lune	le soleil
se lever	se coucher
la nuit	tomber
tomber par terre	le froid
l'horizon	les quatre points de l'horizon
la pierre	le tronc d'un arbre

E. *Reading comprehension*

Rewrite the following statements where necessary to make them agree with the facts as presented in the story.

1. Il faisait sombre parce que le soleil avait disparu derrière un nuage.
2. Quand Jean Valjean a revu la pièce d'argent, il s'est senti coupable.
3. Petit-Gervais était déjà loin. S'il avait entendu Valjean, il serait vite retourné auprès de lui.
4. Jean Valjean a demandé à un prêtre le chemin de Digne.
5. Quand Jean Valjean s'est accusé d'être un voleur, le prêtre l'a béni comme l'évêque.
6. Jean Valjean n'avait pas pleuré depuis un an.

13

A. *Comparatives of* **bien** *and* **bon**

Complete the following sentences, using the comparative form that corresponds to the adverb or adjective.

EXAMPLE: Être honnête, c'est bien, mais être bon, c'est **mieux.**

Les amis sont bons, mais les livres sont **meilleurs.**

1. Le père Madeleine vivait bien, mais beaucoup de gens vivaient ⎯⎯⎯⎯.
2. Il avait de bons amis, mais ses livres étaient ses ⎯⎯⎯⎯ amis.
3. Sa chambre à coucher était bonne, mais celles des dames étaient évidemment ⎯⎯⎯⎯.
4. Les enfants lisaient bien, mais Monsieur le Maire lisait ⎯⎯⎯⎯.

B. *Use of the comparatives* **moins de** + *object and* **plus de** + *object*

Rewrite the following sentences, replacing **plus** *with* **moins** *and* **moins** *with* **plus**.

1. Monsieur Madeleine avait plus de cinquante ans.
2. Il est devenu riche en plus de cinq ans.
3. Il a donné moins d'un million à la ville.
4. Il faisait moins de bien que les autres gens.

C. *Use of* **venir** *with infinitives*

Translate the following sentences.

EXAMPLE: Il était venu demeurer à Montreuil-sur-Mer.
He had come to live at Montreuil-sur-Mer.

Il venait de lire la nouvelle.
He had just read the news.

1. Les pauvres venaient se présenter à la fabrique.
2. Les deux dames ont dit qu'elles venaient voir la chambre.
3. Les dames ont dit à tout le monde qu'elles venaient de voir la chambre: elle était très simple.
4. Personne ne venait déjeuner avec le maire.
5. Le maire venait de déjeuner quand il a jeté un cri.

D. *Vocabulary: meaning of* **demeurer** *and* **rester**

After studying the respective meanings of **demeurer** *and* **rester**, *write four sentences of your own, using each of the following sentences as models and making sure to use the correct auxiliary.*

EXAMPLE: Il **a demeuré** dans la ville. (*he lived*)

Il **est demeuré** simple. (*he remained*)

Il **est resté** simple. (*he remained or stayed*)

Il **est resté** à Montreuil. (*he remained*)

E. *Vocabulary*

Write sentences of your own with the following words, using one or
more in each sentence.

le roi	le maire
le capitaine	la gendarmerie
le département	nommer qqn maire (ou évêque,
l'industrie	juge, professeur, etc.)
la fabrication	la fabrique
la voiture	avancer ou reculer
employer	enrichir
devenir riche	faire fortune
faire sa fortune	

F. *Reading comprehension*

Rewrite the following statements where necessary to make them agree
with the facts as presented in the story.

1. En 1815, il y avait une fabrique de jais dans la ville de Montreuil-
   sur-Mer.
2. Monsieur Madeleine a fait sa fortune et celle de la ville.
3. Il a accepté de devenir maire pour le bien qu'il pouvait faire.
4. Il aimait mieux rester seul avec ses livres que de parler aux gens.
5. Les enfants couraient après lui dans les villages parce qu'il était le
   maire.

14

A. *Use of the subjunctive*

Rewrite the following sentences using the subjunctive and following
the example. Irregular forms of the subjunctive are indicated in
parentheses.

> EXAMPLE: Il y a peut-être quelqu'un qui a du courage.
> **Y a-t-il quelqu'un qui ait du courage?**

1. Il y a peut-être quelqu'un qui a du courage.
2. Il y a peut-être quelqu'un qui est fort. (soit)
3. Il y a peut-être quelqu'un qui connaît un homme fort. (connaisse)
4. Il y a peut-être quelqu'un qui viendra m'aider. (vienne)
5. Il y a peut-être quelqu'un qui pourra soulever la voiture. (puisse)

B. *Use of the pronoun* **en**

Rewrite the following sentences, replacing the words in boldface with **en** *and placing it in the appropriate position.*

EXAMPLE: Nous n'avons pas la force **de soulever la voiture.**
Nous n'en avons pas la force.

1. On a tiré l'homme **de dessous la voiture.**
2. Un seul homme était capable **de ce courage.**
3. Un seul homme a eu le courage **de le faire.**
4. Le galérien s'était échappé **de la prison de Toulon.**
5. Fauchelevent n'est pas mort **des conséquences de l'accident.**

C. *Vocabulary*

Write sentences of your own with the following words, using one or more in each sentence.

'le corps   la jambe
se casser la jambe   avoir la jambe de derrière
se blesser   ou de devant cassée
être blessé   respirer
mourir

D. *Vocabulary*

Write sentences of your own with each of the following words and phrases.

de plus en plus   être capable de faire qqch.
peser   écraser
soulever   dessus ou dessous

E. *Reading comprehension*

Rewrite the following statements where necessary to make them agree with the facts as presented in the story.

1. Fauchelevent a eu un accident sur la place de l'Église.
2. On a voulu sauver le vieux en tirant la voiture.
3. Pour le sauver, il fallait se glisser sous la voiture.
4. Monsieur Madeleine est devenu pâle en voyant s'enfoncer la voiture.
5. Le vieux Fauchelevent a pu être sauvé parce que tout le monde a aidé.

15

A. *Use of the subjunctive with* **vouloir**

Rewrite the following sentences, using the subjunctive and following the example. Irregular forms of the subjunctive are indicated in parentheses.

EXAMPLE: Il faut venir.
Je veux que vous veniez.

Il faut...
1. faire attention. (fassiez)
2. dire la vérité. (disiez)
3. devenir honnête. (deveniez)
4. partir. (partiez)
5. s'en aller. (alliez)
6. mettre l'homme en prison. (mettiez)

B. *Use of the imperfect and of the past indefinite*

Rewrite the following passage in the past, using the imperfect for a condition or for an action in progress and the past indefinite for events forming a chronological sequence.

Il y a un misérable dans la région. On l'appelle le père Champmathieu. Personne ne fait attention à lui. On ne le connaît pas très bien. Un jour, on le voit voler des pommes. On l'arrête. On le met à la prison d'Arras. Dans cette prison, il y a un ancien galérien. Au moment où le galérien voit Champmathieu, il dit: c'est Jean Valjean. Brevet dit qu'il connaît Jean Valjean. Mais le père Champmathieu ne dit rien. Un inspecteur va à Toulon. Il n'y a plus que deux galériens connaissant Valjean. Ce sont deux condamnés à vie. On les fait venir à Arras. On leur fait voir Champmathieu. Ils le reconnaissent tout de suite. Champmathieu a le même âge. Il marche comme Jean Valjean. Quand Javert va à Arras, il reconnaît Jean Valjean. Après être retourné à Montreuil, il demande pardon au maire.

C. *Vocabulary*

Combine each word from column A with one or more words from Column B to form as many meaningful lexical units as possible, and use them in sentences of your own.

Column A	Column B
faire	main
avoir	prison
dire	vie
demander	pardon
mettre	vérité
condamner	raison
perdre	voir
tendre	obstacle
manquer	attention
venir	signe
entrer	respect

D. *Reading comprehension*

Rewrite the following statements where necessary to make them agree with the facts as presented in the story.

1. Un maire ne peut pas libérer une personne arrêtée par la police.
2. L'inspecteur Javert a accusé le maire d'avoir manqué de respect à la police.
3. Javert a écrit une lettre dans laquelle il dénonçait le maire.
4. Javert a reconnu qu'il avait été fou de prendre le maire pour Valjean.
5. Le maire ne voulait pas chasser Javert parce qu'il avait peur de lui.

16

A. *Position of adverbs and pronouns in the imperative*

Rewrite the following imperatives in the negative.

    EXAMPLE: Laissons-le faire. **Ne le laissons pas faire.**
                 Pensons-y. **N'y pensons pas.**

1. Ce Champmathieu, laissons-le aller aux galères.
2. Faisons-y attention.
3. La conscience, laissons-la entrer.
4. Oublions-le, cet évêque.
5. Restons-y, dans cette bonne ville.
6. Finissons-la, cette mauvaise action.

B. *Use of the future and conditional*

Rewrite the following sentences in the conditional.

EXAMPLE: Ce sera fini. **Ce serait fini.** (*hypothetical mood*)

1. Il laisse faire la justice.
2. Le nom de Jean Valjean disparaît.
3. Il est aimé.
4. Il peut rester à Montreuil.
5. Il enrichit la ville.
6. Champmathieu va aux galères à sa place.

C. *Vocabulary: use of* **en** *and* **dans** *to express time*

Translate the following sentences.

EXAMPLE: En dix ans, il gagnera un million.
In ten years he will earn a million.

Dans dix ans, il aura gagné dix millions.
Ten years from now he will have earned ten million.

1. En dix ans, la ville deviendra de plus en plus riche.
2. Dans dix ans, la ville sera devenue très riche.
3. Madeleine avait enrichi la ville en trois ans.
4. En cinq ans, il avait donné un million à la ville.
5. On pouvait aller de Montreuil à Arras en quatre heures.
6. Monsieur Madeleine voulait partir dans quatre heures.

D. *Vocabulary*

Write sentences of your own with each of the following contrastive words and phrases.

sauver qqn	se sauver
réveiller qqn	se réveiller
tout un monde (*a whole world*)	tout le monde (*everybody*)
ce soir (*tonight*)	ce soir-là (*that evening*)
cette nuit (*tonight*)	cette nuit-là (*during that night*)
cette année (*this year*)	cette année-là (*that year*)

E. *Reading comprehension*

Rewrite the following statements where necessary to make them agree with the facts as presented in the story.

1. Javert avait prononcé un nom qui avait réveillé le passé douloureux de M. Madeleine.
2. Madeleine a fermé sa porte à clef et éteint les chandeliers pour réfléchir en paix.
3. Javert chasserait toujours M. Madeleine parce qu'il l'avait reconnu.
4. Si M. Madeleine restait à Montreuil, il mettrait sa fortune au service des familles misérables.
5. Les vieux habits, le sac, le bâton et les chandeliers pouvaient nuire au maire: il fallait donc les brûler.
6. M. Madeleine est parti pour Arras pour se sauver.

3   L'Attaque du moulin

ÉMILE ZOLA

L'ATTAQUE DU MOULIN[1]

1

Le moulin du père Merlier, par cette belle soirée de juillet,[2] était
en grande fête. Dans la cour, on avait mis trois tables, placées*
bout à bout, et qui attendaient l'arrivée[3] des invités.[4] Tout le
monde savait qu'on allait fiancer,[5] ce jour-là, la fille Merlier,
Françoise, avec Dominique Penquer. On disait dans le village
que Dominique était paresseux,[6] mais les femmes le regardaient
avec des yeux brillants[7] à cause de sa belle mine.[8]

Ce moulin du père Merlier était un vrai plaisir. Il se trouvait
au milieu de Rocreuse, là où la route fait un tournant.[9] Le village n'a qu'une rue, deux rangées[10] de petites maisons, assez
pauvres, une rangée de chaque côté[11] de la route. Mais là, au
tournant, de grands arbres qui suivent le cours de la Morelle,
couvrent le fond de la vallée* de leurs branches épaisses.[12]

Il n'y a pas d'endroit plus charmant dans toute la Lorraine![13]
À droite et à gauche, des bois épais, des fôrets âgées* de cent ans
et plus, montent des collines douces, remplissent l'horizon d'une
mer verte.[14] Vers le sud, la plaine s'étend au loin, ses riches ter-
res coupées de haies[15] toujours vertes.

Mais ce qui fait le plus grand charme* de Rocreuse, c'est la
fraîcheur[16] de cet endroit, aux jours les plus chauds de l'été. La
Morelle descend des bois de Gagny, et semble[17] prendre le froid
des branches épaisses sous lesquelles elle coule pendant des
kilomètres. Elle y apporte les bruits doux, l'ombre fraîche[18] et
tranquille des forêts. Et elle n'est pas la seule fraîcheur; toutes

---

[1]moulin mill. [2]juillet July. [3]arrivée n. arrival, entry, coming. [4]invité n.
guest. [5]fiancer to betroth, announce the engagement (of). [6]paresseux
(f. paresseuse) lazy. [7]brillant adj. shining, sparkling. [8]mine
appearance. [9]tournant n. turn, bend. [10]rangée row, line. [11]côté side,
direction; de chaque côté on each side. [12]épaisse (m. épais) thick,
dense. [13]Lorraine eastern province of France, ceded to Germany after the
Franco-Prussian War of 1870 and restored to France by the Versailles
Treaty. [14]vert green. [15]haie hedge. [16]fraîcheur freshness,
coolness. [17]sembler to seem. [18]fraîche (m. frais) fresh, cool.

sortes d'eaux courantes chantent sous les bois.   À chaque pas,
quand on suit les petits chemins étroits, on voit de l'eau qui sort
de terre au pied des arbres, entre les rochers, pour couler en
claires fontaines.   Les voix de ces eaux s'élèvent si nombreuses et
5   si hautes qu'elles couvrent le chant des oiseaux.   On se croirait
dans quelque jardin enchanté.*
　　En bas, dans la vallée, il y a deux rangées d'énormes peupliers[19] qui montent, à travers champs, vers l'ancien château de
Gagny, aujourd'hui en ruines.*   Et quand le soleil de juillet
10   tombe entre ces deux rangées de peupliers, les herbes allumées
dorment dans la chaleur,[20] pendant qu'une fraîcheur de forêt
profonde passe* sous les feuilles.
　　C'était là que s'entendait le tic-tac* joyeux du moulin du père
Merlier.
15   　　Le bâtiment, fait de plâtre et de planches,[21] paraissait vieux
comme le monde.   L'eau tombait de quelques mètres[22] sur la
roue du moulin, qui craquait[23] en tournant, avec la toux[24] d'une
vieille servante asthmatique.   Quand on disait au père Merlier
qu'il fallait la changer, il répondait qu'une jeune roue serait plus
20   paresseuse et ne connaîtrait pas si bien le travail.   Et il réparait*
l'ancienne avec tout ce qui lui tombait sous la main, des morceaux
de bois, du fer, du cuivre.[25]   Cela donnait à la roue un air tout
joyeux, étrange même.
　　Une bonne moitié du moulin était bâtie au-dessus de la
25   rivière.*   L'eau entrait sous le plancher; il y avait des trous, bien
connus dans le village pour les poissons énormes qu'on y prenait.   Au-dessous de la roue, l'eau était très claire, et quand la
roue ne tournait pas, on y apercevait des bandes de gros poissons
qui passaient et repassaient[26] très lentement, ou qui disparais-
30   saient sous le plancher du moulin.   Un vieil escalier[27] de bois descendait à la rivière, près d'un rocher où était attaché un bateau.
Dans le mur au-dessus de la roue, des fenêtres s'ouvraient çà et
là,[28] comme des yeux.   Mais partout des lierres[29] avaient poussé

---

[19]**peuplier** poplar tree.   [20]**chaleur** heat, warmth.   [21]**planche** board,
plank.   [22]**mètre** = 1.09 yards.   [23]**craquer** to make a crackling noise.   [24]**toux**
cough.   [25]**cuivre** copper, brass.   [26]**passer et repasser** to pass (go) back and
forth.   [27]**escalier** staircase, stairs.   [28]**çà et là** here and there.   [29]**lierre** ivy.

et grimpaient[30] sur la roue, sur les planches du mur, et y avaient mis un habit vert et frais.

L'autre moitié[31] du bâtiment, celle qui donnait sur la route, était plus solide. On passait sous une grande porte d'entrée[32] en
5   pierre et on entrait dans une grande cour, couverte par l'ombre d'un orme[33] immense. Au fond, on apercevait les quatre fenêtres du premier étage[34] et, à droite et à gauche, de petits bâtiments pour les voitures et les chevaux. Ici, pas de lierres; le plâtre des murs brillait tout blanc, au soleil.
10   Depuis vingt ans, le père Merlier était maire de Rocreuse. Il avait fait fortune. On disait qu'il avait quelque chose comme quatre-vingt[35] mille francs, gagnés sou à sou. Le jour de son mariage avec Madeleine Guillard, qui lui apportait en dot[36] le moulin, il n'avait que ses deux bras. Aujourd'hui, sa femme était
15   morte; il restait seul avec sa fille Françoise. Sans doute, il aurait pu se reposer, mais il se serait trop ennuyé,[37] et la maison lui aurait semblé morte. Il travaillait toujours, pour le plaisir. Le père Merlier était alors un grand vieux, à longue figure silencieuse,[38] qui ne riait jamais, mais qui avait cependant le cœur très gai.*
20   Françoise avait dix-huit ans. Elle ne passait pas pour une des belles filles du village, parce qu'elle n'était pas robuste.* Jusqu'à quinze ans, elle avait même été laide[39]; mais à quinze ans, elle prit une petite figure, la plus jolie[40] du monde. Elle avait des cheveux noirs, des yeux noirs, une bouche qui riait toujours. Bien qu'elle
25   ne fût[41] pas robuste pour le village, elle n'était pas maigre, loin de là; c'était tout simplement qu'elle n'aurait pas pu lever un sac de blé. Et si elle riait toujours, c'était pour faire plaisir aux autres. Au fond, elle était sérieuse.

Tous les jeunes gens du village la recherchaient en mariage,
30   plus encore pour sa dot que pour sa beauté. Elle avait fini par faire un choix[42] qui avait choqué tout le monde.

---

[30]grimper to climb.   [31]moitié half.   [32]entrée n. entrance, entry.   [33]orme elm tree.   [34]étage floor (of a house).   [35]quatre-vingts eighty.   [36]dot dowry; en dot as a dowry.   [37]s'ennuyer to be (grow) bored (weary, tired).   [38]silencieuse (m. silencieux) silent, quiet.   [39]laid plain, homely.   [40]joli pretty; elle prit . . . du monde, she developed the prettiest little face in the world.   [41]être the circumflex on the ending of the past definite is the mark of the imperfect subjunctive, a literary tense.   [42]choix choice.

De l'autre côté[43] de la Morelle, vivait un grand garçon, qu'on nommait Dominique Penquer. Il n'était pas de Rocreuse. Il était arrivé de Belgique,[44] il y avait dix ans, à la mort d'un oncle, qui lui avait laissé un petit bien[45] sur le bord même[46] de la forêt de Gagny, juste en face du moulin du père Merlier. Il venait pour vendre ce bien, disait-il, et retourner en Belgique. Mais le charme du village le gagna, et il y resta. Il cultivait* son champ, il pêchait dans la rivière, il chassait. Les gardes[47] cherchaient à le surprendre, mais il leur échappait toujours. Cette vie libre avait fini par lui donner une mauvaise réputation.* De plus, il était paresseux, parce qu'on le trouvait souvent endormi dans l'herbe, à des heures où il aurait dû travailler.[48] La hutte qu'il habitait, sous les derniers arbres de la forêt, ne paraissait pas non plus la maison d'un honnête garçon. S'il avait eu un commerce[49] avec le diable, cela n'aurait pas surpris les vieilles femmes de Rocreuse. Cependant, quelquefois les jeunes filles étaient assez courageuses pour le défendre, parce qu'il était beau, grand et fort comme un jeune peuplier, avec une barbe et des cheveux blonds qui brillaient comme de l'or au soleil. Un beau matin, Françoise avait dit à son père qu'elle aimait Dominique et que jamais elle ne se marierait avec un autre garçon. Elle avait fait son choix.

On pense quel coup le père Merlier reçut, ce jour-là! Il ne dit rien. Il avait sa figure silencieuse; seulement, sa gaieté* intérieure ne brillait plus dans ses yeux. Une semaine passa ainsi. Françoise, elle aussi, était toute silencieuse. Ce que le père Merlier ne pouvait pas comprendre, c'était comment ce misérable avait réussi à se faire aimer de sa fille. Jamais Dominique n'était venu au moulin. Enfin, le meunier aperçut l'amoureux, de l'autre côté de la rivière, couché dans l'herbe et faisant semblant[50] de dormir. Françoise, de sa chambre, pouvait le voir. La chose était claire; il étaient devenus amoureux en se regardant par-dessus la roue du moulin.

[43]de l'autre côté on the other side, in the other direction.   [44]Belgique Belgium.   [45]bien land.   [46]bord edge, bank; sur le bord même on the very edge.   [47]garde m. game warden.   [48]il aurait dû travailler he should have been working.   [49]commerce trade; être en commerce to have dealings.   [50]faire semblant (de) to pretend (to).

Cependant, une autre semaine passa. Françoise devenait
de plus en plus sérieuse. Le meunier ne disait toujours rien.
Puis, un soir, silencieusement, il amena lui-même Dominique.
Françoise, à ce moment-là, mettait les couverts pour le souper.
5 Elle ne parut pas étonnée, elle mit un couvert de plus; seulement,
son rire[51] avait reparu.

Le matin, le père Merlier était allé trouver Dominique dans sa
hutte, sur le bord de la forêt. Là, les deux hommes avaient
causé[52] pendant trois heures, les portes et les fenêtres fermées.
10 Jamais personne n'a su ce qu'ils s'étaient dit. Ce qu'il y a
de certain, c'est que le père Merlier en sortant traitait déjà
Dominique comme son fils. Sans doute, le meunier avait trouvé
un brave garçon, dans ce paresseux qui se couchait sur l'herbe.

Tout Rocreuse en parla. Les femmes, sur les portes, n'ar-
15 rêtaient pas de parler au sujet[53] du père Merlier qui laissait entrer
chez lui un misérable qui ne valait rien. Il laissa dire.[54] Peut-
être s'était-il souvenu de son propre mariage. Lui non plus n'avait
pas un sou en ce temps-là; cependant, cela ne l'avait pas em-
pêché[55] de faire un bon mari.

20 De plus, Dominique se mit si courageusement au travail, que
bientôt les gens du village en furent étonnés et venaient le voir par
plaisir. Le garçon du moulin étant parti, Dominique porta les
sacs, conduisit la voiture, se battit avec la vieille roue, quand elle
ne voulait pas tourner, et tout cela d'un très bon cœur. Le père
25 Merlier avait son rire silencieux. Il était très fier de ce garçon. Il
n'y a rien comme l'amour pour donner du courage aux jeunes gens.

Au milieu de tout ce gros travail, Françoise et Dominique se
regardaient avec une douceur souriante, mais ils ne se parlaient
que très peu. Le père Merlier n'avait pas dit un seul mot au sujet
30 du mariage, et tous deux respectaient ce silence. Enfin, un jour,
en juillet, il avait fait mettre trois tables dans la cour, sous le grand
orme, en invitant* ses amis de Rocreuse à venir le soir boire un
verre[56] avec lui.

---

[51]**rire** n. laughter.   [52]**causer** to talk, chat.   [53]**au sujet de** about.   [54]**Il laissa dire**
He let them talk.   [55]**empêcher (de)** to prevent, keep from.   [56]**verre** glass (of
wine).

Quand la cour fut pleine et que tout le monde eut le verre en
main, le meunier[57] leva le sien très haut, en disant:
«C'est pour avoir le plaisir de vous dire que Françoise deviendra
la femme de ce brave garçon-là dans un mois, le vingt-cinq
5   août.»[58]
Alors, on but, en causant et en riant tous à la fois.   Mais le
père Merlier, élevant la voix, dit encore:
«Dominique, embrasse[59] ta fiancée[60]; ça doit se faire.»[61]
Et les fiancés s'embrassèrent, très rouges, pendant que tout le
10   monde riait plus fort.   Ce fut une vraie fête.   On vida un verre
après l'autre.   Puis, quand il n'y eut là que de vieux amis, on causa
d'une façon calme.   La nuit était tombée, une nuit très claire,
brillante d'étoiles.   Les amoureux, assis sur un banc, l'un près de
l'autre, ne disaient rien.   Un vieux paysan parlait de la guerre que
15   l'empereur* avait déclarée* à la Prusse.[62]   Tous les jeunes gens
du village étaient déjà partis.   La veille, des soldats avaient encore
passé.   On allait se battre . . .
«Eh bien!» dit le père Merlier, «Dominique est étranger, il ne
partira pas . . .   Et si les Prussiens* venaient, il serait là pour
20   défendre sa femme.»
Cette idée que les Prussiens pouvaient venir, fit rire les invités.   On allait leur donner quelques bons coups, et ce serait vite
fini.   Mais le vieux paysan dit d'une voix calme:
«Jes les ai déjà vus, je les ai déjà vus.»
25   Il y eut un silence.   Puis, on but une fois encore.   Françoise et
Dominique n'avaient rien entendu; ils s'étaient pris doucement la
main derrière le banc, et ils restaient là, les yeux perdus[63] au fond
de la nuit noire.
Quelle nuit, douce et belle!   Le village s'endormait aux deux
30   bords de la route blanche, dans une tranquillité* d'enfant.   On
n'entendait plus, de temps en temps, que l'appel[64] de quelque

---

[57]**meunier** miller.   [58]**août** August.   [59]**embrasser** to kiss.   [60]**fiancée** (*m.* **fiancé**)
bethrothed.   [61]**ça doit se faire** it must be done (= it is the custom).   [62]Emperor
Napoleon III declared war on Prussia in July, 1870.   This story takes place in
August of that year.   Rocreuse lies in Lorraine, near the German frontier.   [63]**les
yeux perdus** their eyes gazing vacantly.   [64]**appel** call.

oiseau éveillé trop tôt.[65] Des grands bois voisins, descendaient de longs souffles[66] qui passaient sur les toits[67] du village comme des caresses.* Les champs, avec leurs ombres noires, prenaient une majesté mystérieuse et calme, et toutes les fontaines, toutes

5   les eaux courantes semblaient être la respiration[68] fraîche et musicale* de la campagne endormie.

Par instants, la vieille roue du moulin, bercée[69] par la rivière, paraissait rêver comme ces vieux chiens de garde qui aboient[70] en dormant. Elle craquait doucement, elle causait toute seule.

10   Jamais une paix plus profonde n'était descendue sur un coin[71] plus heureux de la nature.*

2

Un mois plus tard,[72] jour pour jour, la veille[73] même du vingt-cinq août, le petit village de Rocreuse était dans la terreur.*

Les Prussiens avaient battu l'empereur et avançaient rapide-

15   ment vers le village. Depuis une semaine, des gens qui passaient sur la route déclaraient:

«Les Prussiens sont à Lormière; ils sont à Novelles . . .»

Et Rocreuse, chaque matin, croyait les voir descendre par les bois de Gagny. Ils ne venaient pas cependant; cela ajoutait[74] à

20   la terreur. Il était bien certain qu'ils tomberaient sur le village pendant la nuit et qu'ils tueraient tout le monde.

La veille, un peu avant le jour, les habitants* s'étaient réveillés, en entendant un grand bruit d'hommes sur la route. Les femmes déjà se jetaient à genoux[75] et faisaient des signes de croix, quand

25   on avait reconnu des uniformes* rouges. C'était un détachement* français. Le capitaine avait tout de suite demandé le maire du village, et il était resté au moulin, après avoir causé avec le père Merlier.

Le soleil se levait gaiement ce jour-là. Il ferait chaud, à

---

[65]tôt soon.   [66]souffle breath, puff (of wind).   [67]toit roof.   [68]respiration breathing.   [69]bercer to lull.   [70]aboyer to bark.   [71]coin corner.   [72]tard late.   [73]veille eve, day before.   [74]ajouter to add.   [75]genou knee; à genoux on one's knees.

midi.[76] Le village s'éveillait lentement, et la campagne, avec sa rivière et ses fontaines, avait la fraîcheur des fleurs, le matin. Mais cette belle journée[77] ne faisait rire personne. On venait de voir le capitaine tourner autour du moulin, regarder les maisons voisines, passer de l'autre côté de la Morelle, et de là, examiner avec soin tout le village. Le père Merlier, qui l'accompagnait, semblait lui expliquer quelque chose. Puis, le capitaine avait placé des soldats[78] derrière des murs, derrière des arbres, dans des trous. La plus grande partie du détachement restait dans la cour du moulin. On allait donc se battre? Quand le père Merlier revint, on lui posa des questions. Il fit un long signe de tête, sans parler. Oui, on allait se battre.

Françoise et Dominique étaient là, dans la cour, qui le regardaient. Il finit par ôter sa pipe* de sa bouche, et dit simplement: «Ah! mes pauvres petits, on ne se mariera pas demain!»

Dominique, les lèvres serrées[79], la figure pleine de colère, se levait de temps en temps, restait les yeux fixés sur les bois de Gagny, comme s'il avait voulu voir arriver les Prussiens. Françoise, très pâle, sérieuse, allait et venait, apportant aux soldats ce dont ils avaient besoin. Ils faisaient la soupe dans un coin de la cour, et causaient, en attendant de manger.

Cependant, le capitaine paraissait très content. Il avait examiné les chambres et la grande salle du moulin donnant sur la rivière. Maintenant, assis sous l'orme, il causait avec le père Merlier.

«Vous avez là une vraie forteresse,»* disait-il. «Nous résisterons bien jusqu'à ce soir. Il se fait tard.[80] Les misérables devraient être[81] ici.»

Le meunier restait sérieux. Il voyait son moulin brûler comme un tas de feuilles sèches. Mais il ne se plaignait pas, croyant cela inutile. Il ouvrait seulement la bouche pour dire: «Vous devriez faire cacher le bateau derrière la roue . . . il y a là un trou . . . le bateau pourra servir, peut-être.»

Le capitaine donna un ordre. Ce capitaine était un bel homme,

---

[76]**midi** noon.   [77]**journée** day.   [78]**soldat** soldier.   [79]**serré** tight.   [80]**Il se fait tard** It's getting late.   [81]**devraient être** should be.

âgé de quarante ans, grand et de figure aimable.[82]   La vue de
Françoise et de Dominique semblait lui faire du plaisir.   Il suivait
Françoise des yeux, et son air disait clairement qu'il la trouvait
charmante.   Puis, se tournant vers Dominique:

5   «Vous n'êtes donc pas à l'armée, mon garçon?» lui demanda-t-il
soudain.[83]

«Je suis étranger,» répondit le jeune homme.

L'officier sourit.   Il pensait que Françoise était plus agréable à
servir que l'empereur.   Alors, en le voyant sourire, Dominique
10   ajouta:

«Je suis étranger, mais je mets une balle[84] dans une pomme, à
cinq cents mètres . . . Tenez, mon fusil[85] est là, derrière vous,
dans le coin.»

«Il pourra vous servir,» répondit simplement le capitaine.

15   Françoise s'était approchée, un peu tremblante.   Et, sans faire
attention aux autres, Dominique prit dans les siennes les deux
mains qu'elle lui tendait, comme pour se mettre sous sa protection.*   Le capitaine avait souri de nouveau,[86] mais il n'ajouta
pas un mot.   Il restait assis, son épée entre les jambes, les yeux
20   perdus, paraissant rêver.

Il était déjà dix heures.   La chaleur devenait très forte.   Un
silence profond remplissait tout le pays.   Dans la cour, à l'ombre
de l'orme, les soldats s'étaient mis à manger la soupe.   Pas un bruit
ne venait du village, dont les habitants avaient tous fermé leurs
25   maisons, portes, et fenêtres.   Un chien, resté seul sur la route,
aboyait.   Des bois et des champs voisins, endormis par la chaleur,
sortait une voix lointaine, prolongée,* faite de tous les souffles, de
tous les sons de la nature.   Un coucou* chanta.   Puis, le silence
devint plus grand.

30   Et, dans cet air endormi, soudain, un coup de fusil[87] éclata.[88]

Le capitaine se leva vivement, les soldats quittèrent leur
soupe.   En quelques secondes,* tous furent à leur place; de bas en
haut,[89] le moulin se trouvait occupé.*   Cependant, le capitaine,
qui était sorti sur la route, n'avait rien vu; à droite et à gauche, la

---

[82]aimable pleasant, likable.   [83]soudain *adv.* suddenly; *adj.* sudden.   [84]balle
bullet.   [85]fusil gun.   [86]de nouveau again, anew.   [87]coup de fusil (gun)
shot.   [88]éclater to burst (out).   [89]de bas en haut from top to bottom.

route s'étendait, vide et toute blanche. Un deuxième coup de
fusil se fit entendre, et toujours rien, pas une ombre. Mais, en se
retournant, il aperçut du côté de[90] Gagny, entre deux arbres, une
légère[91] fumée qui disparaissait en l'air. Le bois restait profond
5 et calme.
«Les misérables se sont jetés dans la forêt,» se dit-il. «Ils
savent que nous sommes ici.»
Alors, une fusillade* éclata entre les soldats français, placés
autour du moulin, et les Prussiens, cachés derrière les arbres.
10 Les balles passaient au-dessus de la Morelle, sans faire de mal ni
d'un côté ni de l'autre. Les coups étaient irréguliers,* venaient
de chaque buisson.[92]   On n'apercevait toujours que les légères
fumées, balancées[93] lentement par le vent.
Cela dura[94] près de deux heures. L'officier ne paraissait pas y
15 faire attention. Françoise et Dominique regardaient par une
ouverture dans un mur de la cour. Ils s'intéressaient[95] à un petit
soldat, au bord de la Morelle, derrière un vieux bateau qui se
trouvait à moitié dans l'eau et à moitié sous les sables. Le soldat
était couché par terre, tenait les yeux fixés sur l'ennemi, tirait[96],
20 puis se laissait glisser dans un fossé pour recharger* son fusil. Ses
mouvements étaient si amusants,* si vifs, qu'on souriait en le
voyant.
Il dut apercevoir[97] quelque tête de Prussien, car il se leva
vivement et mit son fusil à l'épaule; mais, avant qu'il eût tiré, il jeta
25 un cri et roula dans le fossé. Le petit soldat venait de recevoir une
balle dans la poitrine.[98]   C'était le premier mort.[99]   Françoise
avait saisi la main de Dominique et la lui serrait[100] avec force.
«Ne restez pas là,» dit le capitaine. «Les balles viennent jusqu'ici.»
30 Un petit coup sec s'était fait entendre dans l'orme et un bout de
branche tombait en se balançant. Mais les deux jeunes gens ne
remuèrent pas. Au bord de la forêt, un Prussien était sorti sou-

---

[90]**du côté de** in the direction of.   [91]**légère** (*m.* **léger**) light.   [92]**buisson**
bush.   [93]**balancer** to sway, flutter, poise, balance.   [94]**durer** to
last.   [95]**s'intéresser** (à) to be interested (in).   [96]**tirer** to fire, discharge (a
gun).   [97]**il dut apercevoir** he must have seen.   [98]**poitrine** breast,
chest.   [99]**mort** *n.m.* dead (man).   [100]**serrer** to press, squeeze, clasp, clutch.

dain de derrière un buisson, battant l'air de ses bras, et tombant sur le dos. Et rien ne remua plus, les deux morts semblaient dormir au soleil de midi, on ne voyait toujours personne dans la campagne endormie. Le bruit de la fusillade lui-même s'arrêta.

5 Seule, la Morelle parlait bas de sa voix claire.

Le père Merlier regarda le capitaine d'un air de surprise, comme pour lui demander si c'était fini.

«Voilà le grand coup,» dit celui-ci d'une voix basse. «Prenez garde. Ne restez pas là.»

10 Avant qu'il eût fini de parler,[101] une fusillade terrible éclata du côté de la forêt. Le grand arbre fut coupé comme avec une faux[102] et un nuage de feuilles tomba. Les Prussiens avaient heureusement[103] tiré trop haut. Dominique emmena, emporta presque Françoise, pendant que le père Merlier les suivait, en criant:

15 «Mettez-vous dans la cave[104], les murs sont solides.»

Mais ils ne l'écoutèrent pas. Ils entrèrent dans la grande salle, où une douzaine* de soldats attendaient en silence, les volets[105] fermés, regardant par des ouvertures. Le capitaine était resté seul dans la cour, derrière le mur, pendant que la fusillade con-

20 tinuait.

Les soldats qu'on avait laissés dehors défendaient bravement leurs positions. Cependant, ils rentraient un à un en se traînant, quand l'ennemi les avait chassés des endroits où ils se cachaient. Leurs ordres étaient de gagner du temps, de ne pas se montrer,

25 pour que les Prussiens ne pussent savoir quelles forces ils avaient devant eux.

Une heure encore passa. Et, comme un sergent* arrivait, disant qu'il n'y avait plus dehors que deux ou trois hommes, l'officier tira sa montre,[106] en disant:

30 «Deux heures et demie . . . Eh bien! il faut tenir quatre heures.»

Il fit fermer la porte d'entrée de la cour, et tout fut préparé pour résister à l'attaque qui viendrait plus tard, puisque les Prussiens se trouvaient de l'autre côté de la rivière. Il est vrai qu'il y avait un

---

[101]**avant qu'il eût fini de parler** before he had finished speaking.   [102]**faux** n. scythe.   [103]**heureusement** happily, fortunately.   [104]**cave** basement.   [105]**volet** blind, shutter.   [106]**montre** watch.

pont[107] à deux kilomètres du moulin, mais sans doute les Prussiens ne le savaient pas. L'officier fit donc simplement surveiller la route, pensant que l'ennemi n'essaierait pas de passer la rivière. L'attaque viendrait certainement du côté de la campagne.

5   La fusillade de nouveau s'était arrêtée. Le moulin semblait mort sous le grand soleil de l'après-midi. Pas un volet n'était ouvert, pas un bruit ne sortait de l'intérieur. Peu à peu, cependant, des Prussiens se montraient au bord du bois de Gagny. Ils avançaient la tête, s'enhardissaient.[108] Dans le moulin, quelques

10 soldats mettaient déjà le fusil à l'épaule; mais le capitaine cria: «Non, non, attendez . . . Laissez-les s'approcher.»

Les Prussiens avançaient avec prudence* car ce vieux bâtiment, silencieux et triste, avec son habit de lierre, leur faisait peur. Cependant, ils avançaient. Quand il y en eut une cinquantaine[109]

15 dans le champ, en face, l'officier dit un seul mot: «Allez!»

Une fusillade terrible se fit entendre, des coups irréguliers suivirent. Françoise, tremblante, avait mis les mains à ses oreilles.[110] Dominique, derrière les soldats, regardait. Quand la

20 fumée se fut un peu dissipée,[111] il aperçut trois Prussiens étendus sur le dos, au milieu du champ. Les autres s'étaient jetés derrière les peupliers. Et le siège* commença.

Pendant plus d'une heure, les balles tombèrent contre les vieux murs du moulin comme une pluie. Quand elles frappaient la

25 pierre, on les entendait retomber à l'eau. Dans le bois, elles s'enfonçaient avec un bruit sourd.[112] Les soldats, à l'intérieur, ne tiraient que rarement, quand ils pouvaient bien voir l'ennemi. De temps en temps, le capitaine regardait sa montre. Et, comme une balle traversait un volet et allait se loger[113] dans un mur:

30 «Quatre heures,» se dit-il. «Nous ne tiendrons jamais.»

Peu à peu, cette fusillade terrible faisait trembler le vieux moulin. Un volet tomba à l'eau, plein de trous, et il fallut le remplacer[114] par un matelas.[115] Le père Merlier, à chaque in-

---

[107]**pont** bridge.   [108]**s'enhardir** to get bold.   [109]**une cinquantaine** about fifty.   [110]**oreille** ear.   [111]**se dissiper** to lift, to clear.   [112]**sourd** dull, muffled.   [113]**se loger** to enter.   [114]**remplacer** to replace.   [115]**matelas** mattress.

stant, allait voir les dégâts[116] faits à sa pauvre roue. Elle était bien finie, cette fois; jamais il ne pourrait la réparer.

Dominique avait prié Françoise de quitter la salle, mais elle voulait rester avec lui; elle s'était assise derrière une grande armoire,[117] qui la protégeait.[118] Une balle cependant arriva dans l'armoire. Alors, Dominique se plaça devant Françoise. Il n'avait pas encore tiré, il tenait son fusil à la main, ne pouvant trouver de place aux fenêtres. À chaque fusillade, le plancher tremblait. «Attention! attention!» cria tout à coup le capitaine.

Il venait de voir sortir du bois toute une masse sombre. Au même moment s'ouvrit un feu formidable. Ce fut comme un orage qui passa sur le moulin. Un autre volet partit, et par la grande ouverture de la fenêtre, les balles entrèrent. Deux soldats roulèrent sur le plancher. L'un ne remua plus; on le poussa contre le mur, pour faire de la place.[119] L'autre, mourant, pria qu'on mît fin à sa douleur; mais on ne l'écoutait pas. Les balles entraient toujours, tout le monde cherchait un abri et essayait de trouver une ouverture pour retourner le feu.

Un troisième soldat fut blessé; celui-là ne fit pas de cri, il se laissa tomber doucement au bord d'une table, avec des yeux fixes[120] et sauvages. En face de ces morts, Françoise, prise d'horreur,* s'était assise par terre, dans un coin. Elle se croyait là plus petite et moins en danger.* Cependant, on était allé prendre tous les matelas de la maison, on avait rempli à moitié l'ouverture de la fenêtre. La salle se remplissait de débris.[121]

«Cinq heures,» dit le capitaine. «Tenez bon[122] . . . Ils vont chercher à passer l'eau.»

À ce moment, Françoise poussa un cri.[123] Une balle venait de lui effleurer[124] le front.[125] Quelques gouttes de sang parurent. Dominique la regarda; puis, s'approchant de la fenêtre, il tira son premier coup, et il ne s'arrêta plus. Il chargeait, tirait, sans faire attention à ce qui se passait autour de lui. De temps en temps, seulement, il jetait un coup d'œil sur Françoise.

---

[116]**dégât** damage.   [117]**armoire** wardrobe.   [118]**protéger** to protect.   [119]**place** room.   [120]**fixe** fixed, staring.   [121]**débris** wreckage, (debris).   [122]**Tenez bon** Stand firm.   [123]**pousser un cri** to utter a cry, scream.   [124]**effleurer** to graze.   [125]**front** forehead.

Les Prussiens, suivant la ligne des peupliers, essayaient de passer la Morelle, mais aussitôt qu'un[126] d'entre eux se montrait au bord de l'eau, il tombait, frappé à la tête par une balle de Dominique. Le capitaine dit quelque chose d'aimable au jeune
5 homme, mais celui-ci ne l'entendait pas. Une balle lui blessa légèrement l'épaule, une autre lui frappa le bras. Et il tirait toujours.

Il y eut deux nouveaux morts. Les matelas étaient en morceaux. Il semblait qu'une dernière fusillade emporterait[127] le
10 moulin. On ne pouvait plus y tenir. Cependant, l'officier disait de nouveau:

«Tenez bon . . . encore une demi-heure.»

Maintenant, il comptait les minutes. Il avait promis à ses chefs d'arrêter l'ennemi là jusqu'au soir, et il ne serait pas parti avant
15 l'heure qu'il avait fixée. Il gardait toujours son air aimable, souriait à Françoise, pour lui donner du courage.

Il n'y avait plus que quatre soldats dans la salle. Les Prussiens se montraient en masse sur l'autre bord de la Morelle, et il était clair qu'ils allaient passer la rivière. Quelques minutes passèrent
20 encore. Le capitaine ne voulait pas donner l'ordre de partir, quand le sergent courut vers lui, en disant:

«Ils sont sur la route; ils vont nous prendre par derrière.»[128]

Les Prussiens devaient avoir trouvé[129] le pont. Le capitaine tira sa montre.
25 «Encore cinq minutes,» dit-il. «Ils ne seront pas ici avant cinq minutes.»

Puis, à six heures précises,[130] il fit sortir ses hommes par une porte qui donnait sur une petite rue du village. De là, ils se jetèrent dans un fossé et gagnèrent[131] la forêt de Sauval. Avant de
30 partir l'officier avait salué[132] le père Merlier, en lui disant:

«Amusez*-les . . . Nous reviendrons.»

Dominique était resté seul dans la salle. Il tirait toujours, n'entendant rien, ne comprenant rien. Il ne sentait que le besoin

---

[126]**aussitôt que** as soon as.   [127]**emporter** to carry away.   [128]**par derrière** from the rear.   [129]**devaient avoir trouvé** must have found.   [130]**précis** exact, precise; **à six heures précises** at exactly six o'clock.   [131]**gagner** to reach.   [132]**saluer** to greet; salute.

de défendre Françoise. Les soldats étaient partis, sans qu'il le
sût.[133] Soudain, il y eut un grand bruit. Les Prussiens, par
derrière, venaient de pénétrer dans la cour. Il tira un dernier
coup, et ils tombèrent sur lui, comme son fusil fumait encore.

5   Quatre hommes le tenait. Ils voulurent le tuer tout de suite.
Françoise s'était jetée à genoux devant eux, en les priant de lui
laisser la vie. Mais un officier entra et dit quelques mots en
allemand[134] aux soldats, puis il se tourna vers Dominique et lui dit
froidement, en très bon français:

10   «Vous serez fusillé[135] dans deux heures.»

E X E R C I S E S

1

A. *Formation of the past definite, third person singular and plural*

*Rewrite the following passage in the past indefinite, remembering that
the past definite usually shares the same stem as the past participle
with the exception of* être, (fut/furent), faire (fit/firent), tenir (tint/
tinrent), venir (vint/vinrent), *and* voit (vit/virent).

Françoise dit à son père qu'elle aimait Dominique. Le meunier
aperçut Dominique au bord de la rivière. Une semaine passa. Le
meunier alla trouver Dominique. Dominique suivit le meunier.
Françoise ne parut pas étonnée. Elle mit un couvert de plus. Le
lendemain, Dominique commença à travailler. Il se battit avec la
roue. Un jour, le père Merlier fit mettre des tables dans la cour.
Elles furent placées bout à bout. Les amis burent. Quand il n'y eut
là que de vieux amis, on causa. On but encore. Puis ils partirent
tous. Une paix profonde descendit sur le village.

B. *Verbs and following prepositions*

Write a sentence of your own with each of the verbal constructions.

i. *verbs used without a preposition:*
faire + *inf.*
aller + *inf.*

---

[133]sans qu'il le sût without his knowing it.   [134]allemand German.   [135]fusiller to
shoot (as a punishment).

laisser + *inf.*
venir + *inf.*
sembler + *inf.*
paraître + *adj.*
ii. *verbs and phrases used with a preposition:*
faire plaisir à + *n.*
chercher à + *inf.*
réussir à + *inf.*
se mettre à + *inf.*
finir de faire quelque chose [*to finish doing something*]
finir par faire quelque chose [*to finally do something, to end up doing something*]
passer pour + *n.* [*to be known as* + *n.*]
faire semblant de + *inf.*
arrêter de + *inf.*
se souvenir de + *n.*
empêcher qqn de + *inf.*

C. *Vocabulary*

Write a sentence of your own with each of the following words using one or more in each sentence.

la mer	la rivière
la fontaine	une eau courante
couler	la forêt
le bois	la haie
le peuplier	l'orme
la branche	la feuille
l'herbe	

D. *Reading comprehension*

The following statements describe (a) *picturesque and quaint sights;* (b) *pleasant sounds;* (c) *a congenial miller;* (d) *romantic love;* (e) *the change brought about by love;* (f) *signs of impending war;* (g) *a peaceful summer night.   Group them under the appropriate heading.*

1. Tous les jeunes gens du village étaient partis.
2. Le souffle du vent passait sur le village comme une caresse.
3. Un soir, le père Merlier amena Dominique au moulin.
4. Françoise dit qu'elle ne se marierait qu'avec Dominique.
5. Dominique pêchait, chassait et s'endormait souvent.

6. Le père Merlier ne riait jamais mais il avait le cœur gai.
7. Le village s'endormait, tranquille comme un enfant.
8. Au cours de la fête, les fiancés s'embrassèrent, rouges d'émotion.
9. Un vieux paysan avait déjà vu les Prussiens.
10. De grands arbres couvraient la vallée de leurs branches épaisses.
11. Le bruit de l'eau couvrait le chant des oiseaux.
12. Le père Merlier était devenu riche parce qu'il aimait travailler.
13. Les eaux courantes coulaient en claires fontaines.
14. Le moulin faisait un joyeux tic-tac.
15. Dominique travailla au moulin d'un très bon cœur.
16. Du lierre grimpait sur la roue.
17. Françoise et Dominique étaient tombés amoureux en se regardant par-dessus la rivière.
18. La roue avait été réparée avec du bois, du fer et du cuivre.
19. Deux rangées de peupliers montaient vers un château en ruines.
20. L'ombre d'un orme couvrait la cour du moulin.

E. *Reading comprehension*

Rewrite the following statements where necessary to make them agree with the facts as presented in the story.

1. Rocreuse était un village composé de deux rangées d'ormes.
2. La roue du moulin craquait en tournant parce qu'elle n'était pas réparée.
3. La cour du moulin était toute blanche au soleil.
4. Françoise était trop maigre pour lever un sac.
5. Dominique n'était pas retourné en Belgique parce qu'il n'aimait pas travailler.

2

A. *Formation of the pluperfect*

Make the verbs in the following passage pluperfect, using the appropriate auxiliary.

EXAMPLE: Les Prussiens ont battu l'empereur.
Les Prussiens avaient battu l'empereur.

Ils sont descendus des bois.
Ils étaient descendus des bois.

Les habitants se sont réveilles.
Les habitants s'étaient réveillés.
Les Prussiens sont tombés sur le village.   Les femmes se sont jetées à
genoux.   Elles ont fait des signes de croix.   Le soleil s'est levé
gaiement.   On a vu le capitaine tourner autour du moulin.   Il a placé
des soldats derrière les murs.   Françoise et Dominique se sont ap-
prochés.   Dominique a voulu voir arriver les Prussiens.   Les soldats
se sont mis à manger.   Les Prussiens ne sont pas encore arrivés.   Le
capitaine est sorti.   Un coup sec s'est fait entendre.   Un Prussien est
tombé sur le dos.

B. *Use of the pluperfect*

*In the following pairs of sentences, rewrite one of the verbs in the
pluperfect so that it describes an action that logically precedes
another action or condition.*

EXAMPLE: Les Prussiens tirèrent trop haut.   L'arbre tomba.
L'arbre tomba.   Les Prussiens avaient tiré trop haut.

1. La fusillade s'arrêta.   Le moulin semblait mort.
2. Françoise mit les mains à ses oreilles.   Une fusillade terrible se fit
   entendre.
3. Un volet tomba à l'eau.   Il fallut le remplacer.
4. Dominique ne tirait pas encore.   Il tenait son fusil à la main.
5. Françoise s'assit dans un coin.   Elle se croyait là plus petite.
6. Elle poussa un cri.   Une balle l'effleura.

C. *Use of the past definite, the imperfect, and the pluperfect*

*Choose the appropriate tense in the following passage, using the text
as a guide.*

Le 23 août, Rocreuse était/fut dans la terreur.   On attendait/attendit
les Prussiens.   Un détachement français arrivait/arriva.   La capitaine
examinait/examina avec soin le moulin.   On allait se battre/se battit,
c'était/ce fut certain.   Le meunier voyait/vit déjà brûler son moulin.
À dix heures, pas un bruit ne venait/vint du village.   Les habitants
fermaient/fermèrent/avaient fermé les portes.   Les soldats se
mettaient/mirent/s'étaient mis à manger.   Tout à coup, un coup de
fusil éclatait/éclata/avait éclaté.   Les soldats se levaient/levèrent
vivement.   Une fusillade commençait/commença/avait commencé.

Elle durait/dura/avait duré trois heures. Après quelques minutes de silence, le grand orme était/fut coupé. Les Prussiens tiraient/tirèrent/avaient tiré trop haut. Dominique et Françoise entraient/entrèrent dans la salle. Les soldats qu'on laissait/laissa/avait laissé dehors défendaient/défendirent/avaient défendu leurs positions. Quand l'ennemi les chassait/chassa/avait chassé, ils rentraient/rentrèrent/étaient rentrés dans le moulin. Le capitaine faisait/fit fermer la porte d'entrée. Cependant, les Prussiens avançaient/avancèrent avec prudence. On tirait/tira/avait tiré sur eux. Cette fusillade faisait/fit/avait fait trembler le moulin. Un volet tombait/tomba/était tombé et il fallait/fallut/avait fallu le remplacer. Deux soldats roulaient/roulèrent sur le plancher. Le capitaine disait/dit aux soldats de tenir bon. À ce moment, Françoise poussait/poussa un cri. Une balle venait de l'effleurer/l'effleura. Dominique s'approchait/s'approcha de la fenêtre et commençait/commença/avait commencé à tirer. Le capitaine comptait/compta les minutes. Il promettait/promit/avait promis à ses chefs de tenir bon. À six heures, il faisait/fit sortir ses hommes.

D. *Use of the conditional*

Rewrite the following sentences according to the example.

> EXAMPLE: L'ennemi n'essaiera pas de passer la rivière. (Le capitaine pensait que...)
> **Le capitaine pensait que l'ennemi ne passerait pas la rivière.**

1. Les Prussiens tomberont sur le village pendant la nuit. (Les habitants pensaient que...)
2. On se battra. (Le père Merlier dit qu'on...)
3. On ne se mariera pas. (Il dit qu'on...)
4. Nous résisterons jusqu'au soir. (Le capitaine disait qu'ils...)
5. Le fusil pourra servir. (Le capitaine répondit que...)
6. Nous ne tiendrons jamais. (Il se dit qu'ils...)
7. Les Prussiens ne seront pas là avant cinq minutes. (Le capitaine dit que...)

E. *Reading comprehension*

The following statements describe (a) *reactions to danger;* (b) *reactions to death;* (c) *violent noises;* (d) *destruction and* (e) *death. Group them under the appropriate heading.*

1. Les gens de Rocreuse croyaient voir descendre les Prussiens, mais ils ne venaient pas; cela ajoutait à leur terreur.
2. Les femmes se jetaient à genoux et faisaient des signes de croix.
3. Un petit coup sec s'était fait entendre.
4. La roue était bien finie.
5. Le soleil ne faisait rire personne ce jour-là.
6. Françoise serra les mains de Dominique en voyant mourir le soldat français.
7. Un soldat blessé se laissa tomber, avec des yeux fixes et sauvages.
8. Les habitants avaient tous fermé leurs portes.
9. Un coup de fusil éclata.
10. Dominique prit dans les siennes les deux mains que Françoise lui tendait.
11. Un soldat mourant pria qu'on mît fin à sa douleur.
12. Les balles s'enfonçaient dans le bois avec un bruit sourd.
13. Un volet tomba à l'eau puis un autre partit.
14. Une fusillade terrible se fit entendre.
15. Le petit soldat qui venait de recevoir une balle roula dans l'herbe.
16. Le grand orme fut coupé comme par une faux.
17. Françoise, tremblante, mit les mains à ses oreilles.
18. Un Prussien battit l'air de ses bras et tomba sur le dos.
19. Prise d'horreur, Françoise s'était assise par terre.
20. Un feu formidable s'ouvrit.
21. Une balle avait effleuré son front et des gouttes de sang parurent.
22. Ce fut comme un orage qui passa sur le moulin.
23. Dominique fut blessé à l'épaule.
24. Les matelas étaient en morceaux.
25. Vous serez fusillé dans deux heures, dit l'officier.

F. *Reading comprehension*

Rewrite the following statements where necessary to make them agree with the facts as presented in the story.

1. Les femmes de Rocreuse faisaient des signes de croix parce qu'on avait reconnu des soldats français.
2. Le capitaine fut très content de voir que le moulin était une vraie forteresse.
3. Pendant la première fusillade au-dessus de la rivière, il y eut deux morts: un Français et un Prussien.
4. Pendant le siège, il fallut remplacer les volets par des matelas.

5. Dominique commença à tirer après qu'une balle eut blessé Françoise au front.
6. Françoise s'était assise dans un coin pour faire de la place aux
soldats.
7. Le capitaine avait promis de tenir jusqu'au matin.
8. Les Prussiens passèrent la rivière après avoir trouvé un pont.
9. L'officier prussien voulut fusiller Dominique tout de suite.

3

C'était un règlement de guerre. Tout Français n'appartenant pas
à l'armée régulière* et pris les armes à la main, devait être fusillé.[1]
L'officier, un homme grand et maigre, d'une cinquantaine d'an-
nées, posa quelques questions à Dominique:
«Vous êtes d'ici?»
«Non, je suis Belge.»[2]
«Pourquoi avez-vous pris les armes? . . . Tout ceci ne doit pas
vous regarder.»[3]
Dominique ne répondait pas. À ce moment, l'officier aperçut
Françoise, debout et très pâle, qui écoutait. Sur son cou blanc, sa
légère blessure[4] formait une barre[5] rouge. Il parut comprendre,
et ajouta seulement:
«Il est vrai que vous avez tiré, alors?»
«J'ai tiré autant que j'ai pu,» répondit tranquillement
Dominique.
La réponse était inutile, parce qu'il était noir de poudre[6] et
taché de quelques gouttes de sang qui avaient coulé de sa blessure
à l'épaule.
«C'est bien,» ajouta l'officier. «Vous serez fusillé dans deux
heures.»
Françoise ne cria pas. Elle joignit[7] les mains et les éleva dans
un mouvement de désespoir. L'officier aperçut ce mouvement.
Deux soldats avaient emmené Dominique dans une chambre voi-

---

[1]**devait être fusillé** was to be shot.   [2]**Belge** Belgian.   [3]**regarder** to
concern.   [4]**blessure** wound.   [5]**barre** line, bar; rung.   [6]**poudre**
powder.   [7]**joindre** to join, clasp (hands).

sine, où ils devaient le garder.[8] La jeune fille était tombée sur une
chaise, n'ayant plus de forces; elle ne pouvait pleurer, elle respirait
avec peine.[9] Cependant, l'officier l'examinait toujours. Il finit
par lui demander:

5   «Ce garçon est votre frère?»
Elle dit non de la tête. Il ne sourit pas. Puis, au bout d'un
silence:
«Il habite le village depuis longtemps?»
Elle dit oui, d'un nouveau signe.

10   «Alors il doit très bien connaître les bois voisins?»
Cette fois, elle parla.
«Oui, monsieur,» dit-elle, en le regardant avec quelque sur-
prise.
Il n'ajouta rien et tourna le dos à la jeune fille en demandant

15   qu'on lui amenât le maire du village. Mais Françoise s'était levée,
croyant avoir compris ses questions, et encore une fois remplie
d'espoir. Ce fut elle-même qui courut pour trouver son père.
Le père Merlier, après le dernier coup de fusil, était descendu
pour examiner sa roue. Il aimait sa fille, il avait du respect pour

20   Dominique, mais sa roue tenait aussi une large[10] place dans son
cœur. Puisque les deux petits, comme il les appelait, avaient
échappé à la mort, il pouvait maintenant soigner[11] sa chère roue,
qui avait profondément souffert. Et, penché[12] sur elle, il en
examinait les blessures d'un air bien triste.

25   De bas en haut, la vieille roue était pleine de trous, une partie
était en petits morceaux. Le père Merlier mettait les doigts dans
les trous des balles; il pensait à la façon dont il pourrait réparer les
dégâts. Françoise le trouva qui remplissait déjà des trous avec des
débris.

30   «Père,» dit-elle, «ils vous demandent.»
Et elle pleura enfin, en lui disant ce qu'elle venait d'entendre.
Le père Merlier lui expliqua qu'on ne fusillait pas les gens comme
ça. Il fallait voir. Et il rentra dans le moulin, de son air silencieux
et calme.

---

[8]**devaient le garder** were to guard him.   [9]**peine** difficulty.   [10]**large** wide; **large**
place big place.   [11]**soigner** to care for, look after, attend to.   [12]**penché** leaning.

Quand l'officier lui eut demandé des provisions pour ses hommes, il répondit qu'on ne recevrait rien des habitants de Rocreuse si l'on employait la force. Il voulait tout faire, mais il fallait le laisser agir seul. L'officier parut se fâcher; puis, soudain, il consentit,* en lui demandant:

«Ces bois-là, en face, comment les nommez-vous?»

«Les bois de Sauval.»

«Et quelle est leur étendue?»[13]

Le meunier le regarda dans les yeux.

«Je ne sais pas,» répondit-il.

Et il sortit.

Une heure plus tard, les provisions et l'argent demandés par l'officier, étaient dans la cour du moulin. La nuit venait. Françoise suivait avec anxiété* les mouvements des soldats. Elle n'allait pas loin de la chambre dans laquelle était enfermé Dominique. Vers sept heures, elle vit l'officier entrer chez le prisonnier, et, pendant un quart[14] d'heure, elle entendit leurs voix qui s'élevaient.

Un instant, l'officier reparut pour donner un ordre en allemand, qu'elle ne comprit pas; mais, quand douze hommes furent venus se mettre en rang dans la cour, le fusil au bras, elle commença à trembler, elle se sentit mourir. On allait donc le fusiller. Les douze hommes restèrent là dix minutes; la voix de Dominique continuait de s'élever. Enfin, l'officier sortit, en fermant la porte et en disant:

«C'est bien. Réfléchissez-y . . . Je vous donne jusqu'à demain matin.»

Et, d'un signe, il renvoya les hommes. Françoise restait, sans dire un mot. Le père Merlier, qui avait continué de fumer sa pipe, en regardant les soldats d'un air tranquille, vint la prendre par le bras, et l'emmena dans sa chambre.

«Tiens-toi tranquille,»[15] lui dit-il, «essaie de dormir . . . Demain, nous verrons.»

En sortant, il ferma à clef la porte de sa chambre, croyant que les femmes ne sont bonnes à rien, quand il s'agit d'affaires sérieuses.

---

[13]**étendue** n. extent.   [14]**quart** quarter; **quart d'heure** quarter of an hour.   [15]**Tiens-toi tranquille** Keep quiet.

Cependant, Françoise ne se coucha pas. Elle resta longtemps assise sur son lit, écoutant les bruits de la maison. Les soldats allemands chantaient et riaient dans la cour. Dans le moulin même, des pas sonnaient de temps en temps, sans doute des
5 sentinelles.*

Mais, ce qui l'intéressait le plus, c'étaient les bruits qu'elle pouvait entendre dans la chambre qui se trouvait sous la sienne. Plusieurs[16] fois, elle se coucha par terre, elle mit son oreille contre le plancher. C'était la chambre où l'on avait enfermé
10 Dominique. Il devait marcher du mur à la fenêtre, parce qu'elle entendit longtemps le bruit régulier de ses pas; puis, soudain, elle n'entendit plus rien. Dominique s'était sans doute assis. Toute la maison était devenue silencieuse. Alors, elle ouvrit sa fenêtre très doucement et regarda dehors.

15 La nuit était tranquille et chaude. La lune, qui se couchait derrière les bois de Sauval, éclairait la campagne d'une lumière douce et faible comme celle d'une lampe qui s'éteint. L'ombre des grands arbres faisait des barres noires à travers les champs et la route.

20 Mais Françoise ne pensait pas au charme de la nuit. Elle examinait la campagne, cherchant les sentinelles que les Allemands avaient dû mettre[17] de ce côté. Elle voyait bien leurs ombres le long de la Morelle. Une seule se trouvait devant le moulin, de l'autre côté de la rivière, près d'un peuplier. C'était
25 un grand garçon, qui se tenait debout, la figure tournée vers le ciel, de l'air d'un berger[18] qui rêve.

Alors, elle revint s'asseoir sur son lit. Elle y resta une heure, absorbée dans ses pensées. Puis elle écouta de nouveau; il n'y avait plus le moindre[19] bruit dans la maison. Elle retourna à la
30 fenêtre, jeta un coup d'œil; mais la lune éclairait encore trop fort le moulin et la rivière. Elle se remit à attendre.

Enfin, l'heure lui parut venue. La nuit était toute noire. Elle n'apercevait plus la sentinelle en face, la campagne s'étendait comme une mer d'encre.[20] Elle se décida. Il y avait là, passant
35 près de la fenêtre, une échelle de fer, des barres fixées dans le

---

[16]**plusieurs** several.   [17]**avaient dû mettre** must have placed.   [18]**berger** shepherd.   [19]**moindre** less, least.   [20]**encre** ink.

mur, qui montait de la roue au toit du moulin, mais qui disparaissait depuis longtemps sous les lierres épais qui couvraient ce côté du bâtiment.

Françoise, bravement, passa la jambe hors de[21] la fenêtre, saisit
5   une des barres de fer et commença à descendre. Soudain, une pierre se détacha* du mur et tomba dans la Morelle. Elle s'était arrêtée, tremblante. Mais elle comprit que le bruit régulier de l'eau qui tombait sur la roue, couvrait à distance* tous les bruits qu'elle pouvait faire, et elle descendit alors plus courageusement.
10   Arrivée à la hauteur[22] de la chambre de Dominique, elle s'arrêta. Une nouvelle difficulté* faillit lui faire perdre[23] tout son courage: la fenêtre de la chambre en bas n'était pas régulièrement placée au-dessous de la fenêtre de sa chambre. Et quand Françoise la chercha avec la main, elle ne rencontra que le mur. Lui
15   faudrait-il donc remonter? Ses bras se fatiguaient. La vue de la Morelle, au-dessous d'elle, commençait à lui faire peur.

Alors, elle prit de petits morceaux de plâtre et les jeta dans la fenêtre de Dominique. Il n'entendait pas, peut-être dormait-il. Elle essaya de nouveau, elle s'écorchait la peau des doigts.[24]   Et
20   elle était à bout de forces, elle se sentait tomber, quand Dominique ouvrit enfin doucement.

«C'est moi,» dit-elle. «Prends-moi vite, je tombe.» C'était la première fois qu'elle le tutoyait.[25]

Il la saisit et la porta dans la chambre. Là, elle commença à
25   pleurer, et ne put trouver de mots à lui dire. Enfin, elle se calma.*

«Vous êtes gardé?» demanda-t-elle, à voix basse.

Dominique fit un simple signe, en montrant sa porte. De l'autre côté, on entendait la respiration[26] régulière d'un homme
30   qui dormait. La sentinelle avait dû se coucher[27] par terre, contre la porte, pour empêcher le prisonnier de sortir de sa chambre.

«Il faut partir,» dit-elle vivement. «Je suis venue pour vous prier de vous échapper et pour vous dire adieu.»[28]

---

[21]**hors de** *prep.* out of.   [22]**hauteur** height; **à la hauteur de** at the level of.   [23]**faillit lui faire perdre** nearly made her lose.   [24]**s'écorcher la peau des doigts** to graze the skin off one's fingers.   [25]**tutoyer** to use the familiar form of address.   [26]**respiration** breathing.   [27]**avait dû se coucher** must have lain down.   [28]**adieu** good-bye.

Mais Dominique ne paraissait pas l'entendre.

«Comment, c'est vous!» disait-il.   «Oh! comme vous m'avez fait peur! Vous pouviez vous tuer.»

Il lui prit les mains, il les baisa.

5 «Que je vous aime, Françoise! . . . Vous êtes aussi courageuse que bonne. Je ne demandais qu'une chose avant de mourir, c'était de vous revoir . . . Vous voilà, et maintenant ils peuvent me fusiller. Quand j'aurai passé un quart d'heure avec vous, je serai prêt.»

10 Il l'avait attirée à lui, et la serrait dans ses bras. Ils oubliaient le danger, dans la joie de ce moment.

«Ah! Françoise,» continua Dominique d'une voix caressante, «c'est aujourd'hui le vingt-cinq août, le jour si longtemps attendu de notre mariage. Rien n'a pu nous séparer, puisque nous voilà

15 tous les deux seuls, fidèles au rendez-vous[29] . . . N'est-ce pas? c'est à cette heure le matin des noces.»[30]

«Oui, oui,» disait-elle, «le matin des noces.»

Ils s'embrassèrent, en tremblant d'émotion. Mais tout à coup, elle s'échappa de ses bras.

20 «Il faut partir, il faut partir,» dit-elle. «Ne perdons pas une minute.»

Et comme il tendait les bras dans l'ombre pour la reprendre, elle le tutoya de nouveau!

«Oh! écoute-moi, Dominique . . . Si tu meurs, je mourrai.

25 Dans une heure, le soleil se lèvera. Je veux que tu partes tout de suite.»

Alors, vite, elle lui expliqua son projet. L'échelle de fer descendait jusqu'à la roue; là, il pourrait entrer dans le bateau qui se trouvait derrière. Il lui serait facile après de gagner l'autre bord

30 de la rivière et de s'échapper.

«Mais il doit y avoir[31] des sentinelles?» dit-il.

«Une seule, en face, au pied du premier peuplier.»

«Et si cet homme m'aperçoit, s'il veut crier?»

Françoise trembla. Elle lui mit dans la main un couteau qu'elle

35 avait apporté. Il y eut un silence.

---

[29]**rendez-vous** appointment, meeting (place).   [30]**noces** (*pl.*) wedding (ceremony).   [31]**il doit y avoir** there must be.

«Et votre père, et vous?» continua Dominique. «Mais non, je
ne puis partir . . . Quand je ne serai plus là, ces soldats vous
tueront peut-être . . . Vous ne les connaissez pas. Ils m'ont
offert de me laisser partir, si je voulais les conduire dans la
5   forêt de Sauval. Quand ils ne me trouveront plus, ils sont capables de tout.»

La jeune fille répondait simplement à toutes les raisons qu'il
donnait:

«Par amour pour moi, partez . . . Si vous m'aimez,
10 Dominique, ne restez pas ici une minute de plus.»

Puis, elle promit de remonter dans sa chambre. On ne saurait
pas qu'elle l'avait aidé. Elle finit par le prendre dans ses bras, par
l'embrasser, pour le décider. Il ne posa plus qu'une question.

«Dites-moi que votre père connaît votre projet et qu'il me
15 conseille[32] de m'échapper?»

«C'est mon père qui m'a envoyée,» répondit Françoise.

Elle mentait.[33] Dans ce moment, elle n'avait qu'un besoin
immense, échapper à cette terrible pensée que le soleil allait être
le signal* de la mort de son fiancé. Quand il serait loin, tous les
20 malheurs pouvaient lui arriver à elle; cela lui paraîtrait doux puisque[34] lui vivrait.

«C'est bien,» dit Dominique, «je ferai comme il vous plaira.»
Alors, ils ne parlèrent plus. Dominique alla rouvrir la fenêtre.
Il prit Françoise dans ses bras et lui dit un dernier adieu. Puis, il
25 l'aida à saisir l'échelle, et la suivit. Mais il ne voulut pas descendre une seule barre avant de la savoir dans sa chambre.
Quand Françoise fut rentrée, elle laissa tomber d'une voix légère
comme un souffle:

«Au revoir, je t'aime!»
30 Elle resta à la fenêtre, elle essaya de suivre Dominique. La
nuit était toujours très noire. Elle chercha la sentinelle et ne la
trouva pas; seul, le peuplier faisait une tache pâle, au milieu de
l'ombre. Pendant un instant, elle entendit le corps de
Dominique qui se glissait le long[35] du mur; puis, il y eut un bruit

---

[32]**conseiller** to advise.   [33]**mentir** to lie, tell a lie.   [34]**puisque** since.   [35]**le long de**
along.

léger dans l'eau derrière la roue. Une minute plus tard, elle vit la forme sombre du bateau sur l'eau de la Morelle. Alors, une anxiété terrible la reprit. À chaque instant, elle croyait entendre le cri de la sentinelle; les moindres bruits dans
5 l'ombre lui paraissaient des pas de soldats, des bruits de fusils qu'on armait. Cependant, les secondes passaient, la campagne gardait toujours sa paix. Dominique devait arriver[36] à l'autre bord de la rivière. Françoise ne voyait plus rien. Et soudain, elle entendit un bruit de pas, un cri sourd, le bruit d'un corps qui
10 tombait. Puis, le silence devint plus profond. Alors, comme si elle avait senti la mort passer, elle resta toute froide, en face de l'épaisse nuit.

4

Au point du jour, des éclats[37] de voix s'élevèrent de la cour du moulin. Le père Merlier était venu ouvrir la porte de Françoise.
15 Elle descendit dans la cour, pâle et très calme. Mais là, elle ne put retenir un cri d'horreur, en face d'un mort, qui était couché sous le vieil orme, couvert d'un manteau.[38]

Autour du corps, des soldats prussiens criaient de colère, de- mandaient vengeance.* L'officier appela le père Merlier, comme
20 maire du village.

«Voici» lui dit-il d'une voix pleine de colère, «un de nos hom- mes qu'on a trouvé assassiné* sur le bord de la rivière . . . Il nous faut un exemple public, et je compte que vous allez nous aider à trouver l'assassin.»*
25 «Tout ce que vous voudrez,» répondit le meunier avec calme. «Mais ce ne sera pas facile.»

L'officier s'était baissé pour ôter le manteau, qui cachait la figure du mort. Alors apparut une horrible* blessure. La sentinelle avait été frappée à la gorge[39], et le couteau était resté dans la
30 blessure ouverte. C'était un couteau de cuisine.[40]

«Regardez ce couteau,» dit l'officier au père Merlier, «peut-être nous aidera-t-il à trouver l'assassin.»

---

[36]**devait arriver** must have arrived.   [37]**éclat** burst, sound.   [38]**manteau** cloak.   [39]**gorge** throat.   [40]**cuisine** kitchen.

Le vieux répondit sans qu'un muscle* de sa figure ne[41] bougeât[42]:

«Tous les paysans ont des couteaux comme celui-là dans leurs cuisines. Peut-être que votre homme s'ennuyait de se battre et qu'il se sera tué[43] lui-même. Cela.se voit.»

«En voilà assez!»[44] cria l'officier. «Je ne sais ce qui me retient de mettre le feu aux quatre coins du village.»

La colère heureusement l'empêchait d'apercevoir le profond changement qui s'était produit sur le visage[45] de Françoise. Elle avait dû s'asseoir sur le banc de pierre, près de la porte d'entrée. Ses yeux ne quittaient plus ce corps, étendu par terre, presque à ses pieds. C'était un grand et beau garçon, qui ressemblait à Dominique, avec des cheveux blonds et des yeux bleus. Elle pensait que le mort avait peut-être laissé là-bas, en Allemagne, quelque amoureuse qui allait pleurer. Et elle reconnaissait son couteau dans la gorge du mort. Elle l'avait tué.

Soudain, des soldats accoururent[46] dans la cour. On venait de s'apercevoir que Dominique n'était plus dans sa chambre. Cela produisit une agitation extrême. L'officier monta tout de suite, regarda par la fenêtre laissée ouverte, comprit tout, et revint.

«C'est ce misérable! c'est ce misérable!» criait-il. «Il aura gagné[47] les bois . . . Mais il faut qu'on nous le retrouve, ou le village payera pour lui.»

Et, se tournant vers le meunier, il demanda:

«Allons! vous devez savoir où il se cache?»

Le père Merlier rit silencieusement, en montrant la large étendue des collines couvertes de bois.

«Comment voulez-vous trouver un homme dans cette forêt-là?» dit-il.

«Oh! il doit y avoir[48] des trous que vous connaissez. Je vais vous donner dix hommes. Vous les conduirez.»

«Je veux bien. Seulement, il nous faudra toute une semaine pour chercher dans tous les coins du pays.»[49]

---

[41]ne disregard.   [42]bouger to move.   [43]il se sera tué he probably killed himself.   [44]En voilà assez! Enough! That will do!   [45]visage face.   [46]accourir to come running.   [47]il aura gagné he probably reached.   [48]il doit y avoir there must be.   [49]pays country; here, area.

La tranquillité du vieux mit l'officier en rage. Il comprenait combien il était ridicule de chercher Dominique dans cette immense étendue de bois. Ce fut alors qu'il aperçut sur le banc Françoise, pâle et tremblante. La douleur de la jeune fille le

5   frappa. Il examina le meunier et Françoise, l'un après l'autre; puis, il demanda au vieux, avec un regard pénétrant: «Est-ce que cet homme n'est pas l'amant[50] de votre fille?» Le père Merlier se retint avec peine de se jeter sur l'officier. Il ne répondit pas. Françoise avait mis son visage entre ses mains.

10   «Oui, c'est cela,» continua le Prussien, «vous ou votre fille l'avez aidé à s'échapper . . . Une dernière fois, voulez-vous nous le ramener?» Le meunier ne répondit pas. Il avait tourné le dos à l'officier, faisant semblant de ne pas écouter. L'officier éclata en colère.

15   «Eh bien!» déclara-t-il, «vous allez être fusillé à sa place.» Le père Merlier garda son calme. Sans doute, il ne croyait pas qu'on fusillât un homme si facilement. Puis, quand une douzaine de soldats vinrent se mettre en rang devant lui, il dit: «Alors, c'est sérieux? . . . Je veux bien. S'il vous faut fusiller

20   quelqu'un, moi autant qu'un autre.»[51] Mais Françoise s'était levée, rendue comme folle par la terreur. «Ayez pitié, monsieur,» s'écria-t-elle, «ne faites pas de mal à mon père. Tuez-moi à sa place . . . C'est moi qui ai aidé Dominique à s'échapper. Moi seule suis coupable.»

25   «En voilà assez, ma fille,» dit le père Merlier. «Pourquoi mens tu? . . . Elle a passé la nuit enfermée dans sa chambre, monsieur. Elle ment, je vous jure.»[52] «Non, je ne mens pas,» déclara la jeune fille. «Je suis descendue par la fenêtre, j'ai décidé Dominique à partir . . . C'est la

30   vérité, la seule vérité . . .» Le vieux était devenu très pâle. Il voyait bien dans ses yeux qu'elle ne mentait pas, et cette histoire le remplit de terreur. Ah! ces enfants, avec leurs cœurs, comme ils gâtaient[53] tout! Alors, il se fâcha.

---

[50]amant lover (amant refers to sexual relations whereas amoureux (amoureuse) merely refers to the feelings of love.   [51]S'il vous faut . . . un autre If you must shoot someone, it may as well be I as another.   [52]jurer to swear.   [53]gâter to spoil.

«Elle est folle, ne l'écoutez pas.   Elle vous raconte des histoires
stupides. . . .   Allons, finissons-en!»[54]
Elle voulut protester* encore.   Elle se jeta à genoux, elle joignit
les mains.   L'officier, tranquillement, regardait cette lutte[55]
douloureuse.
«Mon Dieu!» finit-il par dire, «je prends votre père, parce que
je ne tiens plus l'autre . . .   Essayez de retrouver l'autre, et votre
père sera libre.»
Un moment, elle le regarda, les yeux remplis d'horreur à cette
proposition.
«C'est horrible,» dit-elle, lentement.   «Où voulez-vous que je
retrouve Dominique, à cette heure?   Il est parti, je ne sais plus.»
«Enfin, choisissez.   Lui ou votre père.»
«Oh! mon Dieu! est-ce que je puis choisir?   Même si je savais où
est Dominique, je ne pourrais pas choisir! . . .   C'est mon cœur
que vous coupez.   J'aimerais mieux mourir tout de suite.   Tuez-
moi . . . tuez-moi . . .»
L'officier devenait impatient.   Il s'écria:
«En voilà assez!   Je veux être bon, je consens à vous donner
deux heures . . .   Si, dans deux heures, votre amoureux n'est pas
là, votre père payera pour lui.»
Et il fit conduire le père Merlier dans la chambre qui avait servi
de prison à Dominique.   Le vieux demanda du tabac[56] et se mit à
fumer.   Sur son visage, on ne lisait pas d'émotion.   Seulement,
quand il fut seul, tout en fumant,[57] il pleurait.   Sa pauvre et chère
enfant, comme elle souffrait!
Françoise était restée au milieu de la cour.   Des soldats prussiens passaient en riant.   Plusieurs lui disaient des mots qu'elle ne
comprenait pas.   Elle regardait la porte par laquelle son père
venait de disparaître.   Et, lentement, elle portait la main à sa tête,
comme pour l'empêcher d'éclater.
L'officier lui tourna le dos, en disant:
«Vous avez deux heures.   Essayez de les utiliser.»
Elle avait deux heures . . . deux heures . . .   Alors, machin-

---

[54]**Allons, finissons-en!** Come! let's make an end of it!   [55]**lutte** struggle.   [56]**tabac**
tobacco.   [57]**tout en fumant** while smoking, as he smoked.

alement,[58]* elle sortit de la cour et marcha tout droit devant elle.
Où aller? que faire? Elle n'essayait même pas de prendre une
décision, parce qu'elle sentait bien comme c'était inutile.
Cependant, elle aurait voulu voir Dominique. Tous les deux, ils
5 auraient peut-être trouvé un moyen.
Et elle descendit au bord de la Morelle, qu'elle traversa à un
endroit où il y avait de grosses pierres. Ses pieds la conduisirent
sous le premier peuplier, au coin du champ. Comme elle se
baissait, elle aperçut une tache de sang dans l'herbe. C'était bien
10 là. Dominique avait dû courir,[59] on voyait ses traces dans le
champ. Puis, là-bas, au loin, elle les perdit de vue. Mais dans un
champ voisin elle crut les retrouver. Cela la conduisit au bord de
la forêt, où tout se perdait.
Cependant, Françoise pénétra sous les arbres. Elle se sentait
15 mieux d'être seule. Elle s'assit un instant. Puis, se souvenant de
l'heure qui passait, elle se releva. Combien s'était passé de temps
depuis son départ du moulin? Cinq minutes? une demi-heure?
Elle n'en savait rien. Peut-être Dominique était-il allé se cacher
dans un coin du bois où ils avaient, une après-midi, mangé des
20 noix[60] ensemble. Elle y alla, l'examina.
Il n'y avait là qu'un oiseau qui chantait tristement dans un
buisson.[61] Alors, elle pensa que Dominique s'était caché dans un
autre endroit où il se mettait quelquefois quand il chassait dans la
forêt; mais l'endroit était vide. À quoi bon le chercher? elle ne le
25 trouverait pas. Mais le désir de le revoir la fit marcher plus vite.
L'idée qu'il avait dû monter[62] dans un arbre lui vint tout à coup.
Elle avança, les yeux levés, et pour qu'il la sût près de lui, elle
l'appelait tous les quinze pas.[63] Des coucous répondaient, un
souffle qui passait dans les branches lui faisait croire qu'il était là et
30 qu'il descendait.
Une fois même, elle crut le voir; elle s'arrêta, la respiration
coupée, avec le désir de courir chez elle. Qu'allait-elle lui dire?
Venait-elle donc pour l'emmener et le faire fusiller? Oh, non, elle

---

[58]**machinalement** mechanically, unconsciously.   [59]**avait dû courir** must have
run.   [60]**noix** nut.   [61]**buisson** bush.   [62]**il avait dû monter** he must have
climbed.   [63]**tous les quinze pas** every fifteen steps.

ne parlerait pas de ces choses. Elle lui crierait de s'en aller, de ne
pas rester dans les bois. Puis, la pensée de son père qui l'attendait, lui causa une douleur aiguë. Elle tomba à genoux dans
l'herbe, en pleurant, en s'écriant:

5   «Mon Dieu! mon Dieu! pourquoi suis-je là!»
Elle était folle d'être venue. Et, comme prise de peur, elle
courut, elle chercha à sortir de la forêt. Trois fois, elle se
trompa,[64] et elle croyait qu'elle ne retrouverait plus le moulin,
quand elle sortit dans la plaine, en face de Rocreuse. À la vue du

10   village, elle s'arrêta. Est-ce qu'elle allait rentrer seule?
Elle restait debout, quand une voix l'appela doucement:
«Françoise! Françoise!»
Et elle vit Dominique qui levait la tête, au bord d'un fossé.
Juste Dieu! Elle l'avait trouvé! Le ciel[65] voulait donc sa mort?

15   Elle retint un cri, elle se laissa glisser dans le fossé.
«Tu me cherchais?» demanda-t-il.
«Oui,» répondit-elle, ne sachant ce qu'elle disait.
«Ah! que se passe-t-il?»
Elle baissa les yeux, et lui répondit:

20   «Mais, rien, j'étais anxieuse, je désirais te voir.»
Alors, satisfait[66] de sa réponse, il lui dit qu'il n'avait pas voulu
s'en aller. Il voulait les protéger. Ces Prussiens étaient capables
de se venger en tuant les femmes et les vieux. Enfin, tout allait
bien, et il ajouta en riant:

25   «La noce sera pour la semaine prochaine,[67] voilà tout.»
Puis, comme elle laissait toujours voir son anxiété, il redevint
sérieux.
«Mais, tu me caches quelque chose.»
«Non, je te jure. J'ai couru pour venir.»

30   Il l'embrassa, en disant que ce n'était pas prudent pour elle et
pour lui de causer plus longtemps; et il voulut remonter le fossé,
pour rentrer dans la forêt. Elle le retint. Elle tremblait.
«Écoute, tu ferais peut-être bien de rester là . . . Personne ne
te cherche, tu ne cours pas de danger.»

35   «Françoise, tu me caches quelque chose,» dit-il de nouveau.

---

[64]tromper to deceive; se tromper to be mistaken.   [65]Le ciel
Heaven.   [66]satisfait p.p. satisfaire satisfied, contented.   [67]prochain adj. next.

De nouveau, elle jura qu'elle ne lui cachait rien.   Seulement,
elle aimait mieux le savoir près d'elle.   Et elle donna d'autres
raisons.   Elle lui parut si étrange, que maintenant lui-même
n'aurait pas voulu s'en aller.   De plus, il croyait que les Français
5   allaient revenir.   On avait vu des détachements français du côté
de Sauval.
«Ah! qu'ils soient ici le plus tôt possible!»[68] s'écria-t-elle.
À ce moment, onze[69] heures sonnèrent à l'église de Rocreuse.
Les coups[70] arrivaient, clairs et distincts.*   Elle se leva vite, prise
10   de peur; il y avait deux heures depuis qu'elle[71] avait quitté le
moulin.
«Écoute,» dit-elle rapidement, «si nous avons besoin de toi, je
monterai dans ma chambre et avec mon mouchoir je te ferai signe
de venir.»
15   Et elle partit en courant, pendant que Dominique se couchait au
bord du fossé, pour surveiller le moulin.
Comme elle allait rentrer dans Rocreuse, Françoise rencontra
un vieux vagabond, le père Bontemps, qui connaissait tout le
pays.   Il la salua, il venait de voir le meunier au milieu des
20   Prussiens.   Puis, en faisant des signes de croix et en se parlant
dans sa barbe, il continua sa route.
«Les deux heures sont passées,» dit l'officier quand Françoise
parut.
Le père Merlier était là, assis sur le banc, près de la porte
25   d'entrée.   Il fumait toujours.   La jeune fille, de nouveau, pria,
pleura, tomba à genoux.   Elle voulait gagner du temps.   Elle avait
l'espoir de voir revenir les Français, et pendant qu'elle pleurait,
elle croyait entendre au loin les pas réguliers d'une armée.   Oh!
s'ils avaient paru, s'ils les avaient tous délivrés![72]
30   «Écoutez, monsieur, une heure, encore une heure . . .   Vous
pouvez bien nous donner encore une heure!»
Mais l'officier ne l'écoutait pas.   Il commanda à deux hommes
de la saisir et de l'emmener, pour qu'on fusillât le vieux tranquillement.   Alors une lutte horrible se passa dans le cœur de Fran-

---

[68]**qu'ils soient . . . possible** may they be here as soon as possible.   [69]**onze**
eleven.   [70]**coup** stroke (of a bell).   [71]**il y avait . . . qu'elle** it had been two hours
since she . . .   [72]**délivrer** to free.

çoise. Elle ne pouvait laisser assassiner[73] ainsi son père. Non, non, elle aimerait mieux mourir avec Dominique; et elle courait vers sa chambre, quand Dominique lui-même entra dans la cour. L'officier et les soldats jetèrent un cri de triomphe. Mais lui,

5   comme si Françoise était là toute seule, s'avança vers elle, tranquille, un peu sévère.* «C'est mal,» dit-il. «Pourquoi ne m'avez-vous pas ramené? C'est le père Bontemps qui m'a dit ce qui se passait . . . Enfin, me voilà.»[74]

5

10   Il était trois heures. De grands nuages noirs avaient lentement rempli le ciel, la fin de quelque orage voisin. Ce ciel couleur de cuivre changeait la vallée de Rocreuse, si gaie au soleil, en un endroit sombre et terrible.

L'officier prussien avait fait enfermer Dominique, sans déclarer

15   quelle décision il allait prendre. Depuis midi, Françoise mourait d'une anxiété cruelle. Elle ne voulait pas écouter le conseil[75] de son père et quitter la cour. Elle attendait les Français. Mais les heures passaient, la nuit allait venir, et tout ce temps gagné ne paraissait pas pouvoir changer l'horrible fin.

20   Cependant, vers trois heures, les Prussiens commencèrent à se préparer pour le départ. Depuis un instant, l'officier s'était, comme la veille, enfermé avec Dominique. Françoise avait compris qu'il s'agissait de la vie du jeune homme. Alors, elle joignit les mains, elle pria. Le père Merlier, à côté d'elle, gardait

25   toujours le silence.

«Oh! mon Dieu! Oh! mon Dieu!» s'écriait Françoise, «ils vont le tuer . . .»

Le meunier l'attira près de lui et la prit sur ses genoux comme un enfant.

30   À ce moment, l'officier sortait. Derrière lui, deux hommes amenaient Dominique.

---

[73]**laisser assassiner** allow to be assassinated.   [74]**enfin, me voilà** well, here I am.   [75]**conseil** advice.

«Jamais! jamais!» criait ce dernier. «Je suis prêt à mourir.»
«Réfléchissez bien,» continua l'officier. «Ce service que vous
ne voulez pas nous rendre, un autre nous le rendra. Je vous offre
la vie. Il s'agit simplement de nous conduire à Montredon, à
5 travers les bois. Il doit y avoir[76] des chemins.»
Dominique ne répondait plus.
«Alors, vous ne voulez toujours pas?»[77]
«Tuez-moi, et finissons-en,» répondit-il.
Françoise, les mains jointes,[78] le priait de loin. Elle oubliait
10 tout, elle lui aurait conseillé une action lâche.[79] Mais le père
Merlier lui saisit les mains.
«Il a raison,» dit-il, d'une voix basse, «il vaut mieux mourir.»
Une douzaine de soldats se mirent en rang devant Dominique.
L'officier attendait une faiblesse[80] du jeune homme. Il croyait
15 toujours qu'il pourrait le décider. Il y eut un silence. Au loin, on
entendait de violents coups de tonnerre.[81] Et ce fut dans ce
silence qu'on entendit un cri dehors:
«Les Français! Les Français!»
C'étaient vraiment eux. Sur la route de Sauval, au bord du
20 bois, on apercevait la ligne des uniformes rouges. Il y eut, dans le
moulin, un désordre* extraordinaire. Les soldats prussiens
couraient de bas en haut du bâtiment. Cependant, pas un coup de
fusil n'avait encore été tiré.
«Les Français! les Français!» cria Françoise.
25 Elle était comme folle. Elle venait de s'échapper des bras de
son père, et elle riait, les bras en l'air. Enfin, ils arrivaient donc,
et ils arrivaient à temps, puisque Dominique était encore là,
debout!
Le bruit terrible de douze coups tirés à la fois éclata comme un
30 coup de tonnerre, et la fit se retourner. L'officier venait de dire à
voix basse:
«Avant tout, finissons-en.»
Et, poussant lui-même Dominique contre le mur du moulin, il

---

[76]**il doit y avoir** there must be.   [77]**vous ne voulez toujours pas** you are still
unwilling.   [78]**joint** *p.p.* **joindre** clasped.   [79]**lâche** cowardly; *n.m.*
coward.   [80]**faiblesse** weakness, yielding.   [81]**tonnerre** thunder; **coup de
tonnerre** clap of thunder.

avait commandé le feu. Quand Françoise se retourna, Dominique était par terre. Douze balles lui avaient pénétré la poitrine. Elle ne pleura pas, elle resta stupide. Ses yeux devinrent fixes, et elle alla s'asseoir sous l'orme à quelques pas du corps. Elle le

5   regardait, en faisant de temps en temps un mouvement involontaire de la main, comme un petit enfant. Les Prussiens avaient emmené le père.

Ce fut une belle lutte. Rapidement, l'officier avait placé ses hommes, comprenant qu'il ne pouvait s'échapper. Alors, il valait

10   mieux vendre chèrement sa vie. Maintenant, c'étaient les Prussiens qui défendaient le moulin, et les Français qui l'attaquaient.* La fusillade commença avec une violence extraordinaire. Pendant une demi-heure, elle ne s'arrêta pas. Puis, un éclat sourd se fit entendre, et un boulet[82] cassa une grosse

15   branche du vieil orme. Les Français avaient du canon.* La lutte ne pouvait être longue.

Ah! le pauvre moulin! Des boulets le traversaient d'un bout à l'autre. Une moitié du toit fut emportée. Deux murs s'écroulèrent.[83] Mais c'était surtout du côté de la Morelle que les dégâts

20   étaient les plus grands. La rivière emportait des débris de toutes sortes. Coup sur coup, la vieille roue reçut deux boulets, et les morceaux furent emportés par le courant.[84] C'était l'âme du gai moulin qui venait de s'en aller.

Puis, les Français coururent à l'attaque du moulin. Il y eut une

25   lutte terrible, l'épée à la main.[85] Sous le ciel couleur de cuivre, la vallée se remplissait de morts. Les larges champs paraissaient sauvages, avec leurs grands arbres isolés, leurs rideaux[86] de peupliers qui y faisaient des taches d'ombre. À droite et à gauche, les forêts étaient commes les murs d'un immense cirque[87] qui enfer-

30   maient les combattants,* pendant que les fontaines et les eaux courantes pleuraient dans la panique de la campagne.[88]

Françoise n'avait pas bougé, assise en face du corps de Dominique. Le père Merlier venait d'être tué par une balle

---

[82]boulet cannon ball.   [83]s'écrouler to crumble down.   [84]courant n.
current.   [85]l'épée à la main sword in hand.   [86]rideau curtain,
screen.   [87]cirque circus.   [88]campagne countryside.

perdue.[89] Alors, comme les Prussiens étaient tous morts et que [90]
le moulin brûlait, le capitaine français entra le premier dans la
cour. Depuis le commencement de la guerre, c'était la seule
bataille qu'il avait gagnée. Aussi très fier de son succès,* riait-il
5 de son air aimable. Et, apercevant Françoise folle entre les corps
de son mari[91] et de son père, au milieu des ruines fumantes du
moulin, il la salua gaiement de son épee, en criant:
«Victoire!* VICTOIRE!»

E X E R C I S E S

3

A. *Use of the past anterior after* **quand**

Combine the paired sentences, following the example.

EXAMPLE: L'officier demanda des provisions.   Le maire accepta.
**Quand l'officier eut demandé des provisions, le maire
accepta.**

1. Le père Merlier descendit.   Il examina la roue.
2. L'officier entra dans sa chambre.   Françoise entendit leurs voix.
3. L'officier sortit.   Il renvoya les hommes.
4. Dominique ouvrit la fenêtre.   Il la prit dans ses bras.
5. Il la prit dans ses bras.   Il lui dit adieu.
6. Dominique tua la sentinelle.   Il gagna les bois.

B. *Use of the future perfect after* **quand**

*Recombine the clauses in the following sentences according to the
example, making sure to use the appropriate auxiliary verb.*

EXAMPLE: Je passerai un quart d'heure avec vous, puis je serai prêt.
**Quand j'aurai passé un quart d'heure avec vous, je serai
prêt.**

1. Vous réfléchirez, puis vous me donnerez votre réponse.
2. Il entrera dans le bateau, puis il gagnera l'autre bord.

---

[89]**perdue** stray.   [90]**que** = **comme.**   [91]**mari** *here,* her *intended* husband.

3. Il tuera la sentinelle, puis il s'échappera dans les bois.
4. Je vous embrasserai, puis on pourra me fusiller.
5. Dominique partira, puis Françoise sera contente.

C. *Use of the future after* **quand**

Complete the following sentences, turning the infinitives into the future.

EXAMPLE: Quand je ne (être) plus là, ces soldats vous tueront peut-être.
Quand je ne serai plus là, ces soldats vous tueront peut-être.
When I am not here, these soldiers may kill you.

1. Dominique sera fusillé quand le jour (se lever).
2. Les Prussiens pourront manger quand les provisions (être) là.
3. Dominique partira quand il (savoir) Françoise dans sa chambre.
4. Je serai prêt quand les Prussiens (vouloir) me fusiller.
5. Quand Dominique (mourir), Françoise mourra aussi.

D. *Use of the present and of the imperfect after* **si**

In the following sentences, turn the infinitive into the present if it is in connection with a future tense, and into the imperfect if it is in connection with the conditional.

1. Vous ne resterez pas une minute de plus si vous m'(aimer).
2. Vous ne resteriez pas une minute de plus si vous m'(aimer).
3. Ils vous tueront si je ne (être) plus là.
4. Ils vous tueraient s'ils (savoir).
5. Dominique vivrait s'il (vouloir) s'échapper.
6. Je mourrai si tu (mourir).

E. *Use of the imperfect with* **aller** *+ infinitive and* **venir de** *+ infinitive*

Choose the appropriate phrase from the alternatives so that the statement agrees with the facts as presented in the story, taking into account the meanings in the example.

EXAMPLE: **Il allait partir.** *He was about to leave.*
Il venait de partir. *He had just left.*

1. Françoise et Dominique allaient se marier/venaient de se marier quand l'attaque commença.

2. On allait fusiller/venait de fusiller Dominique dans deux heures.
3. L'officier demanda si on allait lui donner/venait de lui donner des provisions.
4. On entendait la respiration d'un soldat. Il allait s'endormir/venait de s'endormir.
5. La nuit était toute noire car la lune allait se coucher/venait de se coucher.
6. Françoise eut peur. Si la sentinelle criait, on allait l'entendre/venait de l'entendre.

F. Vocabulary

Write a sentence of your own with each of the following verbs.

conseiller à qqn de + inf.
promettre à qqn de + inf.
continuer de + inf.
s'échapper de + *n. describing a place*
échapper à + *n. describing a person or a calamity*
aider qqn à + inf.
il faut (falloir) + inf.

prier qqn de + inf.
offrir à qqn de + inf.
empêcher qqn de + inf.
essayer de + inf.
appartenir à qqn
penser à qqn
se remettre à + inf.
paraître + inf.
se sentir + inf.

G. Use of devoir

Translate the following sentences after carefully studying the context and noting the example.

EXAMPLE: (Necessity and obligation)
Je dois partir. *I must/have to leave.*
Je devais partir. *I had to leave.*
J'ai dû partir. *I had to leave.*

(Predictability)
Je dois partir demain. *I am to leave tomorrow.*
Je devais partir à midi. *I was to leave at noon.*
Il devait être fusillé. *He was to be shot.*

(Probability)
Il doit être parti. *He must be gone (he probably left).*
Il a dû partir. *He must have left.*
Il ne doit pas être parti. *He can't be gone (he probably did not leave).*

1. Après le départ du garçon du moulin, Dominique a dû travailler à sa place.
2. Dominique et Françoise devaient se marier le 25 août.
3. Les Prussiens étaient sur la route. Ils devaient avoir trouvé le pont.
4. L'officier dit à Dominique: Tout ceci ne doit pas vous concerner.
5. Dominique doit bien connaître les bois, dit l'officier.
6. Vous devez me donner des provisions, dit-il au maire.
7. Vous devez être fusillé dans deux heures, dit l'officier.
8. Les Allemands avaient dû mettre des sentinelles. On en voyait partout.
9. Il doit y avoir des sentinelles, se dit Françoise.
10. Les secondes passaient. Dominique devait arriver de l'autre côté.
11. Dominique a dû tuer la sentinelle pour s'échapper.

H. *Reading comprehension*

Rewrite the following statements where necessary to make them agree with the facts as presented in the story.

1. Dominique devait être fusillé parce qu'il était Belge.
2. La poudre noire et les taches de sang montraient bien que Dominique avait tiré.
3. Le maire promit d'apporter des provisions s'il le laissait agir seul et sans employer la force.
4. L'officier ne voulut pas fusiller Dominique tout de suite parce qu'il croyait que le prisonnier était le frère de Françoise.
5. L'officier avait fermé à clé la chambre de Françoise, pensant qu'elle pourrait lui être utile.
6. Quand la lune commença à éclairer l'échelle de fer, Françoise descendit le long du mur.
7. Seule avec Dominique, Françoise ne pensait qu'au matin de noces alors que Dominique ne pensait qu'à son évasion.
8. Françoise a menti à Dominique pour le décider à s'échapper avec elle.
9. Quand elle a vu le bateau au milieu de la Morelle, elle a entendu des fusils qu'on armait.
10. La sentinelle avait dû tuer Dominique avec son fusil car Françoise entendit un coup de feu.

4

A. *Use of the future perfect to express probability*

Rewrite the following sentences following the model and choosing the appropriate auxiliary.

EXAMPLE: Votre homme s'est probablement tué lui-même.
Votre homme se sera tué lui-même.
He probably killed himself.

1. Cet homme a probablement voulu se tuer.
2. Le prisonnier a probablement gagné les bois.
3. Le prisonnier s'est probablement caché dans les bois.
4. On l'a probablement aidé à s'échapper.

B. *Word order after* **peut-être**

Rewrite the following sentences, dropping **que** *and inverting the word order.*

EXAMPLE: Peut-être qu'il nous aidera.
Peut-être nous aidera-t-il.

Peut-être
1. qu'il s'ennuyait.
2. qu'il s'est tué lui-même.
3. qu'on l'a assassiné.
4. qu'il aimait une jeune fille en Allemagne.

C. *Direct and indirect pronouns with causative constructions*

Rewrite the following sentences, replacing the boldface words with pronouns, as in the example.

EXAMPLE: L'officier fit conduire le père.
L'officier le fit conduire.

Le maire fait croire à l'officier que c'était ridicule.
Le maire lui fait croire que c'était ridicule.

1. L'officier fit appeler **le maire**.
2. Il voulait faire chercher **Dominique** dans les bois.
3. Il voulait faire fusiller **le meunier**.
4. Il voulait faire prendre une décision à **Françoise**.

5. Elle voulait faire comprendre **l'horreur de la situation** à l'officier.
6. Elle ne voulait pas faire voir **son anxiété** à Dominique.

D. *Use of the subjunctive with* **ne pas croire**

In the following sentences, replace **je crois que** *with* **je ne crois pas que**, *using the present tense of the subjunctive with the verbs and auxiliary verbs.*

EXAMPLE: Il croyait qu'on fusillait.
Il ne croyait pas qu'on fusille.
Il ne croyait pas qu'on fusillât. (*imperfect of the subjunctive, in literary usage only*)

Je crois
1. qu'il s'est tué lui-même.
2. qu'il a voulu se tuer.
3. qu'il est mort comme ça.
4. qu'il s'agit d'un suicide.
5. qu'on pourra retrouver le prisonnier.
6. que Françoise ment.

E. *Use of* **c'est** + *disjunctive pronoun, for emphasis*

Rewrite the following sentences according to the example.

EXAMPLE: J'ai aidé Dominique à s'échapper.
C'est moi qui ai aidé Dominique à s'échapper.

1. J'ai décidé Dominique à partir.
2. Elle a aidé Dominique.
3. Vous allez être fusillé à sa place.
4. Tu me caches quelque chose.
5. Nous avons besoin de toi.
6. Je te ferai signe de venir.
7. Il m'a dit ce qui se passait.

F. *Vocabulary*

The following words describe (a) *aggressive behavior;* (b) *anger;* (c) *religious beliefs;* (d) *imploring;* (e) *self-control and calmness;* (f) *horror, terror, and fear;* (g) *suffering and sorrow;* (h) *rejoicing over success.   Group them under the appropriate category.*

se fâcher
être pris de peur
devenir impatient
saluer
se jeter sur qqn
remplir d'horreur
avoir une douleur aiguë
garder son calme
tomber à genoux
demander vengeance
mettre en rage

jeter un cri de triomphe
joindre les mains
rire silencieusement
faire signe
se jeter à genoux
se retenir de faire qqch.
se mettre en colère
éclater en colère
remplir de terreur
souffrir
prier

G. *Vocabulary*

The following phrases are responses to a statement or situation.
Write sentences eliciting these responses.

En voila assez!
Tu mens!
Je veux bien.
Oui, c'est ça.

Tout ce que vous voudrez.
Cela se voit.
Non, je te jure (je vous jure)!

H. *Reading comprehension*

Rewrite the following statements where necessary to make them agree
with the facts as presented in the story.

1. On avait trouvé le mort au bord de la Morelle, caché sous un manteau.
2. Le père Merlier savait bien que le soldat ne s'était pas tué.
3. L'officier prussien était en colère parce qu'il sentait que le père Merlier avait raison en disant qu'il faudrait beaucoup de temps pour retrouver l'assassin dans la grande forêt.
4. Quand les soldats se furent mis en rang devant le père Merlier, Françoise dit que c'était elle la coupable.
5. Le père Merlier dit que sa fille avait menti ou qu'elle était folle.
6. Françoise retrouva facilement Dominique à cause des traces qu'il avait laissées.
7. À onze heures, Françoise devait être rentrée au village.
8. Elle demanda à l'officier une heure de plus parce qu'elle pensait que les troupes françaises les délivreraient.

5

A. Formation of the conditional perfect

Turn the following sentences into the conditional perfect, choosing the appropriate auxiliary verb as in the example.

EXAMPLE: Elle conseillerait une action lâche.
Elle aurait conseillé une action lâche.
She would have advised a cowardly act.

Elle mourrait à sa place.
Elle serait morte à sa place.
She would have died in his place.

Elle se tuerait.
Elle se serait tuée.
She would have killed herself.

1. L'officier offrirait la vie à Dominique.
2. Dominique partirait avec les soldats prussiens.
3. Il les conduirait dans les bois.
4. Françoise voudrait qu'il accepte.
5. Les soldats ne se mettraient pas en rang devant lui.
6. Le père Merlier ne serait pas tué.
7. Les Prussiens pourraient s'échapper.
8. Le capitaine ne gagnerait pas la bataille.

B. The meaning of **aussi** at the beginning of a sentence

*Choose the sentence containing **aussi** that fits the context, keeping in mind the example.*

EXAMPLE: L'officier français riait aussi.
The French officer also laughed.
Aussi, l'officier français riait-il.
And so (therefore) the French officer laughed.

1. L'officier croyait qu'il pourrait décider Dominique.   Il attendait aussi./Aussi, attendait-il.
2. Dominique était prêt à mourir.   Il répondit aussi à l'officier./Aussi, ne répondait-il plus à l'officier.
3. Il n'y avait rien à faire.   Il valait aussi mieux mourir./Aussi, valait-il mieux mourir.
4. On entendait des coups de tonnerre.   On entendit aussi un cri./Aussi, entendit-on un cri.

5. Françoise était comme folle. Elle levait les bras au ciel. Elle riait aussi./Aussil riait-elle.
6. Dominique tomba sous les balles. Le père Merlier mourut aussi./Aussi, le père Merlier mourut-il.
7. Françoise avait perdu les deux hommes qu'elle aimait le plus. Elle devint folle aussi./Aussi, devint-elle folle.

C. *Vocabulary*

Write a sentence of your own with each of the following words and phrases.

il (*impersonal*) s'agit de
il (*impersonal*) doit y avoir
dire (parler) à voix basse
faire qqch. le premier
  le premier (la première)

il (*impersonal*) vaut mieux + *inf.*
avoir raison
arriver à temps
se mettre en rang

D. *Reading comprehension*

Group the following statements according to whether irony or dramatic intensity is emphasized.

1. La vallée de Rocreuse, si gaie au soleil, devenait un endroit sombre et terrible sous le ciel de cuivre.
2. Françoise aurait conseillé une action lâche à Dominique, mais son père lui dit qu'il valait mieux mourir.
3. L'officier attendait toujours une faiblesse de Dominique. Il y eut un silence. Et dans ce silence, on entendit tout à coup: «Les Français! Les Français!»
4. Juste au moment où arrivaient les Français, l'officier commanda aux soldats de tirer sur Dominique.
5. Françoise riait, les bras en l'air, à l'arrivée des Francais. Quand elle se retourna et vit Dominique fusillé, elle resta stupide, sans bouger.
6. Maintenant, c'étaient les Prussiens qui défendaient le moulin, et les Français qui attaquaient.
7. La roue fut emportée par le courant. L'âme du gai moulin s'en allait.
8. Les forêts étaient comme les murs d'un cirque qui se remplissait de morts.
9. Tous les Prussiens étaient morts et le père Merlier avait été tué par une balle perdue.

10. C'était la seule bataille que le capitaine avait gagnée.   Il cria: «Victoire!» en voyant Françoise.

E. *Reading comprehension*

Rewrite the following statements where necessary to make them agree with the facts as presented in the story.

1. Dominique préférait mourir pour ne pas faire quelque chose de lâche.
2. Au loin, on entendait de violents coups de canon.
3. Quand on annonça l'arrivée des Français, les Prussiens se mirent à tirer.
4. Françoise riait parce qu'elle était devenue folle.
5. C'est Dominique lui-même qui a commandé le feu.
6. Le combat allait être long car la fusillade était violente.
7. La roue du moulin s'en alla en brûlant.
8. Le capitaine riait parce que Françoise était très fière de son succès.

4 L'Homme qui dormit cent ans

HENRI BERNAY

L'HOMME QUI DORMIT CENT ANS

1

Ils étaient deux hommes face à face, séparés par une table couverte de papiers. Le plus jeune avait vingt-cinq ans. Il était grand et beau, aux cheveux bruns[1] et aux yeux clairs et francs. L'autre, âgé de cinquante ans, était gros,[2] avec des yeux qui roulaient sans cesse[3] derrière des lunettes[4] rondes. Par les trois fenêtres de la salle on apercevait, de l'autre côté de la place, la silhouette de la Bourse[5] de Paris, déserte à ce moment.

Le jeune homme examinait des papiers sur la table. Soudain, il leva la tête et dit:

— Je n'y comprends rien[6] . . . je ne suis pas très fort en chiffres![7] Alors, ma situation est mauvaise? . . . J'ai perdu beaucoup d'argent?

— C'est indiqué là.

— Ah! . . . Un million huit cent mille francs . . . mais alors . . . je suis ruiné! . . . complètement ruiné! Est-ce vous qui me devez de l'argent, ou moi qui vous en dois?

— C'est vous . . . cinquante mille francs.

— Alors, si je suis complètement ruiné, c'est par votre faute . . . C'est vous qui m'avez conseillé de spéculer à la Bourse! . . .

Soudain, le jeune homme se leva, en disant:

— Adieu! monsieur Branchin.

— Et . . . mes cinquante mille francs? . . .

— Profits et pertes,[8] mon cher!

— Mais, monsieur La Taillade! . . . Ce que vous voulez faire est injuste! . . . Vous êtes un honnête homme . . .

— Vous aussi! . . . Nous sommes deux honnêtes hommes . . .

---

[1]**brun** brown. [2]**gros** stout, fat. [3]**cesse** cease; **sans cesse** incessantly. [4]**lunettes** spectacles, glasses. [5]The Bourse, or Stock Exchange. [6]**Je n'y comprends rien** I can't make anything out of it. [7]**chiffre** figure, number; **être fort en chiffres** to be good at numbers. [8]**perte** loss; **profits et pertes** you'll have to resign yourself to it.

Et de cette aventure, on peut apprendre ceci: il ne faut jamais jouer à la Bourse avec des misérables de votre espèce! Et M. La Taillade gagna la porte et disparut dans le couloir.[9] En remontant lentement le boulevard, le jeune homme pensait 5 à lui-même. Son passé[10] était court, mais troublé. Ayant perdu ses parents à seize ans, René avait été placé sous la protection d'un oncle, qu'il ne voyait que pendant l'été. Ayant obtenu une licence en droit,[11] il était parti pour le régiment, d'où il était sorti avec le grade de sous-lieutenant[12] de réserve. C'est alors qu'il avait été 10 mis en possession de sa fortune. Et il s'était ruiné de la façon[13] la plus stupide!

Maintenant, il pensait:

— Si j'avais su . . .

Il était huit heures quand René La Taillade entra chez lui, rue 15 Chaptal.[14]   Son domestique apparut au bout du couloir.

— Ah! voilà enfin Monsieur!   Monsieur est en retard d'une heure . . .   J'avais préparé un excellent rôti[15] de poulet[16] . . . il a refroidi[17] . . .

— Cela ne fait rien, mon bon Célestin; je le mangerai quand 20 même.[18]

Célestin était un homme de quarante ans, maigre, et d'apparence mélancolique.   Ce qui le rendait toujours triste, c'était d'aimer les bonnes choses et de souffrir d'une maladie d'estomac. Au service des La Taillade depuis vingt ans, il était absolument[19] 25 dévoué[20] à son jeune maître.

René passa dans la salle à manger, et trouva tout de suite que le rôti était encore excellent.   Célestin le regardait.   Enfin, il dit:

— Monsieur ne va donc pas à l'Opéra-Comique?[21]

— Non, Célestin . . .   Je ne suis pas d'humeur à entendre 30 *Manon.*[22]

---

[9]**couloir** corridor, passage.   [10]**passé** past.   [11]**licence** master's degree; **licence en droit** law degree.   [12]**sous-lieutenant** second lieutenant.   [13]**façon** way, manner.   [14]A street in the residential section of Levallois-Perret, near Paris.   [15]**rôti** roast.   [16]**poulet** chicken.   [17]**refroidir** to cool, get cold.   [18]**quand même** anyway.   [19]**absolument** absolutely, wholly.   [20]**dévoué** *adj.* devoted, attached.   [21]The Opéra-Comique is midway between the Bourse and the Opéra, off the Boulevard des Italiens.   Its repertory is mainly light opera.   [22]*Manon* is one of Massenet's best light operas.

— Monsieur souffre de l'estomac? . . .

— Non, je ne suis pas malade . . . C'est que je suis ruiné
. . . ruiné!

— Monsieur est ruiné? . . . Ce n'est pas possible! J'ai calculé
que Monsieur avait assez d'argent pour dix ans de plus, au
moins . . .

— C'est exact, mais tu n'as pas pensé aux accidents de la Bourse.
J'avais confié tout mon argent à un misérable . . . et je l'ai perdu.

— Eh bien! ce n'est pas une mauvaise chose . . . Puisque Monsieur n'a plus rien, il va être obligé de travailler. Il n'y a rien de
meilleur pour l'homme que le travail.

— Tu as raison, mais que veux-tu que je fasse? . . . Je n'ai qu'une
licence en droit, je ne suis pas très éloquent, je ferais un mauvais
avocat.[23]

— Alors, que décide Monsieur?

— Je décide d'abord que je me passerai de tes services.

— Non, Monsieur . . . Je ne quitterai jamais Monsieur! Et
quand Monsieur sera redevenu[24] riche . . . car Monsieur est intelligent, il peut se marier . . .

— Jamais! . . . Je suis trop fier pour chercher une femme qui
m'apporterait une riche dot, à moi qui suis pauvre! . . . Mais n'en
parlons plus; j'ai besoin de repos.

Célestin quitta la salle à manger; puis le silence régna dans
l'appartement.

Après quelques minutes, René passa dans sa chambre. Il ouvrit
un tiroir de table. Son revolver y était placé bien en vue. Il le
prit, l'examina, et s'aperçut qu'il n'était pas chargé.[25] Il était
pourtant sûr de ne pas avoir ôté[26] les cartouches.[27] Il chercha
dans tous les tiroirs. Il ne découvrit pas une seule cartouche.

Soudain, la voix de Célestin s'éleva derrière lui:

— Si Monsieur cherche les balles, c'est moi qui les ai . . . Je les ai
ôtées, moi-même, pour empêcher Monsieur de se tuer. À vingt-
cinq ans, on ne peut renoncer à l'existence . . . Monsieur est-il le
seul à ne pas avoir d'argent? . . . Il y a des millions d'individus
dans son cas,[28] et ils ne pensent pas à se tuer!

---

[23]avocat lawyer.   [24]redevenir to become again.   [25]charger to load.   [26]ôter to
remove.   [27]cartouche cartridge, shell.   [28]cas case, situation.

— Mais je ne puis rendre aucun[29] service à la société; si je dis-
parais, ce ne sera pas une grande perte . . .
La voix de Célestin trembla d'émotion:
— Je n'ai que vous au monde, Monsieur . . . Si vous disparais-
5   sez, je ne vous survivrai pas.   Vous êtes responsable de ma propre
vie . . . Maintenant, faites comme vous voudrez.   Bonsoir,
Monsieur!
— Mon bon Célestin! . . . Tu as raison, je suis égoïste, je ne pense
qu'à moi.   Depuis l'annonce[30] de ma ruine, il me semblait que
10   la vie ne valait[31] plus rien.   Mais, maintenant, pour le moment, je
te promets de vivre!
— C'est tout ce que je demande . . . Monsieur désire-t-il que je lui
rende les cartouches?
— Non, je n'en ai pas besoin.   Bonne nuit, Célestin.
15   Le lendemain matin, à l'heure ordinaire, Célestin apporta le petit
déjeuner[32] et les journaux à son maître.   En ouvrant le *Grand Jour-*
nal, René remarqua tout de suite un article qui tenait le milieu de la
première page:

Une découverte[33] étonnante![34]
20   *On peut dormir cent ans et se réveiller*
aussi frais qu'on s'était endormi.

On se souviendra des communications faites[35] à l'Académie de
médecine, il y a plusieurs années, par le docteur américain Jack Trundle.   Il a réussi à interrompre, ou à ralentir[36] les fonctions vitales dans
25   des organismes vivants, mais, jusqu'ici, le docteur Trundle n'a agi que
sur des organismes rudimentaires.   Cependant il affirme aujourd'hui
avoir trouvé la possibilité de provoquer chez l'homme même un sommeil[37] prolongé, après lequel le sujet se retrouverait exactement dans
les mêmes conditions qu'au moment où il s'est endormi.
30   Ce n'est pas autre chose que la reproduction artificielle du
phénomène bien connu sous le nom d'*hibernation* qui permet à certains
animaux de demeurer[38] dans le sommeil pendant tout l'hiver, sans pre-

---

[29]**aucun** (with **ne**) no, not one, not any.   [30]**annonce** announcement.   [31]**valoir** to be
worth.   [32]**déjeuner** breakfast, lunch; **le petit déjeuner** breakfast.
[33]**découverte** discovery.   [34]**étonnant** astonishing, amazing.
[35]**communication** communication; *here* papers read.   [36]**ralentir** to slow (down),
reduce, lessen.   [37]**sommeil** sleep.   [38]**demeurer** to remain, rest.

ndre de nourriture. Pendant ce long sommeil, ils ne respirent[39] plus avec la même intensité; leur cœur bat moins vite, et la température de leur corps s'abaisse[40] considérablement. C'est ce phénomène que le docteur Trundle prétend reproduire à volonté.[41]

5   Au moyen d'un anesthésique, il endort[42] l'animal sur lequel il veut agir. Il le place dans un air très pur, dont la température est maintenue[43] à trente degrés et la pression[44] un peu au-dessus de la pression atmosphérique moyenne.[45] Puis il injecte sous la peau[46] une substance dont l'effet est de diminuer progressivement la fré-
10   quence des battements[47] du cœur. Par la répétition fréquente de cette opération, il réussit à réduire le nombre des battements et celui des inhalations d'air, dans une proportion aussi grande qu'il le désire, sans faire mourir l'animal. Quoique[48] la vie soit ralentie, elle a besoin d'être entretenue[49] par quelque chose de plus substantiel que l'air.
15   Le docteur injecte sous la peau une nourriture secrète qui est entièrement absorbée par l'organisme. Une injection par semaine[50] suffit à maintenir l'activité nécessaire pour entretenir les mouvements du sang dans les artères et les veines.

Mais, dira-t-on, est-il probable qu'après ce sommeil prolongé, l'on
20   puisse se réveiller et recommencer à vivre d'une façon normale? Le savant dit qu'il en est certain. Mais le retour aux conditions ordinaires doit être accompli avec une grande lenteur.[51] Le docteur Trundle nous a montré un chat[52] réveillé après un sommeil d'un an, et qui n'avait rien perdu de son apparence primitive. Et maintenant, le
25   docteur Trundle est prêt à endormir pour plusieurs mois, pour plusieurs années, pour un siècle[53] même, l'homme qui voudra bien s'offrir pour l'expérience.[54] S'endormir en 1927 et se réveiller cent ans après! Cet homme se trouvera-t-il?[55]

Absorbé dans la lecture de l'article, René ne s'aperçut pas que
30   Célestin était entré.

— Ah! s'exclama son serviteur, Monsieur a laissé refroidir son chocolat!

---

[39]respirer to breathe.   [40]s'abaisser to be lowered, decrease.   [41]volonté will.   [42]endormie to put to sleep.   [43]maintenir to keep, maintain.   [44]pression pressure.   [45]moyen adj. mean, average, middle.   [46]peau skin.   [47]battement beat, beating.   [48]quoique although.   [49]entretenir to support, keep up.   [50]semaine week; par semaine a week.   [51]lenteur slowness.   [52]chat cat.   [53]siècle century.   [54]expérience experiment.   [55]Cet homme se trouvera-t-il? Will this man be found?

— C'est parce que je viens de lire quelque chose d'extraordinaire!
Tiens! lis toi-même . . .
    Et René finit son déjeuner pendant que Célestin lisait l'article
relatif à la découverte du docteur Jack Trundle.
5   — Eh bien? dit René.   Qu'en penses-tu?
    — On ment, Monsieur, on ment! . . . Il est probable que sous
prétexte d'endormir les gens, ce docteur Trundle les tuerait!
    — Tu n'as pas l'esprit scientifique.   Cherche dans l'*Annuaire*[56] du
téléphone le numéro de ce docteur Jack Trundle . . . Je vais lui
10   demander un rendez-vous.[57] J'ai envie de dormir pendant cent
ans.   Si l'expérience ne réussit pas, je ne perdrai rien.   Au contraire, si elle réussit, je ne manquerai plus d'argent . . .   Tout le
monde voudra payer pour me voir.
    — Eh bien! si ce fameux docteur Trundle endort Monsieur, je veux
15   qu'il m'endorme aussi!   Monsieur est pauvre, moi aussi . . .
Monsieur n'a pas de famille, moi non plus.   Donc, rien ne m'empêche de faire avec lui un petit sommeil de cent ans![58]

2

Cet après-midi-là le docteur Trundle travaillait dans le cabinet[59]
de son laboratoire à Saint-Cloud,[60] quand on frappa à la porte.   Il
20   ouvrit.
    — Le docteur Trundle? dit René.
    — Moi-même.   À qui ai-je l'honneur?
    — René La Taillade et Célestin Marquizot.   Nous venons pour
l'expérience . . .
25   — Pour l'expérience? . . .   Ah! . . .   Entrez, messieurs, entrez!
Vous me faites un grand plaisir![61] . . .   Et vous ne risquez rien,
absolument rien!   Dans une semaine vous serez prêts . . .   Et
pour combien de temps vous endormirai-je?

---

[56]**annuaire** yearbook, directory.   [57]**rendez-vous** meeting, appointment.   [58]**faire
avec lui ... cent ans** sharing with him a little hundred years' nap.   [59]**cabinet** study,
office.   [60]Saint-Cloud is one of the suburbs of Paris; its park and fountains are
famous.   [61]**Vous me faites un grand plaisir** You give me great pleasure.

— Pour cent ans, si vous voulez, répondit René, avec autant de
calme que s'il louait un appartement.

— Parfait! Dans cent ans, vous vivrez et c'est moi qui serai mort!

— Pourquoi ne vous endormez-vous pas avec nous! dit Célestin.

5   — D'abord parce que je ne puis appliquer mon système sur moi-
même. Ensuite[62] parce que l'avenir[63] ne m'intéresse pas autant
que le présent.

En parlant, le docteur était sorti du cabinet avec ses deux
visiteurs.

10   — Si vous voulez bien me suivre, messieurs, leur dit-il, je vous
ferai voir[64] mon laboratoire!

Le laboratoire du docteur Trundle était aussi moderne que le
savant lui-même. Très grand et très haut, il recevait l'air et la
lumière par de vastes fenêtres qui en occupaient tout un côté. Les

15   murs blancs et les appareils[65] brillants reflétaient gaiement[66] les
rayons du soleil.

— Voici une machine frigorifique,[67] dit Trundle, qui a servi à mes
premières expériences; car j'ai d'abord essayé l'action du froid
pour endormir mes sujets.

20   — Oui, remarqua Célestin, je connais bien les effets du froid . . .
En hiver, je dors beaucoup plus longtemps qu'en été.

— Mais, continua le docteur, le froid, quand il est intense, produit[68] une suspension complète de la vie et seuls les organismes
rudimentaires peuvent le supporter[69] sans en mourir . . . Voyez

25   ce poisson au milieu de ce bloc de glace[70]; le poisson n'est pas
mort, mais il ne vit plus.

— Et il peut revivre?[71] demanda Célestin d'un air de doute.

— Il revivra dans cinq minutes.

Le docteur plaça le bloc dans un vase de verre,[72] ajusta quelques

30   fils,[73] et fit marcher[74] une dynamo. Peu à peu le bloc de glace
fondit,[75] et le poisson toujours inerte tomba au fond du vase.

---

[62]ensuite then.   [63]avenir future.   [64]je vous ferai voir I shall show
you.   [65]appareil instrument, apparatus, equipment.   [66]gaiement
gaily.   [67]frigorifique refrigerating, cooling.   [68]produire to
produce.   [69]supporter to stand.   [70]glace ice.   [71]revivre to come to life
(again).   [72]verre glass; vase de verre glass vessel.   [73]fil wire.   [74]marcher to go,
move (machines); faire marcher to set going, start.   [75]fondre to melt.

Après quelques moments, la température de l'eau s'étant élevée, le poisson reprit sa respiration normale et se mit à nager dans le vase comme un poisson en parfaite santé.[76]
— Prodigieux! s'écria René.

5 — Pourtant une telle suspension de vie n'est bonne que pour des animaux inférieurs; d'autres en mourraient . . . Mais voici ce qui vous intéressera surtout.

Le savant montra une sorte de momie étendue dans une cage de verre.

10 — Ceci est un chat, dit-il.   Cet animal dort depuis un an, et je peux le réveiller quand je le voudrai.   Seulement l'opération durera plusieurs jours, mais je vous assure que l'animal est bien vivant.

En effet, le chat était encore reconnaissable, mais desséché[77]

15 comme du parchemin et rigide.   Sur la cage de verre étaient fixés plusieurs appareils: thermomètre, hygromètre,[78] baromètre enregistreur.[79]   Un cadran[80] portait une aiguille qui se déplaçait avec une extrême lenteur.

— Chaque oscillation de cette aiguille correspond à un battement

20 du cœur.   Il y en a deux par minute; soixante-dix est le rythme normal.   Le cœur de ce chat bat trente-cinq fois moins vite que dans la vie ordinaire.   Donc il vieillit[81] trente-cinq fois moins vite; après être restés trente-cinq ans dans cet état, ses organes n'auront fait qu'un effort équivalent à celui d'une année.

25 — Alors, dit René, au bout d'un siècle, nous n'aurons vieilli que de trois ans?
— Exactement . . .   Quel âge avez-vous?
— Vingt-cinq ans, et Célestin: quarante ans.
— Eh bien, quand vous vous réveillerez en 2027, vous aurez re-

30 spectivement vingt-huit et quarante-trois ans.   Quelles économies de forces vitales vous allez faire!
— Alors, qui prendra soin de nous pendant ces cent ans, et qui nous réveillera? demanda Célestin.
— Soyez tranquille!   Je prendrai soin de vous tant que je vivrai.

---

[76]**santé** health.   [77]**dessécher** to dry (up), parch, wither.   [78]**hygromètre** hygrometer (instrument for measuring moisture in the air).   [79]**enregistreur** *adj.* self-registering, recording.   [80]**cadran** dial.   [81]**vieillir** to age, grow old.

Et, avant de vous endormir, je ferai un testament par lequel je léguerai toute ma fortune pour vous entretenir. Je laisserai des instructions détaillées, et vous pouvez être sûrs que les plus grands savants du monde se disputeront l'honneur de vous
5   réveiller.
Célestin regarda René. Celui-ci semblait trouver parfaitement naturel tout ce que disait Trundle. Le serviteur poussa un soupir. Ils sortirent du laboratoire.
— Monsieur est toujours décidé? demanda Célestin à René.
10 — Tout à fait! En ce moment, je ne sais que faire[82]; après cent ans de réflexion, j'aurai certainement trouvé le moyen d'occuper utilement[83] mon existence.

On parlait partout de l'article paru dans le *Grand Journal*. De tous les pays du monde, Trundle reçut des lettres, mais presque
15 personne ne prenait l'affaire au sérieux.[84] Après René et Célestin, aucun candidat au sommeil ne se présenta. Dans le monde savant, le doute était général. L'Académie des sciences refusa de discuter la question. L'Académie de médecine demanda qu'on empêchât ce qu'elle regardait comme la manifestation d'un
20 charlatanisme dangereux. Trundle se frottait[85] les mains.
Chaque jour René et Célestin allaient à Saint-Cloud où le docteur Trundle les soumettait[86] à un examen[87] minutieux.[88] Il les trouvait parfaitement sains[89] et tout à fait en forme.
Vers dix heures du matin, le 3 mai 1927, René, suivi de Célestin,
25 traversa le jardin de Trundle. Le temps était superbe; toute la nature avait un air de fête. Trundle les reçut dans son cabinet de travail. Il fit asseoir René devant son bureau,[90] en disant:
— Avant de vous endormir, je vous demande de recopier de votre main et de signer cette formule légale:

30   Je soussigné René La Taillade, parfaitement sain de corps et d'es-
        prit, déclare être venu, de ma propre autorité, chez le docteur Jack
        Trundle, et lui avoir demandé, de ma propre volonté, de m'endormir

---

[82]**je ne sais que faire** I don't know what to do.   [83]**utile** useful; **utilement** usefully.   [84]**prenait l'affaire au sérieux** took the matter seriously.   [85]**frotter** to rub.   [86]**soumettre** to submit.   [87]**examen** examination.   [88]**minutieux** thorough, close, searching.   [89]**sain** healthy.   [90]**bureau** desk.

pour une période de cent ans à compter de ce jour. Je déclare prendre
toute la responsabilité de mon acte. Fait à Paris, le trois mai mil neuf
cent vingt-sept.

René copia la formule, signa et se leva. Célestin fit de même.

5   — Voilà qui est fait,[91] dit le docteur. Maintenant, allons-y!
Sur le seuil[92] du laboratoire, René se retourna. Par la fenêtre du
cabinet, il regardait une dernière fois les fleurs, les bois, le ciel
pur . . . Puis il entra. Célestin le suivit, en hésitant.

Au milieu de la salle, sur un piédestal, était une sorte de double
10   cercueil[93] en verre. Sur les surfaces intérieures du cercueil
étaient fixés des cadrans, des boîtes de formes diverses, des
tuyaux,[94] et des fils électriques.

— C'est dans ce truc-là[95] qu'on va nous mettre? demanda
Célestin.

15   — Vous y serez très bien,[96] répondit le docteur, je vous assure.
Maintenant, ôtez vos vêtements et mettez ces robes de laine
blanche.

Cinq minutes plus tard, ils étaient tout prêts.

— Au revoir, Célestin! dit René. À cent ans![97]

20   Et il se mit le premier dans le cercueil. Célestin le suivit.
Trundle leur tendit deux verres qui contenaient un liquide semblable[98] à du vin.[99] Tous deux burent le liquide, se couchèrent[100]
et fermèrent les yeux. Quelques instants après, ils dormaient.
Le narcotique que Trundle leur avait fait boire lui permettait de
25   faire les injections nécessaires pour ralentir les mouvements de
leur cœur. Les injections faites, les deux hommes demeurèrent
dans une immobilité semblable à celle de la mort.

Trundle régla[101] les appareils enregistreurs des battements du
cœur, mit en action les stérilisateurs pour envoyer dans le cercueil
30   un air parfaitement pur, régla la température, et attendit. Vers le
soir, le nombre des battements du cœur était tombé à quarante-

---

[91]**Voilà qui est fait** Now, that's done.   [92]**seuil** threshold.   [93]**cercueil**
coffin.   [94]**tuyau** tube, pipe.   [95]**truc** contraption.   [96]**Vous y serez très bien** You
will be very comfortable there.   [97]**À cent ans!** I'll see you in a hundred
years!   [98]**semblable** like, similar, resembling.   [99]**vin** wine.   [100]**se coucher** to lie
down.   [101]**régler** to adjust, to regulate.

cinq par minute pour René, et à quarante pour Célestin. Le lendemain, une nouvelle injection ramena[102] le nombre à vingt-cinq. Le cinquième jour, le nombre des pulsations des deux hommes était tombé à quatre par minute.

5　　— Maintenant, se dit le docteur, je peux faire savoir[103] au public ce que j'ai accompli.

3

Annie Thompson, conservatrice[104] du Rockefeller Museum de New-York, dictait[105] son courrier.[106] Devant elle, sur le bureau, était un petit appareil qui enregistrait ses paroles en même temps 10　　qu'elle les prononçait. Les vibrations de la voix agissaient sur un microphone et perforaient une bande de papier. La dictée[107] terminée, on plaçait la bande sur une machine à écrire[108] électrique, et les lettres étaient «tapées»[109] automatiquement. On obtenait ainsi une orthographe[110] phonétique simplifiée qui avait 15　　remplacé l'ancienne[111] orthographe presque partout.

La conservatrice avait trente ans à peine. Elle était assez jolie, mais ses cheveux blonds étaient coupés courts, et ses yeux bleus se cachaient derrière des lunettes teintées.[112] Sa peau, bronzée par le soleil,[113] était sans poudres ni rouge. Elle était vêtue[114] d'une 20　　tunique grise et d'une culotte[115] courte, ce qui lui donnait un air masculin sans charme.

Elle avait gagné sa place après plusieurs concours[116] d'ou elle était sortie première. Elle ne possédait aucun titre universitaire; les Américains avaient depuis longtemps adopté un nouveau sys-25　　tème. Pour obtenir un poste[117] aucun diplôme n'était nécessaire.

---

[102]**ramener** to bring down.　　[103]**faire savoir** to inform, make known.　　[104]**conservatrice** (*m.* **conservateur**) curator, keeper.　　[105]**dicter** to dictate.　　[106]**courrier** mail, correspondence.　　[107]**dictée** dictation.　　[108]**machine à écrire** typewriter.　　[109]**taper** to type.　　[110]**orthographe** spelling, orthography.　　[111]**ancien** old, former.　　[112]**teinter** to tint, color.　　[113]**bronzé par le soleil** suntanned.　　[114]**vêtir** to dress, clothe.　　[115]**culotte** breeches.　　[116]**concours** competition.　　[117]**poste** position.

N'importe[118] qui pouvait se présenter. Les examens étaient assez difficiles, pour éliminer les incapables. Une sonnerie[119] interrompit sa dictée. C'était celle de l'appareil du téléphone sans fil.[120] Annie Thompson appuya[121] sur un
5 bouton; une plaque[122] de verre dépoli[123] s'éclaira,[124] et l'image d'un jeune homme y apparut. Il la salua en souriant . . .

— Allô! dit-elle. Qui êtes-vous et que me voulez-vous?

— Je suis Gabriel Clerc, de l'*Informateur* de Paris. Je désire une interview . . . sur les deux momies françaises de votre musée.
10 Les momies sont celles de René La Taillade et de son domestique Célestin Marquizot, qui ont été endormis par un certain docteur Trundle il y a cent ans, donc le réveil[125] doit se faire bientôt?

— On doit commencer demain 25 avril.

— Alors, pensez-vous que les momies vont revivre?
15 — Je ne sais pas, monsieur . . . Elles sont dans un état de conservation[126] remarquable, mais il ne reste que peu de vie dans ces corps.

— Une question, madame . . . Comment se fait-il que[127] ces Français soient aux États-Unis?[128]
20 — Le docteur Trundle était Américain . . . Quand il est mort, il y a plus de quatre-vingt-dix ans, il a légué les momies au Rockefeller Museum.

— Pourtant le Museum a brûlé il y a vingt ans?

— En 2006, mais le double cercueil a été sauvé . . . Il a connu
25 aussi d'autres incidents: la révolution européenne de 1935, le bombardement aérien[129] de New-York par les Japonais en 1982, le tremblement[130] de terre de 1997 . . . Pourtant, le cercueil reste intact.

— Cela semble miraculeux.

---

[118]**importer** to matter; **n'importe qui** no matter who, anyone.   [119]**sonnerie** ring, sound of a bell.   [120]**téléphone sans fil** wireless telephone.   [121]**appuyer** to press.   [122]**plaque** plate, sheet (of metal, etc.).   [123]**dépoli** frosted, ground (of glass).   [124]**éclairer** to light; **s'éclairer** to light up.   [125]**réveil** awakening.   [126]**conservation** preservation.   [127]**comment se fait-il** how come.   [128]**États-Unis** United States.   [129]**aérien** aerial, air.   [130]**tremblement** trembling; **tremblement de terre** earthquake.

— Il n'y a pas de miracles à notre époque, monsieur . . . Il n'y a
que des faits[131] scientifiques.

— Vous avez raison, madame . . . Alors, j'espère avoir le plaisir
de vous voir dans quelques jours; j'arriverai le 2 mai pour assister à
la fin[132] de l'expérience. Au revoir, madame.

Annie Thompson appuya de nouveau sur le bouton du
téléphone et l'image disparut. Puis elle se leva et se dirigea vers
la rotonde centrale du Museum.

La rotonde centrale ne contenait que des pièces rares: un
squelette[133] de diplodocus,[134] un squelette de ptérodactyle,[135] un
vrai mammouth,[136] et, à la place d'honneur, le double cercueil de
verre. Un gardien[137] veillait[138] nuit et jour sur les momies.
Les deux hommes avaient tout à fait l'apparence de momies
égyptiennes. Les mains étaient comme celles d'un squelette; la
peau du visage était desséchée, brune, transparente; on distin-
guait les veines et les artères. Les yeux étaient un peu rentrés[139]
dans les orbites; les lèvres étaient closes. Cependant, pour chacun[140] d'eux, un appareil enregistreur, depuis cent ans, n'avait
cessé de marquer le rythme régulier des pulsations du cœur —
une toutes les trente secondes pour René, toutes les trente-deux
secondes pour Célestin.

On avait préparé une salle spéciale pour leur réveil. Elle était
de forme circulaire, peinte[141] en blanc et sans ouverture visible,
mais éclairée d'une lumière semblable à celle du jour, et qui
paraissait sortir de ses murailles. Au-dessus d'une grande table
centrale, il y avait une sorte de miroir à la surface dépolie; c'était
l'appareil émetteur[142] utilisé pour la télévision. Car l'expérience
devait être publique; il y aurait des projections sur écran[143] dans
les institutions scientifiques des cinq parties du monde.

Dans ses instructions, le docteur Trundle avait recommandé

---

[131]fait n. fact.   [132]assister à la fin to be present at (witness) the end.
[133]squelette skeleton.   [134]diplodocus a giant, prehistoric, four-footed reptile.
[135]ptérodactyle a prehistoric, flying, bat-like reptile.   [136]mammouth a huge
elephant of the Pleistocene era.   [137]gardien caretaker.   [138]veiller to watch (sur
over), take care of.   [139]rentré sunken.   [140]chacun each.   [141]peint adj. painted.
[142]émetteur adj. broadcasting, sending (wireless).   [143]écran screen (for
projections).

que la résurrection des deux hommes fût conduite avec des
précautions minutieuses.   La première chose à faire était de rendre une certaine humidité à l'air sec[144] du cercueil; en même
temps, il fallait élever peu à peu la température de l'air jusqu'à
5   trente-sept degrés, c'est-à-dire, à la température normale du
corps humain, et ramener[145] sa pression à celle de l'atmosphère.
Enfin, il fallait augmenter progressivement la dose de nourriture
injectée, pour que le cœur pût retrouver l'énergie nécessaire à des
mouvements plus rapides.

10   Une grande responsabilité pesait sur la personne chargée de ces
opérations, puisque le docteur Trundle avait laissé aux opérateurs
le soin[146] de régler les détails suivant les résultats.   Ce fut donc
avec inquiétude que, le 25 avril 2027, Annie Thompson entra,
suivie de plusieurs médecins choisis parmi les plus célèbres du
15   monde, dans la salle où les deux corps reposaient dans leur
cercueil de verre.   Les opérations commencèrent.

Rien ne se passa jusqu'au soir; les aiguilles continuèrent d'oscil-
ler sur leurs cadrans au même rythme que depuis cent ans.   Au
bout de vingt-quatre heures, il n'y avait aucun changement.[147]
20   Le monde attendait anxieusement des nouvelles.   Une seconde
journée se passa de la même façon.   Annie Thompson craignait le
pire.[148]

Au bout de quarante-huit heures, les médecins tinrent une
conférence.   La conservatrice les décida,[149] au risque de tuer les
25   hommes, à doubler l'injection de nourriture et à en ajouter une
autre dont l'effet devait être de stimuler la circulation du sang.

On attendit avec anxiété.   Le soir du deuxième jour, l'appareil
enregistreur des pulsations indiquait que le nombre des battements avait passé à trois par minute; à dix heures du soir, il était
30   monté à dix.   Une teinte[150] rose commençait à paraître sous la
peau des deux momies.

— Maintenant, dit la conservatrice, nous avons de grandes
chances de réussir; seulement, il ne faut pas aller trop vite.

---

[144]**sec** dry.   [145]**ramener** to bring back.   [146]**laissé le soin** left it to.
[147]**changement** change.   [148]**pire** worst.   [149]**décider** to persuade.
[150]**teinte** tint, shade, tone.

4

Le 3 mai 2027, Célestin se frotta les yeux comme un monsieur qui s'éveille après une bonne nuit de sommeil. Son regard se posa sur le visage d'Annie Thompson, qu'il prenait pour une infirmière.[151]

— Bonjour, madame, dit-il. J'ai donc été malade? . . .

5   À ce moment René poussa un soupir. Célestin se retourna et reconnut son jeune maître.

— Ah! je me rappelle![152] . . . ce fameux sommeil de Jack Trundle . . . Comment vous sentez-vous, Monsieur?

— Très bien, mon cher Célestin, et toi?

10   — J'ai une faim terrible . . . Mais où sommes-nous? . . . dans une clinique?

— Au Rockefeller Museum de New-York, répondit Annie Thompson.

René regarda la conservatrice, stupéfait.

15   — Ah! C'est un coup[153] de Trundle, Monsieur! s'écria Célestin.

— Le docteur Trundle est mort depuis quatre-vingt-dix ans, dit Annie Thompson, en souriant. Nous sommes aujourd'hui le 3 mai 2027; vous avez dormi pendant un siècle . . .

Soudain, une voix d'homme s'éleva dans la salle:

20   — Ici, Sylvain Grandjean, membre de l'Académie des sciences de Paris. Je remercie Miss Annie Thompson, conservatrice du Rockefeller Museum, d'avoir bien voulu me permettre d'être le premier à saluer mes deux compatriotes.[154] René La Taillade et Célestin Marquizot, je suis heureux de vous accueillir[155] dans ce

25   monde nouveau . . .

— Monsieur! Monsieur! s'écria Célestin, en montrant du doigt au-dessus de sa tête.

Dans le miroir, René voyait un académicien en uniforme qui lui parlait. L'image était distincte et en vraies couleurs. Pour la

30   première fois, René comprit que beaucoup de temps avait passé depuis le jour où il s'était endormi à Saint-Cloud. Mais le discours

---

[151]infirmier (-ère) nurse, hospital attendant.   [152]se rappeler to remember.   [153]coup trick.   [154]compatriote fellow-countryman.   [155]accueillir to greet, welcome.

s'arrêta soudain, et l'image disparut, car Annie Thompson avait
appuyé sur le bouton.

— Il faut vous reposer, messieurs, dit-elle.   Si vous avez faim,
prenez une de ces pilules.[156]

5   Elle leur tendit une petite boîte ronde, pleine de pilules
grises. Ils obéirent. Aussitôt que la pilule fut dans son estomac,
René eut l'impression d'avoir fait un repas[157] copieux.

— L'effet de cette pilule est prodigieux, mademoiselle! . . . Que
nous avez-vous donné? demanda René.

10   — Tous les éléments nécessaires à vos tissus. On a réalisé le rêve
de votre savant Berthelot,[158] qui a pensé le premier à nourrir[159]
chimiquement[160] le corps humain. Les repas sont supprimés[161];
on ne perd plus de temps à manger. Maintenant, c'est fait en
trente secondes. Mais on vous attend . . .   Il vous faut vous
15   habiller.

Annie Thompson quitta la salle, et bientôt on apporta des
tuniques et des culottes de soie artificielle. Aussitôt que René et
Célestin se furent habillés, la conservatrice reparut,[162] suivie d'un
jeune homme maigre.

20   — Je voudrais vous présenter[163] M. Gabriel Clerc, journaliste
français. Il est parti hier de Paris pour vous voir.

René lui tendit la main, mais le journaliste ne comprit pas ce
geste, oublié depuis un demi-siècle.

— Je suis heureux de vous voir en bonne santé, dit-il. Je vais
25   rester quelques jours à New-York, et je suis à votre service, mes
chers compatriotes . . .

— Ah! mon Dieu! s'écria Célestin. Vous êtes Parisien, monsieur! En bien! ça me fait plaisir de vous voir! Comment va
Paris? . . . et la tour Eiffel?[164] . . .

30   — Oh! celle-là, dit le journaliste, vous ne la reverrez plus . . .
Elle a disparu il y a longtemps . . . Elle empêchait la circulation

---

[156]**pilule** pill.   [157]**repas** meal.   [158]Marcelin Berthelot (1827-1907), celebrated
French chemist, author of innumerable works on organic chemistry and
thermo-chemistry.   [159]**nourrir** to feed, nourish.   [160]**chimiquement** chemically
(**chimie** chemistry).   [161]**supprimer** to suppress, abolish, do away
with.   [162]**reparaître** to reappear.   [163]**présenter** to introduce, present.   [164]An
iron tower erected in 1889, in the Champ-de-Mars, by the French engineer Eiffel.

des avions[165] et des hélicoptères. Vous trouverez quelques petits
changements à Paris . . . On circule surtout en l'air . . . mais
vous apprendrez vite à voler[166] . . .

À ce moment, la porte s'ouvrit, et un gardien annonça:
5 — La Commission d'hygiène![167]

Cinq messieurs graves, tout habillés de noir, s'avancèrent dans
la salle, s'assirent devant une longue table, et regardèrent René et
Célestin, sans mot dire.[168]

— Je vous laisse, dit la conservatrice. Vous allez être soumis[169] à
10 la formalité la plus importante avant votre rentrée[170] dans le
monde des vivants.

— Cela me rappelle le jour où j'ai passé mon bachot,[171] il y a cent
huit ans, murmura René.

Les cinq messieurs se consultèrent un instant, puis le plus
15 âgé[172] dit en français:

— Messieurs, la Commission supérieure d'hygiène, dont je suis le
président, est obligée par la loi[173] de vous soumettre à quelques
opérations avant de vous autoriser à communiquer avec vos
semblables.[174]   Il nous faut vous examiner minutieusement.
20 Veuillez[175] vous déshabiller.[176]

René et Célestin se déshabillèrent, et on commença à les mesurer, en appliquant des instruments sur toute la surface de leur
corps.   De grandes feuilles se couvrirent des chiffres qui résult-
aient de ces examens.

25 — Le résultat de l'examen est favorable, annonça enfin le président.   Vous pouvez remettre vos habits, mais il va falloir vous
vacciner.   Il y a cent ans, on vaccinait contre la petite vérole[177] et
contre la fièvre typhoïde, mais maintenant nous utilisons des
vaccins contre le choléra, la tuberculose, le cancer, la grippe et
30 une douzaine d'autres maladies, qui, grâce à eux, tendent à disparaître.   Ce sont ces vaccins que l'on va vous inoculer aussi

---

[165]avion airplane.   [166]voler to fly.   [167]Commission d'hygiène Board of
Health.   [168]sans mot dire without saying anything.   [169]soumettre to subject.
[170]rentrée reappearance, return.   [171]bachot *slang for* baccalaureat; *où j'ai
passé mon bachot* when I took my college boards (rough translation).   [172]âgé
old, aged.   [173]loi law.   [174]semblable *n.* fellow creature.   [175]veuillez
(*impv. of* vouloir) please.   [176]déshabiller to undress.   [177]vérole pox; petite
vérole smallpox.

rapidement que possible.   Vous serez isolés au Grand Lazaret[178] jusqu'à ce que[179] tout soit fini.   La Commission se retira et Annie Thompson reparut.
— Tous mes compliments,[180] dit-elle.   Bientôt[181] vous pourrez
5   vivre comme tout le monde.   Si vous avez quelque chose à me demander pendant que vous serez au Lazaret, appelez le numéro 734.683 à New-York, entre seize et dix-sept heures . . .   À bientôt![182]
   Elle disparut.   Le gardien entra et fit signe à René et à Célestin
10   de le suivre; une voiture[183] les attendait en bas.   Les deux hommes montèrent[184] derrière le chauffeur,[185] et la voiture se mit en marche[186] à une vitesse[187] étonnante et sans aucune vibration.
   Tout de suite, René remarqua le silence presque complet dans les rues qu'ils suivirent.   Quand les autos se croisaient,[188] on
15   n'entendait qu'une sorte de glissement.[189]   Sur les trottoirs,[190] des passants[191] allaient non moins vite, perchés sur des espèces de patinettes.[192]   Au-dessus d'eux, des véhicules grands et petits volaient à grande vitesse dans le ciel.
   Soudain, l'auto s'arrêta devant un haut mur; une porte s'ouvrit
20·   et se referma derrière eux.   Ils se trouvaient dans un vaste jardin, où s'élevaient ci et là de petites maisons qui ressemblaient à des cottages.   Un homme vêtu comme un infirmier vint à leur rencontre,[193] et les conduisit vers un des cottages.
— Voici votre logement, leur dit-il.   Installez-vous.   Demain
25   matin, vers huit heures, l'un de nos médecins viendra vous faire une première piqûre.[194]   Je vous laisse.   À demain.
   Le cottage se composait d'un petit salon, de deux chambres à coucher[195] et de deux salles de bain.[196]

---

[178]**lazaret** quarantine hospital.   [179]**jusqu'à ce que** until.   [180]**tous mes compliments** congratulations!   [181]**bientôt** soon.   [182]**À bientôt** Good-bye, see you again soon!   [183]**voiture** automobile.   [184]**monter** to get in (into). [185]**chauffeur** driver.   [186]**marche** movement; **se mettre en marche** to start out, set off.   [187]**vitesse** speed.   [188]**se croiser** to pass each other.   [189]**glissement** slipping, gliding motion.   [190]**trottoir** sidewalk.   [191]**passant** passer-by. [192]**patinette** scooter.   [193]**rencontre** meeting; **venir à leur rencontre** to come to meet them.   [194]**piqûre** injection.   [195]**chambre à coucher** bedroom.   [196]**bain** bath; **salle de bain** bathroom.

— On sera bien ici, dit Célestin, mais je ne vois ni salle à manger ni cuisine!

— Ces deux pièces[197] sont devenues inutiles, dit René, puisqu'on ne se nourrit plus que de pilules! Eh bien, allons explorer ce fameux lazaret.

Ils traversèrent quelques allées et arrivèrent au pied d'une grande tour. Un gardien s'approcha d'eux et leur demanda s'ils voulaient monter avec lui au haut de la tour.

— Vous ne connaissez pas New-York? dit-il. Je vais vous montrer.

Ils montèrent jusqu'à la plateforme supérieure d'où on voyait un panorama magnifique. Le lazaret était situé au bord de la mer; en face, sur une petite île, s'élevait une grande statue.

— C'est la «Liberté éclairant le monde», dit le gardien. Elle sert toujours de phare[198] pour les navires[199] et les hélicoptères qui viennent à New-York. L'endroit où nous sommes était autrefois[200] le quartier des «gratte-ciel»,[201] mais il y a longtemps que tout cela a disparu. Il a fallu installer ici un port adapté aux besoins de la navigation aérienne, car presque tout le monde vole maintenant. Tous les véhicules aériens qui arrivent d'Europe viennent se poser devant le lazaret, où leurs passagers[202] sont examinés avant d'être autorisés à pénétrer dans les États-Unis. La ville s'est étendue vers l'ouest, comme vous pouvez le voir.

En effet, on apercevait jusqu'à l'horizon une suite continue de maisons et de jardins. Dans le ciel, des centaines[203] de machines volantes allaient, venaient, se croisaient, comme un vol[204] d'oiseaux.

René et Célestin redescendirent et regagnèrent leur cottage. Au moment de leur entrée, une sonnerie de téléphone se fit entendre. René pressa le bouton et l'image d'un homme assis dans un fauteuil parut sur la plaque; en même temps une voix disait:

— Je suis le médecin de service.[205] Je viendrai vous voir demain

---

[197]pièce room.   [198]phare lighthouse.   [199]navire ship, vessel.   [200]autrefois formerly.   [201]gratte-ciel skyscraper.   [202]passager passenger.   [203]centaine a hundred.   [204]vol flight.   [205]médecin de service physician on duty.

matin huit heures; je vous recommande de ne rien manger avant
mon arrivée.

La plaque s'éteignit; la voix cessa.

— Ne rien manger, dit Célestin, ça alors! Ah! . . . Si l'on avait
5 comme autrefois, à son réveil, du bon chocolat avec des
brioches[206] . . .

5

Le lendemain matin, à huit heures précises, le médecin de service
entra, accompagné d'un infirmier.

— Nous allons commencer par vous donner la petite vérole, dit-
10 il. Couchez-vous . . . Je suis pressé.

Il fit une piqûre à René, une autre à Célestin, donna à chacun un
petit appareil dans une boîte, et sortit en disant:

— Restez couchés jusqu'à quatre heures du soir.   Si vous avez
besoin de quelque chose, vous appellerez le gardien en parlant
15 dans ce microphone.

— Tous les gens que nous voyons semblent être pressés, dit René,
après le départ du médecin.   Peut-être le serons-nous aussi plus
tard . . .   Eh bien, essayons de communiquer avec le gardien.

Il parla dans son appareil; une voix lui répondit immédiatement:
20 — Qu'est-ce que vous désirez?

— Il y a plus de cent ans que je n'ai fumé[207] une cigarette . . .
Serait-il possible de m'en procurer?

Le gardien parut stupéfait d'abord, puis il expliqua que depuis
cinquante ans l'usage[208] du tabac[209] avait été supprimé en
25 Amérique.

— Ils ne mangent pas, s'écria Célestin, ils ne boivent pas, ils ne
fument pas!   Qu'est-ce qu'ils peuvent bien faire?

— Je me le demande, dit René.   Eh bien, essayons maintenant de
causer avec Miss Thompson . . .   Ce doit être facile.
30   Il tourna les boutons de l'appareil de télévision et attendit; mais

---

[206]**brioche** a sort of bun, made of flour, butter, and eggs.   [207]**fumer** to
smoke.   [208]**usage** use.   [209]**tabac** tobacco.

au lieu[210] du visage souriant de la conservatrice, le visage austère
d'une vieille dame[211] parut sur l'écran.
— Qui demandez-vous? dit-elle.
— Miss Annie Thompson.
5   — Ce n'est pas ici!
— Mais, madame, vous êtes bien le numéro . . .
— Je vous répète que ce n'est pas ici!
Et elle coupa la communication.[212]
— Allons! dit Célestin. C'est comme autrefois! . . . On n'a pas
10 encore trouvé le moyen de ne pas tomber sur un faux numéro![213]
Après une demi-heure, René essaya de nouveau; cette fois, il se
trouva en présence d'un gros monsieur apoplectique, qui ne lui
laissa pas placer un mot.[214]
— Mais non![215] Vous le voyez bien, que je ne suis pas Miss Annie
15 Thompson! Je ne suis pas une jeune fille! Ça se voit, non?
— Vous avez bien raison, monsieur, mais . . .
— Coupez donc! s'écria Célestin. Inutile de discuter avec lui!
René suivit ce conseil. Puis il essaya de lire un livre scientifique
que le gardien lui avait apporté, mais il n'y comprit rien. Alors il
20 choisit un roman,[216] mais le roman était aussi bête que ceux qu'il
avait lus[217] autrefois. Il finit par s'endormir.
La sonnerie du téléphone le réveilla, et la figure d'Annie
Thompson parut dans la glace dépolie.
— Ah! vous voilà![218] dit René. J'ai vainement essayé de vous
25 parler ce matin . . .
— Vous avez dû m'appeler[219] en dehors[220] des heures que je vous
avais indiquées . . . Pour la télévision, c'est seulement à ces
heures-là que ce numéro est à moi; le reste du temps, il est à
d'autres personnes que je ne connais pas.

---

[210]lieu place; au lieu de instead of.   [211]dame lady.   [212]couper la communication
to hang up (a telephone).   [213]On n'a pas...faux numéro They haven't yet
found how not to get a wrong number.   [214]placer un mot to get a word in
edgeways.   [215]Mais non! Indeed not! Of course not!   [216]roman novel.   [217]lu p.p.
of lire.   [218]vous voilà! there you are!   [219]vous avez dû m'appeler you must have
called me.   [220]dehors outside; en dehors de outside (of).

— Il faut savoir trop de choses pour vivre au XXIe siècle! . . . Je m'ennuie horriblement.

— On peut toujours s'occuper . . . Il y a des milliers[221] de livres dans la bibliothèque[222] du Grand Lazaret, des promenades dans le jardin, des représentations[223] au théâtre ou à l'Opéra qu'on peut suivre au moyen de l'appareil de télévision . . . J'aimerais que vous repreniez goût[224] à l'existence . . . Vous êtes un peu mes enfants, vous savez.

À ce moment, un mouvement brusque fit tomber ses lunettes teintées. Elle se baissa pour les ramasser.

— Oh! dit René, ne les remettez pas! Elles vous vieillissent de vingt ans . . .

— Mais cela ne fait rien, dit la jeune fille.

— Comment! cela ne fait rien! . . . De mon temps,[225] les femmes cherchaient à paraître jeunes, même quand elles ne l'étaient plus, et elles avaient bien raison. On vieillit toujours trop vite.

Annie Thompson ne remit pas ses lunettes.

Le matin du trente et unième jour, tous les vaccins ayant été inoculés selon la loi, René et Célestin sortirent du Grand Lazaret. Gabriel Clerc les accueillit à la porte.

— Je savais que vous alliez sortir, dit-il, et je venais à votre rencontre. Miss Thompson est absente aujourd'hui, elle fait une conférence[226] à San Francisco. Quel logement vous a-t-on assigné?

— Je ne sais pas, répondit René, mais voici une carte qu'on m'a donnée.

— Ah! vous habitez le quatrième district, 47e avenue, n° 237 . . . c'est le quartier le plus agréable de New-York.

— Et si j'aimais mieux[227] vivre dans un autre endroit? . . .

— Cela serait impossible! On ne vous le permettrait pas. Aux États-Unis, on vit depuis longtemps sous une véritable tyrannie qui veut faire le bonheur des hommes, mais sans leur permettre d'en choisir la formule.

---

[221]millier a thousand.   [222]bibliothèque library.   [223]représentation performance.   [224]goût taste, liking.   [225]de mon temps in my time (day). [226]conférence lecture; faire une conférence to lecture.   [227]aimer mieux to prefer.

— Je suis étonné qu'on nous laisse le soin de trouver notre habitation nous-mêmes!

— Ne croyez pas cela! . . . On veille toujours sur vos mouvements . . . Mais je veux vous y conduire . . . Nous allons prendre l'aérobus.

— Dépêchons-nous,[228] dit Célestin, car j'ai faim. Il y a assez longtemps que j'avale[229] des pilules! . . . Un bon bifteck[230] ou un poulet garni de légumes avec du bon vin, ça . . .

— Un bifteck? . . . un poulet? s'écria le journaliste. Ce n'est pas à New-York que vous en trouverez! Vous pouvez manger des fruits, mais c'est tout. Alors, consentez à avaler une pilule . . .

Tout en causant, ils étaient arrivés à une grande place qui servait de point de départ à une douzaine d'avenues. Des automobiles tournaient autour d'une aire[231] centrale réservée aux appareils aériens qui se posaient ou s'envolaient[232] sans cesse. Tout cela se faisait presque sans bruit et dans un ordre parfait. Les trois hommes traversèrent la place par un passage souterrain[233] et gagnèrent l'aire centrale. Plusieurs machines volantes y étaient posées; elles étaient toutes semblables et faites pour deux passagers seulement.

— C'est le modèle pour les citoyens des classes moyennes, expliqua Clerc. Les hommes sont séparés en catégories, et la plupart[234] des citoyens ont droit à une machine de cette sorte.

L'aérobus arrivait. Il traversa la place à cinquante mètres de hauteur, descendit doucement, et s'arrêta sur une plateforme qui lui était réservée. Les trois Français montèrent. L'aérobus s'éleva et se remit en marche vers l'ouest.

— Nous allons traverser toute la ville, continua le journaliste, ce qui vous permettra d'en avoir une vue générale. Tout ce quartier au-dessous de nous est celui des administrations publiques; elles tiennent beaucoup de place, parce que cette vie est tellement réglée par les lois et les règlements que la liberté individuelle n'existe guère . . . Voyez ces terrains[235] vides, entourés

---

[228]se dépêcher to hurry.   [229]avaler to swallow.   [230]bifteck beefsteak.   [231]aire area (for landing).   [232]s'envoler to fly away, take off (of airplanes).   [233]souterrain subterranean.   [234]la plupart de most (of).   [235]terrain plot of ground, field.

de grandes estrades[236]; ce sont les terrains de sports.[237]   Les sports tiennent une grande place dans la vie des Américains. Remarquez les terrasses sur les grands bâtiments; elles sont pour l'arrivée et le départ des hélicos.[238]   Remarquez aussi qu'il n'y a

5   plus dans la ville une seule usine[239]; toutes les usines sont installées en dehors des habitations, à cinquante kilomètres de la mer. Et voici maintenant les maisons des New-Yorkais.   Les fameux bâtiments à vingt étages, comme les gratte-ciel, ont disparu; chaque famille a son cottage avec un petit jardin . . .   Et voilà que

10   nous arrivons!

Ils descendirent au milieu d'une place semblable à celle qu'ils avaient quittée, passèrent par un couloir souterrain, remontèrent jusqu'au trottoir, et s'arrêtèrent devant une grille qui portait l'inscription: «Police du 4° district».   Un fonctionnaire[240] nota leurs

15   noms et prénoms, et leur donna la clef de leur habitation.   Deux minutes après, ils s'arrêtèrent devant le cottage n° 237.

EXERCISES

1

A. *Use of the subjunctive with* **désirer** *and* **vouloir**

Complete the following sentences by replacing the infinitive with the subjunctive; remember that the third persons singular and plural of the present subjunctive are identical in form with the third persons singular and plural of the present indicative, with the exception of **faire (fasse), savoir (sache), pouvoir (puisse), aller (aille), avoir (ait), vouloir (veuille), valoir (vaille), être (soit).**

EXAMPLE: Que veux-tu (désires-tu) que je fasse?
What do you want (wish) me to do?

1. Célestin ne veut pas que le poulet (refroidir).
2. René ne veut pas que Célestin (souffrir).

---

[236]estrade platform, stand.   [237]terrain de sport athletic field.   [238]hélico = hélicoptère.   [239]usine factory, works, mill.   [240]fonctionnaire official (of government

3. Je désire que monsieur (apprendre) à travailler.
4. Célestin désirait que René (être) de nouveau riche.
5. Il ne voulait pas que René (disparaître).
6. Je voudrais que tu (lire) cet article.
7. René ne désirait pas que Célestin lui (rendre) les balles.
8. Célestin voudrait que son maître (redevenir) riche.

B. *Use of the subjunctive with* **il est probable** *in the interrogative*

Make the following sentences interrogative.

EXAMPLE: Il est probable qu'on pourrait se réveiller.
Est-il probable qu'on puisse se réveiller?

Il est probable que
1. René ferait un mauvais avocat.
2. René disparaîtrait.
3. Célestin ne survivrait pas.
4. l'expérience réussirait.
5. les deux hommes sortiraient vivants.
6. les deux hommes seraient prêts.
7. René pourrait redevenir riche.
8. René ne perdrait rien à s'endormir.
9. René aurait envie de s'endormir pour cent ans.

C. *Use of the perfect infinitive*

Rewrite the following sentences using a **que** *clause instead of the perfect infinitive.*

EXAMPLE: Le docteur Trundle affirme avoir trouvé une méthode.
Le docteur Trundle affirme qu'il a trouvé une méthode.

René dit être devenu pauvre.
René dit qu'il est devenu pauvre.

1. Il me semble avoir bien compris.
2. Il dit ne pas avoir compris pourquoi.
3. Le docteur pense avoir réussi.
4. Il est sûr de ne pas avoir fait mourir l'animal.
5. Célestin croit avoir bien fait.
6. Cet homme affirme être redevenu normal.

D. *Meanings of the reflexive construction*

Translate the following sentences.

EXAMPLE: Cet homme se trouvera-t-il?
Will this man be found?
Cet homme se réveille-t-il?
Is this man waking up?
Cet homme s'aime-t-il?
Does this man like himself?

1. Je me comprends parfaitement bien.
2. Cela se comprend.
3. Il s'endort.
4. Ce phénomène peut se reproduire.
5. Je me trouvais à Paris.
6. La Bourse se trouve à Paris.
7. Cette histoire se lit facilement.
8. René voulait se tuer.
9. Il ne voulait pas se marier.
10. Il se souvenait de ses parents.

E. *Use of the third person singular as a polite form of address*

Take the role of René's servant and make the following verbs third
person singular by using **monsieur**.

EXAMPLE: Vous êtes en retard d'une heure.
Monsieur est en retard d'une heure.

1. Vous voilà enfin.
2. Je vous attends depuis une heure.
3. Vous n'allez pas à l'opéra?
4. Vous souffrez de l'estomac?
5. Désirez-vous que je vous rende les cartouches?
6. Voulez-vous que je fasse un sommeil de cent ans avec vous?

F. *Vocabulary*

Match the words in column A with their opposites or negatives in
column B.

Column A	Column B
trouver	égoïste
s'endormir	intelligent
ruine	gros
artificiel	long

avoir besoin de	pertes
mourir	un misérable
un honnête homme	survivre
profits	se passer de
court	naturel
maigre	riche
stupide	se réveiller
bon	perdre

G. Vocabulary

Translate the following summary containing important phrases.

René examinait les papiers. Il n'y comprenait rien. Il devait cinquante mille francs à un misérable. Manquant d'argent, il devait se passer des services de Célestin. Il n'était certainement pas d'humeur à aller à l'opéra. Il pensait à se tuer et il prit son revolver mais il s'aperçut qu'il n'était pas chargé. Célestin lui dit qu'il avait besoin de lui et qu'il ne devait pas se tuer. René répondit qu'il avait raison. Le lendemain, il lut un article de journal relatif aux expériences du docteur Trundle, un savant qui semblait être très fort en médecine. René, qui avait envie de s'endormir pour cent ans, demanda à Célestin ce qu'il en pensait. Célestin répondit que le docteur les tuerait sous prétexte de les endormir.

H. Reading comprehension

Rewrite the following statements where necessary to make them agree with the statements as presented in the story.

1. Monsieur Branchin était un honnête homme qui devait de l'argent à René La Taillade.
2. René tutoyait son domestique et celui-ci lui parlait respectueusement à la troisième personne.
3. René ferait un mauvais avocat parce qu'il n'était pas fort en droit.
4. Célestin avait ôté les balles du revolver pour empêcher René de disparaître.
5. René lui promit de ne pas se tuer parce qu'il lui semblait que la vie ne valait rien.
6. Le docteur américain avait fait des expériences d'hibernation avec des hommes manquant d'argent.
7. Sa méthode, c'était d'endormir l'organisme, puis de ralentir le cœur et la respiration.

8. Célestin pensait que le docteur mentait et qu'il tuerait les gens sous prétexte de les endormir.
9. René voulait s'endormir pour cent ans car il était sûr de gagner beaucoup d'argent en se réveillant.

2

A. *Use of* -là *to indicate a point in time seen from the past*

Choose the appropriate time phrase in the following sentences, keeping in mind the example.

EXAMPLE: Cet après-midi, nous irons chez le docteur Trundle.
This afternoon, we'll go to Doctor Trundle's office.
Cet après-midi-là, le docteur travaillait dans son cabinet.
That afternoon, the doctor was working in his office.

En ce moment, dit René, je ne sais que faire.
At this moment (right now), René said, I don't know what to do.
À ce moment-là, on frappa à la porte.
At that moment, there was a knock on the door.

1. René se retrouvait ruiné. Il n'était pas d'humeur à aller à l'opéra ce soir/ce soir-là.
2. Je ne suis pas d'humeur à aller à l'opéra ce soir/ce soir-là.
3. L'article qu'il lut était si intéressant qu'il laissa refroidir son chocolat ce matin/ce matin-là.
4. «Monsieur a laissé refroidir son chocolat ce matin/ce matin-là», dit Célestin à son maître.
5. Le docteur Trundle avait fait une découverte extraordinaire en 1927. René était prêt à s'endormir cette année/cette année-là.
6. Je suis prêt à m'endormir avec Monsieur cette année/cette année-là.

B. *Use of* aussi ... que *in comparisons*

Combine the following sentences according to the example.

EXAMPLE: René est pauvre. Célestin est pauvre.
René est aussi pauvre que Célestin.

1. René restera vivant. Célestin restera vivant.
2. René est prêt. Célestin est prêt.
3. Le poisson était inerte. Le chat était inerte.
4. René s'endormira vite. Célestin s'endormira vite.

C. *Use of* **autant que** *in comparisons*

Combine the following sentences according to the example.

EXAMPLE: Le présent m'intéresse plus que l'avenir.
L'avenir ne m'intéresse pas autant que le présent.

1. Célestin dort plus en hiver qu'en été.
2. Un cœur normal vieillit plus qu'un cœur en hibernation.
3. Célestin hésitait plus que René.
4. Le docteur travaillait plus que René.

D. *Use of the future after* **quand, tant que, pendant que**

Complete the following sentences with the infinitive in the future.

EXAMPLE: Quand vous (se réveiller), vous aurez vingt-huit ans.
Quand vous vous réveillerez, vous aurez vingt-huit ans.
When you wake up (present), *you'll be twenty-eight.*

1. Quand les injections (être) faites, ils resteront immobiles.
2. Je prendrai soin de vous tant que je (vivre).
3. Qui prendra soin de nous pendant que nous (dormir)?
4. Tant qu'ils (être) en hibernation, ils ne respireront pas beaucoup.

E. *Vocabulary*

Match the following situations with the appropriate response from the list.

Allons-y!   À qui ai-je l'honneur?
Au revoir!   À cent ans!
Si vous voulez bien me suivre.   Prodigieux!
Voilà qui est fait.

1. On frappe à la porte et vous ouvrez. Vous ne savez pas qui est devant vous et vous demandez:
2. Vous invitez une personne à vous suivre et vous dites:
3. Vous êtes content d'une action et vous dites:
4. Vous allez commencer quelque chose et vous dites:
5. À une personne que vous reverrez dans cent ans vous dites:
6. Vous admirez une chose et vous dites:

F. *Prepositions*

Complete the following sentences with the appropriate preposition: **à, au, de, du, en.**

1. Le docteur a mis l'appareil _____ action.
2. René et Célestin étaient tout à fait _____ forme.
3. Le docteur prendra soin _____ René.
4. Il a soumis René _____ des examens.
5. Personne ne prenait le docteur _____ sérieux.
6. L'aiguille avait deux oscillations _____ minute.
7. La machine frigorifique avait servi _____ plusieurs expériences.
8. Les deux hommes devaient se réveiller _____ cent ans.

G. *Use of* **faire**

Choose from the list an expression with **faire** *to replace the boldface words in the following sentences.*

il fait un temps + *adj.*   faire grand plaisir à qqn
faire mourir   faire un petit sommeil
faire voir   faire marcher
ne rien faire (*with* ça)

1. Ça **n'a pas d'importance**.
2. Le docteur ne voulait pas **tuer** ses sujets.
3. Je vais **dormir un peu**.
4. René **donne beaucoup de** plaisir au docteur.
5. Le docteur leur **a montré** son laboratoire.
6. Il **a mis** une dynamo **en marche**.
7. **Le temps était** superbe.

H. *Reading comprehension*

Rewrite the following statements where necessary to make them agree with the facts as presented in the story.

1. René a demandé au docteur de l'endormir pour pouvoir louer un appartement.
2. Le docteur a fait revivre le poisson en faisant fondre le bloc de glace.
3. Un organisme inférieur ne peut supporter un froid produisant une suspension complète de la vie.
4. Le chat, desséché et rigide, était vivant mais son cœur ne battait plus.
5. Quand le docteur sera mort, sa fortune servira à endormir d'autres candidats.
6. René et Célestin durent faire un testament par lequel ils léguaient leur fortune au docteur.

7. Le cinquième jour, leur cœur ne battait plus que quatre fois par minute à cause du froid intense.

3

A. *Relative pronouns* **ce qui** *and* **ce que**

Complete the following sentences with **ce qui** *or* **ce que**, *according to the example.*

> EXAMPLE: **Elle était vêtue d'une culotte courte, ce qui lui donnait un air masculin.**
> *She wore short pants, which gave her a masculine look.*
> (**Ce qui** is the subject of **donnait**.)
> **Elle était jolie, ce qu'elle aimait.**
> *She was pretty, which she liked.* (**Ce que** is the object of **aimait**.)

1. Les examens étaient difficiles, _____ éliminait les incapables.
2. Les examens étaient difficiles, _____ les incapables n'aimaient pas.
3. Les lettres étaient tapées automatiquement, _____ l'orthographe simplifiée permettait de faire.
4. Les lettres étaient tapées automatiquement, _____ permettait de simplifier l'orthographe.
5. La seconde journée se passa sans changement, _____ les savants ne pouvaient pas comprendre.
6. La seconde journée se passa sans changement, _____ était difficile à comprendre.

B. *Use of the subjunctive with* **comment se fait-il que**

Rewrite the following sentences according to the example.

> EXAMPLE: **Les deux Français sont aux États-Unis.**
> **Comment se fait-il que les deux Français soient aux États-Unis?**
> *How is it that (how come) the two Frenchmen are in the United States?*

1. Ils ont la peau desséchée.
2. On ne peut pas les réveiller.
3. On ne réussit pas l'opération.
4. Le cœur ne bat pas plus vite.
5. On ne fait plus rien pour eux.

6. On tient une conférence.
7. Annie Thompson craint le pire.

C. *Use of* **n'importe** + **qui, quoi, où, lequel, laquelle, lesquels, comment**

Write an answer to the following questions using **n'importe** + *the appropriate pronoun or adverb.*

EXAMPLE: Qui pouvait se présenter aux examens?
N'importe qui (*anybody*)

1. Qui pourra assister à l'expérience?
2. Laquelle de ces injections est bonne?
3. Lequel de ces savants peut faire l'injection?
4. Quand pourrai-je venir à New York?
5. Où pourrai-je vous voir?
6. Que pouvait-on voir dans le musée?

D. *Vocabulary*

The following sentences contain false cognates; translate them.

1. Elle s'est présentée à un examen.
2. Le concours était difficile.
3. Elle resta à New York.
4. Elle obtint un poste de conservatrice.
5. Les momies étaient dans un très bon état de conservation.
6. Le journaliste a salué Annie.
7. Le journaliste voulait assister au réveil des momies.

E. *Vocabulary*

Write a sentence of your own with each of the following words and phrases, using one or more in each sentence.

dicter	la dictée
le courrier	la machine à écrire
taper une lettre	l'orthographe
le bureau	
un émetteur	un appareil enregistreur
enregistrer	un appareil de télévision
une aiguille	le cadran
le bouton	appuyer sur un bouton
la plaque de verre dépoli	un écran

la vibration
le téléphone sans fil

la peau
le cœur
le battement du cœur
une artère
la température du corps
les yeux
la lèvre
revivre
blond
les lunettes

la bande (*tape*)

une peau bronzée, desséchée
la pulsation
la veine
le squelette
la nourriture
une orbite
clos
le cheveu (les cheveux)
coupé court

F. *Reading comprehension*

Rewrite the following statements where necessary to make them agree with the facts as presented in the story.

1. Annie Thompson avait un air masculin parce qu'elle portait des lunettes teintées et à cause de sa peau bronzée.
2. Pour obtenir un poste, il fallait d'abord obtenir un titre universitaire.
3. Le journaliste et Annie Thompson pouvaient se voir en se parlant au téléphone.
4. Le journaliste voulait qu'on lui explique pourquoi les momies se trouvaient aux États-Unis.
5. Le docteur Trundle était mort pendant le tremblement de terre de 1997.
6. Le docteur avait laissé aux opérateurs le soin de régler les détails de la résurrection.
7. Le soir du deuxième jour, le cœur des momies battait trop vite.

4

A. *Use of the anterior perfect of reflexive verbs*

Rewrite the following sentences according to the example.

EXAMPLE: Ils s'habillèrent.   La conservatrice reparut aussitôt.
Aussitôt qu'ils se furent habillés, la conservatrice reparut.

1. Célestin se frotta les yeux.   Il vit aussitôt une infirmière.

2. Il se rappela le docteur Trundle. Il demanda aussitôt où ils se trouvaient.
3. Le discours s'arrêta. Annie leur donna aussitôt des pilules.
4. La porte s'ouvrit. Un gardien annonça aussitôt la Commission.
5. Ils se déshabillèrent. On commença aussitôt à les mesurer.
6. L'auto s'arrêta devant un mur. Une porte s'ouvrit aussitôt.
7. La sonnerie du téléphone se fit entendre. René pressa aussitôt le bouton.

B. *Use of* **il faut** + *infinitive of reflexive verbs*

Rewrite the following sentences according to the example.

EXAMPLE: Il faut que vous vous déshabilliez.
Il faut vous déshabiller.

Il faut que
1. vous vous habilliez.
2. vous vous reposiez.
3. vous vous arrêtiez.
4. vous vous soumettiez à un examen.

C. *Use of* **veuillez** *for polite commands*

Rewrite the following commands according to the example.

EXAMPLE: Déshabillez-vous.
Veuillez vous déshabiller.
Would you please get undressed.

1. Habillez-vous.
2. Remettez vos habits.
3. Retirez-vous.
4. Venez avec moi.

5. Prenez cette pilule.
6. Suivez-moi.
7. Appelez-moi à New York.
8. Permettez-moi d'entrer.

D. *Change of meaning in verbs used reflexively and nonreflexively*

Translate the following sentences, paying attention to the change of meaning.

EXAMPLE: Je me rappelle le docteur Trundle.
I remember doctor Trundle.
Ça me rappelle un certain jour.
It reminds me of a certain day.

1. Beaucoup de temps s'est passé. Les deux hommes ont passé un examen.
2. Les deux hommes se sont endormis. Le docteur Trundle les a endormis.
3. La voiture se met en marche. Le chauffeur a mis la voiture en marche.
4. Les avions se posent. René a posé le doigt sur le bouton.
5. On se nourrit de pilules. Berthelot voulait nourrir le corps avec des pilules.

E. *Use of prepositions*

Complete the following sentences with **à, de, du, en,** where appropriate.

1. Célestin a montré le miroir ____ doigt.
2. Les maladies tendent ____ disparaître.
3. La voiture se met ____ marche.
4. Je me rappelle ____ le docteur Trundle.
5. Je me souviens ____ lui.
6. Les cinq messieurs étaient habillés ____ noir.
7. Le journaliste était parti ____ Paris.
8. Une voiture attendait ____ les deux hommes.
9. L'homme était vêtu ____ infirmier.
10. On se nourrissait ____ pilules.

F. *Vocabulary*

Match the statements in column A with the corresponding situation in column B.

Column A	Column B
1. Veuillez me laisser partir.	a. Vous vous sentez bien d'être ici.
2. Je vous laisse.	
3. Je vous remercie d'avoir bien voulu m'accueillir.	b. Quelqu'un a réussi à un examen.
4. Ça me fait plaisir de vous revoir.	c. Vous ne voulez pas rester en présence de quelqu'un.
5. À bientôt.	d. Vous allez bientôt revoir quelqu'un.
6. À demain.	
7. Je voudrais vous revoir.	e. Vous allez bientôt revoir quelqu'un demain.

8. Tous mes compliments.
9. On est bien ici.

f. Vous avez beaucoup de plaisir
à revoir quelqu'un.
g. Vous remerciez quelqu'un de
vous avoir accueilli.

G. Vocabulary

Write a sentence of your own with each of the following words and phrases, using one or more in each sentence.

l'hygiène	le passager
être en bonne (ou mauvaise) santé	la santé
la maladie	malade
la fièvre typhoïde	la petite vérole
la tuberculose	le choléra
la grippe	le cancer
inoculer	vacciner qqn
un vaccin	faire une piqûre à qqn
se reposer	se sentir bien (ou mal)
le médecin	le médicin de service
l'infirmier	l'infirmière
la clinique	le lazaret
le navire	le port
le phare	un avion
un hélicoptère	voler à grande vitesse
le vol	la navigation aérienne
se poser	le véhicule
une auto	la voiture
la patinette	suivre la rue, le trottoir
aller et venir	se croiser
circuler	la circulation
se mettre en marche	le chauffeur (*professional*)

H. Reading comprehension

Group the following statements according to whether they describe life in 2027 or life nowadays.

1. On tend la main quand on est présenté.
2. Il y a des gratte-ciel à New York.
3. La tour Eiffel a disparu à cause de la circulation aérienne.
4. La statue de la Liberté sert de phare.

5. Presque tout le monde circule en l'air.
6. On prend des brioches et du chocolat le matin.
7. On vaccine contre la grippe.
8. Les voitures circulent dans un silence complet.
9. Les gens utilisent des patinettes sur les trottoirs.
10. Il y a une cuisine et une salle à manger dans les maisons.
11. On se nourrit de pilules.
12. On porte des tuniques et des culottes de soie artificielle.
13. Les académiciens portent un uniforme.
14. Les images de la télévision sont en couleurs.
15. Quand on téléphone on peut voir la personne à qui on parle.

5

A. *Use of the present and the past indefinite with* **il y a ... que**

Rewrite the following sentences in the negative, using the past indefinite instead of the present.

EXAMPLE: Il y a longtemps que je fume.
I have been smoking for a long time.
Il y a longtemps que je n'ai pas fumé.
I have not smoked for a long time.

Il y a longtemps que les deux hommes

1. mangent.
2. boivent.
3. lisent.
4. conduisent une voiture.
5. peuvent sortir.

B. *Use of the pronoun* **le** *to replace a sentence or clause*

Rewrite the following sentences replacing the boldface words with **le** *and making the necessary changes.*

EXAMPLE: Je me demande **ce qu'ils peuvent bien faire.**
Je me le demande.

1. Vous voyez bien **que je ne suis pas Annie Thompson.**
2. Vous savez **que je ne suis pas une jeune fille.**
3. On ne vous permettrait pas **d'habiter dans un autre endroit.**
4. On pouvait se demander **si les gens ne s'ennuyaient pas.**
5. Ils ne voulaient pas **avaler des pilules au lieu de manger.**

C. *Use of* c'est... que *for emphasis*

Rewrite the following sentences, using c'est... que *to emphasize the boldface words.*

EXAMPLE: Ce numéro est à moi à ces heures-là seulement.
C'est seulement à ces heures-là que ce numéro est à moi.

1. On vit **depuis longtemps** sous cette tyrannie.
2. La plupart des gens ont droit à **une machine de cette sorte.**
3. Les usines ne sont pas installées à **New York** (*use* **ce n'est pas**).
4. Vous ne pourrez pas manger de biftecks **ici** (*use* **ce n'est pas**).
5. Vous allez vivre **dans le quartier le plus agréable de New York.**

D. *Imperative of reflexive verbs, first person plural*

Rewrite the following sentences, using the same model.

EXAMPLE: Il faut que nous nous dépêchions.
Dépêchons-nous.

Il faut que nous nous

1. couchions.
2. demandions s'ils sont heureux.
3. occupions de notre bonheur.
4. arrêtions ici.
5. remettions en marche.

E. *Vocabulary*

Write sentences of your own with the following words, using one or more in each sentence.

s'ennuyer (horriblement)	s'occuper
lire des romans	un roman bête/intelligent/
un livre scientifique	intéressant
aller à la bibliothèque	faire une promenade
aller à une représentation	aller au théâtre/à l'opéra
de théâtre	suivre (regarder) un programme
écouter une conférence	à la télévision
assister à une conférence	un terrain de sports
une estrade	faire du sport
pratiquer un sport	
le district	le quartier

le logement/l'habitation	habiter/vivre dans un
la place	quartier agréable
une avenue	un passage souterrain
le couloir	le terrain
la terrasse	le bâtiment
un bâtiment à vingt étages	le gratte-ciel
une usine	la grille d'un bâtiment
l'administration publique	un fonctionnaire
la police	la loi
le règlement	une vie réglée
la liberté individuelle	

F. Reading comprehension

Group the following statements into two categories: those that are critical of life in 2027 and those that are positive.

1. Le médecin de service était pressé.
2. L'usage du tabac et de l'alcool avait été aboli.
3. Il est toujours possible de tomber sur un faux numéro.
4. La vieille dame et le gros monsieur n'ont pas cherché à aider René.
5. On ne pouvait pas téléphoner à Annie en dehors des heures indiquées.
6. On pouvait suivre des représentations de théâtre à la télévision.
7. Les femmes ne cherchaient pas à paraître jeunes, même quand elles l'étaient.
8. On veillait toujours sur les mouvements des gens; on ne les laissait jamais seuls.
9. Les appareils se posaient et s'envolaient dans un ordre parfait et sans faire de bruit.
10. Les citoyens des classes moyennes avaient droit à un modèle à deux places.
11. Les sports tenaient une grande place.
12. Il n'y avait plus ni usines ni gratte-ciel à New York.
13. Chaque famille avait son cottage et son jardin.

6

Les murs de la maison étaient formés de deux panneaux[1] avec une couche[2] d'air entre les deux qui protégeait l'intérieur contre les variations de température. Tous les cottages du quartier se ressemblaient, ayant été fabriqués en série.[3]

5   — On dresse une telle maison en deux jours, dit le journaliste. Il y en a des centaines de mille aux États-Unis. L'intérieur était d'une grande simplicité. Les pièces étaient claires et peintes en blanc. Tous les meubles,[4] comme les maisons, avaient été fabriqués en quantités énormes d'après des 10 modèles standard.

— Excusez-moi de vous poser une question . . . Célestin et moi, nous sommes rentrés dans le monde sans un sou . . . Comment allons-nous vivre?

— Oh! tout cela est changé! L'argent a presque disparu en 15 Amérique. Chacun reçoit des carnets au moyen desquels il se procure ce qui est indispensable à l'existence. Ne vous en a-t-on pas donné au Grand Lazaret?

— C'est cela, sans doute, dit René, en tirant un carnet de sa poche.

20   — C'est cela. Vous en détachez les feuilles, et les magasins[5] dans chaque quartier de la ville vous livrent les objets dont vous avez besoin. La quantité et la qualité diffèrent suivant votre occupation. Chacun en a pour le travail qu'il fait. Il faut que tout le monde serve l'État; en échange, l'État assure votre vie matérielle 25 et vous donne même quelque chose en plus.

— Et les Américains acceptent cette tyrannie?

— Elle est imposée par des forces de police qui sont nombreuses et qui se prennent au sérieux. Et puis, quand on est nourri et logé,[6] on est disposé à considérer le reste comme relativement 30 secondaire . . .

— Monsieur! s'écria Célestin, qui cherchait partout dans la maison. Venez voir! . . . au bout du couloir . . . j'ai trouvé le garage! Il y a deux hélicos, deux patinettes, et une voiture à

---

[1]**panneau** panel.   [2]**couche** layer.   [3]**fabriqué en série** mass produced.   [4]**meuble** piece of furniture.   [5]**magasin** store.   [6]**loger** to lodge.

quatre places . . . Mais l'auto ne ressemble pas à celles de
notre siècle, vous voyez . . .

— C'est vrai, dit Clerc. Nous n'avons plus de levier de changement de vitesse[7]; il suffit d'appuyer sur cette pédale pour ac-
célérer. Et puis, il n'y a ni réservoir d'essence[8] ni cylindres.
Depuis soixante ans, les moteurs à essence ont complètement
disparu, comme les machines[9] à vapeur. Tout est actionné[10] par
l'électricité, grâce à la découverte de l'accumulateur[11] léger.
Vous vous souvenez des articles de journaux d'il y a cent ans et dont
les auteurs prédisaient qu'au bout d'une période assez courte il n'y
aurait plus de charbon[12] ni de pétrole[13]? . . . Ce serait la fin de
toutes les industries et, peut-être, de la civilisation. Eh bien, vers
1940, on a réussi à capter[14] l'énergie contenue dans les mers, celle
des marées.[15]   Puis, au cours des années 1970,[16] des savants
américains, français, russes[17] et autres, ont conçu[18] des turbines
utilisant l'énergie solaire, celle du vent et l'énergie marémotrice.[19]   On a pu supprimer presque totalement l'utilisation du
charbon et du pétrole.

— Quelle révolution! dit René.

— Oui . . . Il y en a eu d'autres. Par exemple, en Russie et aux
États-Unis, on a commencé à fabriquer l'accumulateur léger en
série. C'est lui qui fait marcher vos hélicos, vos patinettes, votre
voiture, l'aérobus, les chemins de fer,[20] les bateaux, et toutes les
usines du monde entier.

— Mais c'est formidable! murmura René.

Le lendemain, vers midi, Annie Thompson descendit de son
hélico devant le cottage n° 237.

— Eh bien, demanda-t-elle, ça vous plaît[21] ici?

— On peut vivre dans cette maison, répondit René, mais le monde
où nous nous trouvons à présent diffère si profondément de celui

---

[7]**levier de changement de vitesse** gear-shift lever.   [8]**essence** gasoline; **réservoir
d'essence** gasoline tank.   [9]**machine** engine; **machine à vapeur** steam
engine.   [10]**actionner** to drive, run, set in motion (*of machinery*).
[11]**accumulateur** battery, storage cell (battery).   [12]**charbon** coal.   [13]**pétrole**
oil.   [14]**capter** to harness.   [15]**marée** tide.   [16]**au cours des années 1970** in the
seventies.   [17]**russe** Russian.   [18]**concevoir** to devise.   [19]**marémoteur** (*f.*
marémotrice) tidal.   [20]**chemin de fer** railroad.   [21]**ça vous plaît** do you like it.

que nous avons connu, que tout nous choque; il faudra du temps[22]
pour oublier le passé . . .
— Je comprends cela . . . Il aurait peut-être mieux valu que le
docteur Trundle vous transporte en Australie . . . L'Australie a
5 refusé de suivre l'évolution des autres pays du monde; on y vit
encore la vie que vous avez connue. Et bien, il faut que j'aille faire
une conférence à la Nouvelle-Orléans, dont la plus grande partie
concerne votre hibernation et votre résurrection . . . Voulez-
vous bien m'accompagner? L'hélico-express part à seize heures;
10 nous arriverons quatre heures après.
— Je veux bien, dit René. Je serai content de prendre un peu l'air.
— Merci, dit la jeune fille. Je viendrai vous chercher à quinze
heures et demie . . . Il faut que je me sauve[23] . . . À bientôt.
À l'heure fixée, elle revint dans une voiture du Museum qui les
15 conduisit tous trois à l'aéroport. Ils montèrent dans une grande
cabine très confortable. Une minute après, les hélices[24] se mirent
en mouvement, l'hélicoptère s'éleva en l'air et prit la direction du
sud-ouest. René et Annie bavardaient,[25] assis l'un à côté de l'autre.[26]
20 — Avez-vous réfléchi, demanda-t-elle, à la profession qu'il va falloir
choisir? . . . Personne n'a le droit de rester aux États-Unis sans
travailler . . . Que faisiez-vous en France, il y a cent ans?
— Rien du tout! Je dépensais[27] l'argent qu'avaient laissé mes
parents. . . .
25 — Mais vous êtes intelligent . . . Vous pourrez rendre des services. Seulement, il faut commencer par les emplois inférieurs et
monter en grade[28] peu à peu . . .
Pendant qu'ils bavardaient, les paysages[29] de l'Amérique du
Nord défilaient[30] au-dessous d'eux. La plupart des villes oc-
30 cupaient des espaces immenses le long des rivières ou au milieu des
forêts; on n'y voyait presque plus de cultures ni de pâturages[31]
puisque la consommation[32] du pain et celle de la viande avaient

---

[22]**il faudra du temps** time will be necessary.   [23]**il faut que je me sauve** I have to
run.   [24]**hélice** propeller.   [25]**bavarder** to chat.   [26]**l'un à côté de l'autre** beside
each other.   [27]**dépenser** to spend.   [28]**monter en grade** to get
promoted.   [29]**paysage** landscape, countryside.   [30]**défiler** to flee
by.   [31]**pâturage** pasture, grazing ground.   [32]**consommation** consumption.

disparu.   Près de la Nouvelle-Orléans, ils virent au bord de la mer
les vastes bâtiments d'une usine marémotrice[33] qui servait toute la
région du Sud.

Ils descendirent au grand aéroport de la ville, où ils furent ac-
5   cueillis par un Comité de savants.   La conférence fut un triomphe.   Pendant les jours qui suivirent,
ils firent d'autres voyages, mais à la grande surprise de René,
Célestin lui demanda la permission de ne plus les accompagner.

— Tu vas t'ennuyer seul à la maison, lui dit René.
10   — Non, répondit-il, j'ai fait connaissance avec nos voisins.

Un soir, en rentrant, René ne retrouva pas son domestique dans
le cottage.   Étant allé dans le jardin, il vit Célestin, appuyé au mur,
et qui bavardait avec une personne qu'on ne voyait pas, souriant et
répétant toujours, avec une cordialité remarquable:
15   — Yes! yes! yes!

En entendant les pas de son maître dans l'allée, il jeta un sonore
«Good-bye» et se tourna vers René, en se frottant les mains.

— Je causais avec nos voisines, lui dit-il.   Ce sont deux vieilles
filles[34] . . . très gentilles![35]   Je ne comprends rien à ce qu'elles me
20   disent, alors je leur réponds toujours yes . . .   Ça leur fait plaisir.
Ah!   Monsieur!   ce sont des femmes supérieures! . . .   Elles
ont des lapins,[36] Monsieur! . . .   Oui . . . de vrais lapins!   Et les
lapins, voyez-vous, ce n'est pas mauvais!

Et Célestin sourit avec malice.[37]

7

25   Un jour, René arriva sur la plateforme du Rockefeller Museum de
très mauvaise humeur; Célestin le suivait, en jurant.[38]
— Qu'avez-vous donc?[39] demanda Miss Thompson.
— La police aérienne nous a dressé trois contraventions![40] répon-

---

[33]usine marémotrice tidal power plant.   [34]vieille fille old maid,
spinster.   [35]gentil (f. gentille) nice.   [36]lapin rabbit.   [37]avec malice
mischievously.   [38]jurer to swear.   [39]Qu'avez-vous donc? What's the
matter?   [40]contravention a violation of police regulations; dresser une
contravention to give notice of a violation of police regulations, serve a summons.

dit René. Les lois sont devenues si sévères et si nombreuses
qu'on ne peut plus bouger sans risquer une contravention. C'est
une vraie tyrannie.

— Et ça commence quand on est tout jeune! ajouta Célestin.

5 — Ah! dit Miss Thompson, il faut que je vous conduise à la Grande
École[41]; vous y verrez comment on élève les enfants d'aujourd'hui! Allons-y tout de suite!

Et elle s'envola aussitôt, suivie par les deux hélicos de ses deux
compagnons.

10 La Grande École de New-York s'élevait au milieu d'un parc,
avec de larges allées et d'immenses terrains de sports. Quand les
trois hélicos se furent posés sur la plateforme centrale, René fut
frappé par le nombre et les dimensions des bâtiments groupés
autour de cette plateforme.

15 — C'est ici, lui dit Miss Thompson, qu'on accueille tous les gar-
çons de la ville de New-York, quand ils arrivent à l'âge de douze
ans . . . Mais voici le directeur qui pourra vous expliquer lui-
même notre système d'éducation.

— Avec plaisir, dit le directeur, qui était venu à leur rencontre.

20 Les enfants sont envoyés, à l'âge de six ans, à l'école primaire de
leur district, où ils font tous les mêmes études[42] pendant six ans.
Ensuite, on les envoie ici avec un dossier[43] indiquant les notes
obtenues, le quotient intellectuel et la régularité de leur travail.
Nous continuons leur instruction mais, chaque année, nous élimi-
25 nons ceux que nous jugeons incapables de réussir dans la classe
suivante.

— Que deviennent-ils? demanda René.

— Ils sont employés comme ouvriers, ou comme petits employés
sans qu'ils puissent jamais quitter ces fonctions.

30 — Et les autres?

— Ils continuent leurs études et, quand ils sortent de l'école, le
Conseil supérieur de l'instruction publique les répartit[44] entre les
diverses branches de l'activité du pays.

— Ils n'ont pas le droit de choisir leur profession?

35 — Non, car le Conseil sait mieux qu'eux ce qui leur convient.[45]

---

[41]**école** school.   [42]**étude** study.   [43]**dossier** file, dossier.   [44]**répartir** to
distribute.   [45]**convenir** to be suitable (fitting, advisable).

— Et quand ils y sont entrés, ils ne peuvent plus en sortir?
— C'est très difficile; il faudrait qu'ils fassent preuve[46] de qualités remarquables.   Il est rare qu'on accorde un changement de catégorie.

5   — Savez-vous qu'autrefois certains élèves[47] médiocres sont devenus des hommes éminents, et que de très bon élèves se montraient incapables dans la vie pratique?   Et que par cette ségrégation sociale rigide, vous arrivez à supprimer l'initiative individuelle? . . .

10   — Nous avons supprimé les paresseux.[48]
— Et la liberté?   Qu'en faites-vous?
— La liberté telle que vous la concevez, dit Miss Thompson, n'existe plus dans ce pays.
— Eh bien! dit Célestin, savez-vous ce que je ferais si j'étais élève
15   ici? . . .   Une révolution! . . . pour leur apprendre à vivre! . . .

— Célestin est encore sorti! dit René, en rentrant le lendemain.
Il doit encore être avec nos voisines . . .   Je vais le chercher.
— Pourquoi vous fatiguer ainsi? demanda Miss Thompson.   Vous n'avez qu'à vous servir de votre radiophone personnel.
20   Ce petit appareil téléphonique de poche, à la fois émetteur et récepteur,[49] suffisait dans un rayon[50] d'un kilomètre pour entrer en communication avec tous ceux dont on connaissait le numéro personnel.   En se servant de l'instrument, René entra en contact avec Célestin, qui répondit aussitôt:
25   — Oui, c'est moi, Monsieur!   Je suis au fond du parc, avec les Spangburry . . .   Grâce à elles, je saurai bientôt parler anglais . . .
— Viens, nous t'attendons . . .   Miss Thompson va nous conduire dans une usine.   Dépêche-toi!
30   L'usine était absolument propre,[51] l'utilisation de l'électricité ayant remplacé celle du charbon.   Des machines-outils faisaient la plus grande partie du travail, et le rôle des ouvriers ne consistait qu'à surveiller[52] les machines.   Chaque usine était spécialisée

---

[46]faire preuve to give evidence.   [47]élève pupil.   [48]paresseux lazy.
[49]récepteur adj. receiving.   [50]rayon radius.   [51]propre clean.
[52]surveiller to check, to supervise.

et ne fabriquait qu'un petit nombre de modèles.   Tous les gestes des ouvriers étaient réglés à l'avance; aucun effort n'était inutile et il n'y avait aucune perte de temps.   C'était l'application rigoureuse de la méthode inventée par l'Américain Taylor,[53] au
5   xxe siècle.

Célestin s'arrêta devant un ouvrier qui répétait continuellement le même mouvement, et demanda:
— Est-ce qu'il est vivant? . . . Il a l'air d'un automate! . . .
— Il remplit le rôle d'une machine, dit Miss Thompson, mais la
10   machine qu'il faudrait mettre à sa place serait trop compliquée; c'est pourquoi on a gardé un homme ici.
— Et si cet homme, ou un autre, ne donne pas satisfaction?
— On le met en prison . . . Les gens d'aujourd'hui, étant nourris et logés, n'ont pas grande envie de travailler; alors, il faut les
15   obliger à faire leur devoir.

Au retour de[54] leur visite à l'usine, René et Célestin trouvèrent devant la porte de leur cottage un monsieur qui les attendait.
— Célestin Marquizot? demanda-t-il.
— C'est moi! dit Célestin.
20   — Et moi, Norman Bishop, avocat . . .   Vous êtes bien M. Célestin Marquizot, né à Paris le 11 janvier 1887? . . .
— Oui.
— Alors j'ai le plaisir de vous apprendre, monsieur, que vous êtes possesseur d'une somme d'un million cent soixante-dix-sept mille
25   deux cent quarante-huit francs et vingt-sept centimes.[55]
— Moi? . . .   D'où me vient cette fabuleuse fortune?
— De la Caisse[56] d'épargne de Paris.   Quand le docteur Trundle vous a endormi, vous aviez à la Caisse d'épargne exactement trois mille cinq cent vingt-neuf francs dix centimes.   En cent ans, avec
30   les intérêts[57] composés à six pour cent,[58] cette somme a produit un million cent soixante . . .
— Un million?   Vous êtes sûr? . . .   Je suis aussi riche que cela? . . .

---

[53]Frederick W. Taylor (1856-1915), an American engineer, whose researches in shop management established the principles of modern scientific management in industry.   [54]**au retour de** returning from.   [55]**centime** one one-hundreth part of a franc.   [56]**caisse** cash, cashier's desk; **caisse d'épargne** savings bank.   [57]**intérêt** interest; **intérêt composé** compound interest.   [58]**pour cent** per cent.

— Oui, monsieur.

— C'est extraordinaire!... Alors, nous sommes millionnaires!... Ainsi, il suffit de dormir pendant cent ans pour devenir riche?... Rien que ça!

5 — Quand le bénéficiaire sera-t-il mis en possession de cette
somme? demanda René.

— Quand il le voudra.

— Où?

— À Paris.

10 — À Paris? s'écria Célestin. Il a dit à Paris?... Monsieur,
partons tout de suite!

Annie Thompson, qui avait écouté cette conversation sans rien
dire, s'adressa alors à Célestin.

— Que pourriez-vous faire de cet argent? On reçoit de l'État le
15 logement, les vêtements, la nourriture, les moyens de transport.
L'État seul a le monopole du commerce. Vous n'avez pas le droit
d'acheter des objets excepté ceux qui sont énumérés dans votre
carnet. Tous les millions du monde vous seraient complètement
inutiles.

20 — Vos lois sont absurdes! s'écria Célestin. Nous étions plus
heureux autrefois!... Nous avions des désirs, et nous trouvions
du bonheur à les satisfaire ... On travaillait pour ses enfants
... pour leur laisser un héritage[59] ... ou pour leur procurer des
satisfactions avec de l'argent ...

25 — Mais tout cela n'a pas changé en France; l'argent a gardé sa
valeur d'échange, et le droit d'héritage existe toujours ... Ah!
j'oubliais! Vous allez me quitter?... Alors, occupons-nous des
formalités de départ. Vous avez contracté des dettes envers le
gouvernement des États-Unis pour ce logement, vos vêtements,
30 votre nourriture ... Pour quitter le pays, il faut que vous laissiez
une garantie; puisque vous n'avez rien, c'est moi qui répondrai
de vous ...

René ne dit rien, mais son regard remercia la conservatrice, qui
en parut plus touchée que s'il avait fait de longues phrases.

35 — Ça, c'est gentil! dit Célestin. Et maintenant, voulez-vous me
faire un grand plaisir?... Je vous demande d'aller vous prom-

---

[59]**héritage** inheritance.

ener pendant trois quarts[60] d'heure . . . Je veux vous faire une surprise!

Ils s'en allèrent au fond du parc et s'assirent sur un banc de pierre. René était silencieux; Miss Thompson parla la première:

5 — À quoi pensez-vous?

— Au passé . . . Je me demande si le progrès assure le bonheur des hommes . . .

— Tout change, c'est la loi de la nature . . . Regardez cette petite plante; à l'époque tertiaire,[61] l'ancêtre de cette plante avait la

10 taille[62] d'un baobab[63] . . . Il est donc normal que nous ne ressemblions pas à l'homme des cavernes . . .

Ils discutaient encore quand Célestin les appela. Il les attendait à la porte, une serviette[64] sur le bras.

— Il est midi, dit-il. Monsieur est servi.

15 — C'est ainsi qu'autrefois on annonçait les repas, dit René à Miss Thompson.

Une table était dressée, avec trois couverts[65] sur une nappe blanche. Et au milieu de la table, il y avait un lapin préparé selon toutes les règles de l'art culinaire.

20 — Un lapin! s'écria René.

— Oui, Monsieur . . . un lapin, un vrai lapin! Je l'ai emprunté[66] aux demoiselles Spangburry . . . Elles en ont tant qu'elles ne s'apercevront pas de la perte de celui-ci. D'ailleurs,[67] la faim justifie les moyens[68] . . . À table,[69] Monsieur! Il y a plus de cent

25 ans que nous n'avons pas déjeuné!

— Vous allez manger ça, du lapin? demanda Miss Thompson, choquée. Mais . . . c'est un retour à la barbarie![70] C'est un crime!

— Ce serait un crime de le laisser refroidir, dit Célestin. Allons,

30 fini de discuter. Asseyez-vous et servez-vous.

---

[60]**quart** fourth.   [61]**à l'époque tertiaire** in Tertiary times. In geologic areas, the Tertiary is the third great division, preceding the modern.   [62]**taille** height, size.   [63]The baobab tree is native to Africa; it is one of the largest trees known, its trunk often exceeding 30 ft. in diameter.   [64]**serviette** napkin.   [65]**couvert** cover (consisting of knife, fork, and spoon).   [66]**emprunter** to borrow.   [67]**d'ailleurs** besides.   [68]Célestin is punning on the well-known statement: "La *fin* justifie les moyens."   [69]**À table, Monsieur!** Dinner is waiting, sir!   [70]**barbarie** barbarism.

Annie Thompson goûta[71] un morceau de viande, après mille
hésitations. Puis — terrible retour à la barbarie! — elle se servit
une seconde fois.

— Monsieur! déclara Célestin, la serviette au cou et la bouche
5   pleine, un lapin, même pour des millionnaires, ce n'est pas
mauvais! . . .

8

Le lendemain matin, vers huit heures, on frappa à la porte du
cottage. Célestin, ayant ouvert, se trouva en présence d'un petit
monsieur qui annonça froidement:
10 — Police! . . . J'ai ordre de vous arrêter pour vol.[72] Vous vous
expliquerez devant le coroner; veuillez me suivre, vous et votre
compagnon.

René et Célestin montèrent aussitôt dans l'hélicoptère de police
qui attendait à la porte; quelques minutes plus tard, ils descendi-
15 rent chez le coroner du district. Celui-ci ne perdit pas de
temps[73]; il consulta un papier, et leur dit:

— René La Taillade et Célestin Marquizot, au nom de la loi, je
vous arrête. Vous êtes accusés d'avoir volé hier, aux demoiselles
Spangburry, un lapin de laboratoire . . .
20 — Que voulez-vous dire par lapin de laboratoire? demanda René.

— Un lapin auquel on avait injecté la fièvre jaune[74] pour étudier[75]
un nouveau sérum.

René La Taillade pâlit. Célestin poussa un cri.

— Il est heureux pour vous, continua le coroner, que les vaccins
25 du Grand Lazaret soient excellents, car le fait d'avoir touché à cet
animal vous aurait certainement rendus malades.

— Que dirait-il, pensait René, s'il savait que nous l'avons
mangé? . . .

— Ah! Monsieur! murmura Célestin . . . C'est une mauvaise
30 chose!

— Silence! cria le coroner. Où est le lapin?

---

[71]goûter to taste.   [72]vol theft.   [73]ne perdit pas de temps did not waste
time.   [74]jaune yellow.   [75]étudier to study.

— Le lapin? . . . ah, oui! . . . le lapin s'est sauvé . . . il s'est enfui!

— Où? . . . Quand? . . .

— Dans . . . dans notre jardin . . .

5 — La chose est encore plus grave; ce lapin pourrait propager[76] la
fièvre jaune partout.   Je vais vous faire conduire à la prison centrale, où vous serez interrogés.

Avant de quitter la salle, René obtint la permission de parler à la
conservatrice du Rockefeller Museum.   Il eut la joie d'apprendre
10 que Miss Thompson n'était pas malade; puis il raconta l'aventure.
Il entendit la jeune fille rire de tout son cœur, ce qui le rassura un
peu.

À la prison centrale, on les conduisit dans une petite salle où il
n'y avait que deux chaises et, le long du mur, des appareils
15 curieux.   Un homme entra, suivi d'un agent de police, mit en
marche une petite dynamo, vérifia[77] quelques contacts, et, prenant à la main une plaque de métal attachée par des fils à l'un des
appareils, s'assit sans mot dire en face de Célestin.   Puis il leva la
plaque, et René eut la surprise d'entendre dire son domestique:
20 — C'est moi qui ai volé le lapin, profitant d'une absence des
demoiselles Spangburry.   Je l'ai fait cuire[78] et je l'ai mangé
. . . avec M. René La Taillade . . .

Satisfait, l'homme se leva, remit la plaque à sa place, stoppa la
dynamo et sortit.   Célestin, stupéfait, regarda son maître et dit:
25 — Je ne sais pas ce qui s'est passé . . .   J'ai senti comme une
volonté qui s'imposait à moi, et je n'ai pu m'empêcher de dire la
vérité.

L'agent s'approcha des appareils, prit une tablette blanche, et
leur fit signe de le suivre.   Ils entrèrent dans une autre salle où un
30 juge en robe noire était assis derrière un bureau sur une estrade.
L'agent mit la tablette dans un appareil et, dans le silence, une voix
s'éleva, disant:

— C'est moi qui ai volé le lapin en profitant d'une absence des
demoiselles Spangburry.   Je l'ai fait cuire et je l'ai mangé
35 . . . avec M. René La Taillade . . .

---

[76]**propager** to spread.   [77]**vérifier** to check.   [78]**cuire** to cook; **faire cuire** to cook.

— C'est moi qui ai parlé? demanda Célestin, en regardant René.

— Tu as parlé devant un phonographe, qui répète tes paroles.

— Célestin Marquizot, annonça le juge, un an de prison, comme auteur principal; René La Taillade, six mois de prison, comme
5 complice. Allez!

Ils suivirent de nouveau l'agent de police. On les installa dans une cellule qui donnait sur une grande cour. Célestin, tombé sur une chaise, semblait plongé dans le désespoir.

— Allons! lui dit René, un peu de courage! . . . Nous n'en mour-
10 rons pas! Sortons dans la cour . . .

Il s'approcha de la porte, qui était grande ouverte.[79] Mais au moment où il allait traverser le seuil,[80] il se sentit arrêté par une force invincible. Il lui semblait que ses pieds étaient attachés au sol.[81]

15 — Célestin! appela-t-il. Essaie de sortir . . .

Célestin se leva, mais, arrivé à côté de son maître, il fut arrêté comme lui.

— C'est bien ce que je pensais! dit René. Il y a entre les deux montants[82] de cette porte un champ électrique qui empêche com-
20 plètement de passer. Comme ça, on n'a pas besoin de geôliers pour nous garder.

Le temps passa lentement jusqu'à midi. À midi, un gardien vint dire à René qu'on le demandait au téléphone. C'était Miss Thompson.

25 — J'ai pu persuader le Chef de la Justice, lui dit-elle, que vous avez agi par ignorance, et il a consenti à vous remettre en liberté.[83]

— Voilà une nouvelle dette de reconnaissance[84] envers vous . . .

— Non, vous ne me devez rien du tout . . . le lapin était excellent!

Une semaine plus tard, les deux Français firent leurs adieux[85] à
30 Miss Thompson et montèrent à bord de l'hélico-express du service New York-Paris. C'était une énorme machine ressemblant aux dirigeables d'autrefois, mais aussi longue qu'un paquebot.[86] Partant de New-York à six heures du soir, on arrivait à Paris le lende-

---

[79]grande ouverte wide open.   [80]seuil threshold.   [81]sol ground.   [82]montant
upright post (of a door).   [83]remettre en liberté to release, set free
again.   [84]reconnaissance gratitude.   [85]faire ses adieux to say
good-bye.   [86]paquebot liner.

main matin à neuf heures, alors qu'il était six heures du matin en
Amérique.
  Les hélices horizontales se mirent en mouvement, l'hélico
monta en l'air, puis se dirigea vers l'est. La nuit vint, toute
5 étoilée.[87] Célestin se coucha vers neuf heures. René demeura
longtemps sur le pont-promenade,[88] contemplant les étoiles et
rêvant à la patrie qu'il allait revoir.
  Le lendemain matin, ils passèrent au-dessus de la Bretagne, et,
une heure après, ils apercevaient la Ville Lumière,[89] coupée en
10 deux par le ruban bleu de la Seine. L'hélico ralentit sa marche et
vint se poser sur un large bassin du fleuve.[90] Sur le quai, Gabriel
Clerc les attendait.
  — Je m'occupe de vous, dit-il. Tout le monde se dispute le plaisir
de vous recevoir . . . Mais d'abord, un petit déjeuner, n'est-ce
15 pas?
  À la terrasse d'un café, ils prirent un délicieux chocolat accompagné de brioches.
  — Ah! Monsieur! s'écria Célestin, la bouche pleine. Il fait bon
vivre[91] à Paris! Voilà cent ans et deux mois que je n'ai été aussi
20 heureux!
  Paris cependant avait bien changé. Les vêtements des hommes
et des femmes ressemblaient à ceux que l'on portait en Amérique.
Tout le monde semblait aussi pressé qu'à New-York. Les mêmes
automobiles silencieuses, les mêmes patinettes électriques sur les
25 trottoirs, et des hélicoptères qui se posaient ou s'envolaient devant leurs yeux. Un bâtiment neuf avait pris la place de leur
ancienne maison rue Chaptal. La Bourse avait disparu.
  À midi et demi, René et Célestin allèrent aux bureaux du *Grand
Journal*, où un banquet devait être servi[92] en leur honneur. Il y
30 avait là une foule de dignitaires de la Presse, de la Politique, du
Monde savant. Plusieurs discours furent prononcés, où l'on
célébrait les progrès de la Science et où l'on prédisait pour un

---

[87]**étoilée** starlit.   [88]**pont** deck; **pont-promenade** promenade deck.   [89]**Ville
Lumière** City of Light; a favorite term for Paris.   [90]**fleuve** river (large river
emptying into the sea).   [91]**il fait bon vivre** living is good.   [92]**devait être servi**
was to be served.

avenir plus ou moins lointain,[93] son triomphe définitif et le
bonheur de l'humanité.
— Voilà, se dit l'ex-jeune homme, un thème que j'ai souvent
entendu dans ma première existence! . . . Les hommes sont
5   incorrigibles: ils espèrent toujours un bonheur plus grand . . .
Dans l'après-midi, ils furent reçus par le Président de la Répub-
lique et par le Conseil municipal de Paris. Le soir, ils assistèrent à
un bal donné au bénéfice des laboratoires de France. Le lendemain, ils parurent devant une réunion[94] des cinq académies.[95]
10   On les montra dans tous les cinémas, leurs portraits parurent dans
tous les journaux, ils furent invités à déjeuner et à dîner chaque
jour, et, quand ils rentraient à l'hôtel, c'était pour entendre, à
chaque instant, la sonnerie de l'appareil de télévision où des
inconnus leur demandaient une interview.
15   — C'est une existence fatigante, déclara Célestin. Ma dyspepsie
est redevenue plus forte que jamais!
René visitait les musées où il avait la surprise de voir, en bonne
place et admirés de tous, des tableaux[96] ou des sculptures qu'il
avait trouvés de très mauvais goût en 1927. Il alla au concert et ne
20   comprit rien à la musique du XXIe siècle. Au théâtre, les pièces[97]
que l'on jouait lui parurent encore plus mauvaises que celles du
temps de sa jeunesse.
— Décidément,[98] se dit-il, le docteur Trundle avait raison! . . .
Je comprends maintenant qu'il ait préféré faire son expérience sur
25   un autre que lui-même. Il faut vivre avec son temps . . .

9

Depuis son arrivée à Paris, une mélancolie gagnait René; c'était
comme la tristesse d'un voyageur[99] resté très longtemps absent, et
qui ne retrouve plus aucun visage connu. Il ne se retrouvait pas

---

[93]lointain adj. distant, far-away.   [94]réunion meeting, gathering.   [95]There are
five académies that form the Institut de France: l'Académie française, l'Académie
des Inscriptions et Belles-Lettres, l'Académie des Sciences morales et politiques,
l'Académies des Sciences, and l'Académie des Beaux-Arts.   [96]tableau painting,
picture.   [97]pièce play.   [98]décidément no doubt about it.   [99]voyageur traveler.

mieux chez lui à Paris[100] qu'à New-York. L'horrible égoïsme de la
société nouvelle lui faisait peur.[101] Vrai, l'argent circulait encore à
Paris, mais était-ce un bien ou un mal? La capitale de la France
était plus que jamais Cosmopolis, le rendez-vous de tous ceux qui
5 voulaient s'amuser.

Ces tristes réflexions furent interrompues par l'entrée de Célestin dans sa chambre:

— Monsieur, c'est l'heure! J'ai téléphoné à la Caisse d'Épargne,
on m'attend . . . Clerc est en bas . . . Alors, en route pour la
10 fortune![102]

À la Caisse d'Épargne, on fit entrer[103] les trois hommes chez le
directeur, qui, après quelques formalités, demanda à Célestin:

— Vous connaissez le montant de la somme?

— Oui . . . Onze cent soixante-dix-sept mille deux cent
15 quarante-huit francs vingt-sept centimes! J'ai décidé de confier ce
petit capital à la Banque de France; vous aurez donc à me donner
cent soixante-dix-sept mille francs, car j'aimerais avoir un peu
d'argent de poche . . .

— Mais, monsieur, je ne peux pas vous donner un centime.

20 — Pas un centime! . . . et pourquoi pas?

— J'ai ici une opposition[104] . . . Il paraît que vous devez de
l'argent au directeur général des contributions directes.[105]

— Il s'agit donc de mes impôts[106] . . . Ah! bon! Que dois-je
faire?

25 — Aller rue de Valois,[107] dit le directeur avec un singulier sourire.

Une fois dans la rue, Célestin explosa:[108]

— Ça n'a pas changé! C'est toujours les mêmes tracasseries![109]
Les fonctionnaires français sont toujours pareils![110]

Rue de Valois, Célestin ne se perdit pas en formalités.

---

[100]**il ne se retrouvait pas mieux chez lui à Paris** he did not feel any better back in
Paris.   [101]**lui faisait peur** frightened him.   [102]**en route pour la fortune!** let's be
on our way to fortune!   [103]**faire entrer** to show in.   [104]**opposition** an order to
stop payment.   [105]**directeur général des contributions directes** director-general
of the tax assessment bureau; **contributions directes** assessed, or direct,
taxes.   [106]**impôt** tax, income tax.   [107]This is where the Internal Revenue
Service was located.   [108]**exploser** to explode, to blow up.   [109]**tracasseries** fuss,
bother.   [110]**pareil** the same, similar.

— Bonjour, monsieur, dit-il au directeur. C'est vous qui avez mis opposition sur mon million? . . . Eh, bien! je ne demande qu'à payer ce que je dois à l'État.

— Vous devez d'abord les impôts de 1927. Ensuite, vous devez cent impôts annuels.

— Comment! On veut me faire payer des impôts pendant mon sommeil?

— Vous n'étiez pas mort, n'est-ce pas? Alors, vous n'avez jamais cessé d'être imposable[111] . . . Et puis, il y a les intérêts composés à six pour cent . . .

— Combien vous dois-je? demanda Célestin, étouffant.

— Un million cinq cent vingt mille francs . . . Et vous, M. La Taillade, vous devez un peu plus du double. Alors, messieurs, j'ai le regret de vous défendre[112] de quitter Paris avant que cette dette envers l'État soit payée.

— Ça, c'est un peu fort! s'écria Célestin.

— C'est la loi, dit le directeur.

Une fois sorti du bureau du directeur, Célestin ne put maîtriser[113] son émotion:

— J'avais fait tant de beaux rêves! répétait-il. Je ne me consolerai jamais! . . . Et qu'allons-nous faire maintenant?

— Je me charge de [114] vous remettre en liberté, dit Clerc, mais votre million est perdu!

— Vas-tu rester à Paris? demanda René a Célestin. Moi, je retourne à New-York, mais je ne t'oblige pas à me suivre . . .

— Quoi? répondit Célestin. Vous abandonner maintenant, après cent ans? . . . Monsieur! je vous raccompagnerai en Amérique!

Grâce aux efforts de Gabriel Clerc, on consentit enfin à laisser partir René et Célestin; un beau soir d'été, ils reprirent l'hélico-express pour New-York. Annie Thompson les attendait dans son cabinet au Rockefeller Museum.

— Ainsi, dit-elle, vous ne vous êtes pas trouvés mieux en France qu'ici?

---

[111]**imposable** taxable.   [112]**défendre** to forbid.   [113]**maîtriser** to control.   [114]**se charger de** to take care of.

— Non, répondit René, je m'y suis trouvé plus isolé même, car votre amitié[115] me manquait.

Les yeux de la jeune fille montrèrent le plaisir que lui causait cette phrase, mais elle dit brusquement:

5   — À présent, il faut que nous vous trouvions un poste. La chose est assez difficile; vous êtes trop âgé pour entrer dans une administration de l'État, et vous n'avez pas de connaissances[116] techniques . . . Alors, je vous propose le poste de chef du personnel dans une usine d'hélicoptères.

10   — Eh bien, j'accepte.

Le lendemain matin, René et Célestin, qui devait lui servir de secrétaire, allèrent chez le directeur de l'usine. Celui-ci donna à René un livre contenant les règlements de l'usine, en lui disant:

— Vous n'avez qu'à faire appliquer ces règlements. Vous avez

15   toute la journée pour les apprendre; demain matin, vous entrerez en fonctions.[117]

Les règlements étaient minutieux. Il était défendu d'arriver en retard, de partir avant l'heure, de parler pendant le travail, de changer de gestes, etc. Le troisième jour, le directeur général fit

20   venir[118] René dans son bureau, et lui dit:

— Voici la première fois depuis dix ans que nous avons une perte de temps: il y a deux jours, deux minutes; hier, cinq minutes. Ce retard est dû à votre négligence. Si l'on continuait ainsi, la production de l'usine tomberait vite à zéro. Je suis obligé de vous

25   relever[119] de vos fonctions.

Ce soir-là, en rentrant au n° 237, René dit à Célestin:

— Décidément, j'ai eu tort de me laisser endormir par le docteur Trundle . . . Cette existence devient de plus en plus insupportable!

30   — Allons-nous-en, Monsieur! . . . n'importe où . . . en Australie, si vous voulez? . . . Regardez cette annonce dans le journal d'aujourd'hui; il me semble que cela pourrait vous intéresser . . .

René lut:

---

[115]**amitié** friendship; **votre amitié me manquait** I missed your friendship.
[116]**connaissance** knowledge.   [117]**fonction** duty, office; **entrer en fonctions** to enter upon one's duties.   [118]**faire venir** to send for, summon.
[119]**relever** to relieve.

––––––– · –––––––

On demande à Sydney (Australie) un homme instruit[120] dans l'histoire du droit et désireux de remplir les fonctions d'avocat. Situation matérielle assurée.

––––––– · –––––––

L'Australie! . . . Ce pays lointain qui avait refusé de suivre
5 l'évolution des autres pays, celui où les conditions d'existence étaient encore pareilles à celles du siècle précédent . . . Là-bas, il serait un homme au lieu d'être une machine! . . .
— Il faut consulter Miss Thompson, dit René.
— Elle est très gentille, dit Célestin, mais elle ne vous comprendra
10 pas.
— Qui sait? murmura René.
Il se précipita dans son hélico et traversa la ville à grande vitesse pour s'arrêter[121] devant la porte d'Annie. Elle vint à sa rencontre en souriant.
15 — Vous êtes là de bonne heure[122] aujourd'hui, lui dit-elle.
Il lui montra l'annonce dans le journal; elle lut, et le regarda bien en face:[123]
— Vous voulez partir? . . . Et vous avez compté sur moi pour faciliter votre départ?
20 — Oui, dit-il, à voix basse.
— Je ferai de mon mieux[124] . . . Je comprends . . .
— Ah! vous savez, Annie, que je ne regretterai ici qu'une seule personne . . . la seule qui m'ait compris et se soit intéressée à moi. Si vous n'étiez pas la conservatrice du Museum, je vous proposerais
25 de venir là-bas avec moi . . . On nous marierait à la cathédrale de Sydney; nous serions heureux comme on l'était autrefois . . .
— Je sais maintenant, René, que la science ne suffit pas pour apporter le bonheur . . . Nous le trouverons là-bas, René . . . Je pars avec vous.
30 L'hélico-postal d'Insulinde[125] transporta René, Célestin et Annie

–––––––
[120]instruit educated, learned.   [121]pour s'arrêter and stopped.   [122]de bonne heure early.   [123]bien en face straight in the face.   [124]faire de son mieux to do one's best.   [125]L'hélico-postal d'Insulinde the helicopter in the mail service of the East Indies.

à Batavia, d'où ils gagnèrent, en hydravion,[126] Port-Moresby, en
Nouvelle Guinée. C'est dans ce port que venait une fois par
semaine le courrier[127] d'Australie. Ce courrier était un paquebot
de dix mille tonnes, très confortable, actionné par un moteur diesel.
5 — Enfin! dit Célestin, avec joie, voilà ce que j'appelle un navire! . . .
  Le voyage fut assez pénible[128] pour Miss Thompson, car elle
souffrit du mal de mer.[129] Au bout de vingt heures, on aperçut la
ville de Cooktown. La jeune fille regardait avec curiosité cette
10 terre inconnue où elle allait vivre au milieu de gens d'une autre
époque. La sirène du navire retentit[130] trois fois.
  — Cette sirène, dit René, c'est le signal d'une vie nouvelle. Nous
entrons dans le passé, Annie.
  — Ce passé est mon avenir, répondit-elle avec confiance.
15   Le paquebot s'approcha du quai. Le vent apporta aux voyageurs
un son[131] clair.
  — Des cloches![132] dit René. Il y a des cloches . . .
  La foule qui les attendait sur le quai ressemblait à celle d'un siècle
plus tôt. Les hommes portaient des vestes et les femmes des
20 jupes[133] courtes. Des douaniers[134] en uniforme attendaient le
débarquement[135] des passagers.
  Une heure plus tard, les trois voyageurs étaient au *Gordon-
Palace*, dans un appartement garni de meubles de style 1920.
  — Monsieur! s'écria Célestin, voilà un vrai téléphone! . . . Je
25 veux m'en servir . . .
  — Eh, bien! téléphone pour savoir à quelle heure part le train de
Sydney.
  Célestin décrocha[136] le récepteur et cria:
  — Allô! . . . allô! . . . allô! . . .
30   Cinq minutes passèrent avant qu'il eût la communication.
Enfin, il put demander:
  — Le 47.09! . . . oui . . . 47.09 . . .

---

[126]**hydravion** hydroplane.   [127]**courrier** mail boat.   [128]**pénible** painful.   [129]**mal
de mer** seasickness.   [130]**retentir** to sound.   [131]**son** sound.   [132]**cloche**
bell.   [133]**jupe** skirt.   [134]**douanier** customs officer.   [135]**débarquement** landing,
disembarking.   [136]**décrocher** to take off, lift (a telephone receiver, **récepteur**).

Après une nouvelle attente[137] de plusieurs minutes, Célestin eut
la communication. Il raccrocha[138] avec un sourire de satisfaction:
— La téléphoniste[139] m'a répondu: «Pas libre!»[140] . . . Ce n'est
pas mauvais! . . . Nous allons recommencer à vivre!

E X E R C I S E S

6

A. *Use of the conditional in conjunction with the past tense*

Rewrite the following sentences according to the example.

EXAMPLE: Les auteurs prédisent qu'il n'y aura plus de pétrole.
Les auteurs prédisaient qu'il n'y aurait plus de pétrole.

1. Les auteurs prédisent qu'il faudra trouver d'autres sources.
2. Les auteurs prédisent que le charbon disparaîtra.
3. Les auteurs prédisent que ce sera la fin des industries.
4. Les savants pensent qu'on découvrira d'autres sources.
5. Les savants pensent qu'on pourra utiliser l'énergie solaire.

B. *Use of* **la plupart de** *and* **la plus grande partie de**

Rewrite the following sentences, using either **la plupart de** *or* **la plus**
grande partie de *where appropriate in front of the boldface words*
and making the necessary changes.

EXAMPLE: La plus grande partie de la conférence (*singular*) con-
cerne l'hibernation.
Most of the lecture deals with hibernation.
La plupart des villes (*plural*) occupaient des espaces im-
menses.
Most of the cities occupied huge areas.

1. **Les maisons** étaient petites.
2. **La maison** était peinte en blanc.
3. **Les articles de journaux** concernaient l'hibernation.

---

[137]**attente** wait.   [138]**raccrocher** to hang up (the receiver).   [139]**téléphoniste**
telephone operator.   [140]**Pas libre!** The line is busy.

4. **L'article** concernait l'essence.
5. **Le charbon** avait disparu.
6. **Les villes** étaient immenses.

C. *Use of* **de** *and* **des** *with plural nouns preceded or followed by an adjective*

Rewrite the nouns and adjectives in the plural.

EXAMPLE: une femme supérieure; **des femmes supérieures**
une autre source d'énergie; **d'autres sources d'énergie**

On voyait
1. un espace immense.
2. un vaste bâtiment.
3. un autre lapin.
4. une gentille fille.
5. une fille très gentille.

D. *Vocabulary*

Match the statements under column A with the corresponding situation under column B.

Column A

1. Mais c'est formidable!
2. Ça vous plaît ici?
3. Rien du tout!
4. Permettez-moi de vous poser une question.
5. Je veux bien.
6. Il faut que je me sauve.

Column B

a. Vous dites que vous n'avez absolument rien.
b. Vous demandez quelque chose à quelqu'un.
c. Vous demandez à quelqu'un s'il aime l'endroit où il se trouve.
d. Vous êtes plein d'admiration.
e. Vous acceptez avec plaisir.
f. Vous êtes pressé et vous devez partir.

E. *Preposition*

Write sentences of your own using **en**; *take the following sentences as a guide.*

1. La maison était **peinte en blanc**.

2. La cabine s'éleva en l'air.
3. L'hélico se mit en marche.
4. En entendant son maître, Célestin s'arrêta de causer.
5. Cet accumulateur est fabriqué en série.
6. L'État donne quelque chose de plus.
7. En échange, l'État loge et nourrit ceux qui le servent.

F. Vocabulary

Write sentences of your own with the following words, using one or more in each sentence.

le mur
la couche d'air
dresser une maison
la pièce
le meuble
le garage

le panneau du mur
protéger de l'extérieur/
  l'intérieur
une pièce peinte en blanc
le couloir

le moteur
la machine
la turbine
la pédale
appuyer sur la pédale
en mouvement
le réservoir
une hélice
les sources d'énergie
l'usine
une industrie
fabriquer en série/en
  grandes quantités

le moteur à essence
une machine à vapeur
le levier de changement de
  vitesse
se mettre en marche
l'accumulateur
le cylindre
être actionné par
  l'électricité
capter/utiliser l'énergie
le chemin de fer
fabriquer d'après un
  modèle standard

G. Reading comprehension

Rewrite the following statements where necessary to make them agree with the facts as presented in the story.

1. Les maisons étaient protégées contre les variations de températures grâces à des couches de verre.
2. Les maisons se ressemblaient toutes parce qu'elles étaient peintes en blanc.
3. Les Américains considéraient comme secondaire tout ce qui ne concernait pas la nourriture et le logement.

4. Les autos de 2027 contenaient un moteur électrique actionné par une simple pédale.
5. On utilisait l'énergie des mers, du soleil et celle du vent.
6. Pour être autorisé à rester aux États-Unis, René devait choisir un emploi inférieur.
7. Célestin ne voulut plus accompagner René parce que les voyages l'ennuyaient.
8. Célestin trouvait les deux femmes supérieures parce qu'elles avaient des lapins.

7

A. *Use of the imperfect after* **si**

Rewrite the following sentences according to the example.

EXAMPLE: Je suis élève ici. Je ferai une révolution.
Si j'étais élève ici, je ferais une révolution.
If I were a student here, I would start a revolution.

1. Je suis jeune. Je n'irai plus à l'école.
2. Je fais une révolution. Je leur apprendrai à vivre.
3. Mes notes sont bonnes. Je choisirai une bonne profession.
4. Tu fais preuve de qualités remarquables. On t'accordera un changement de catégorie.
5. Nous avons plus d'argent. Nous aurons de meilleures écoles.

B. *Use of the subjunctive with* **il est normal, bon, mauvais, rare, heureux que**

Combine the following sentences according to the example.

EXAMPLE: Nous ne ressemblons pas à l'homme des cavernes. C'est normal.
Il est normal que nous ne ressemblions pas à l'homme des cavernes.

1. Vous changez de catégorie. C'est mauvais.
2. Tous les enfants peuvent aller à l'école. C'est bon.
3. Les bons élèves sont dans une catégorie supérieure. C'est rare.
4. Tous les élèves font preuve de régularité. C'est heureux.
5. Chaque citoyen sert l'État. Ce n'est pas mauvais.
6. Un homme éminent veut choisir sa profession. C'est tout à fait normal.

C. *Omission of the indefinite article with* être, rester, *and* devenir
before a predicative

Translate the following sentences.

EXAMPLE: Norman Bishop était avocat.   *Norman Bishop was a*
lawyer.

1. Célestin est devenu millionnaire.
2. Il était possesseur d'une immense fortune.
3. Restera-t-il longtemps millionnaire?
4. Annie Thompson était conservatrice.
5. On n'est pas toujours heureux d'être élève.
6. Quand on devient docteur, on le reste, en général.

D. *Use of* servir

Complete the following sentences with the appropriate preposition or
pronoun where necessary.

EXAMPLE: Avant de manger, on se sert (*you help yourself*).
Le domestique sert son maître (*serves*).
On se sert d'un couteau (*is used*).
Le laboratoire a servi aux expériences (*was used for*).
La statue sert de phare (*is used as*).

1. Une voiture sert _____ transporter des passagers.
2. Une voiture peut servir _____ logement si on le désire.
3. Si le poulet n'est pas très bon, personne ne voudra _____ servir.
4. Monsieur, voulez-vous bien _____ servir?
5. Célestin servait toujours _____ de bonnes choses à son maître.
6. Voici du poulet. Servez _____.
7. Je me sers toujours _____ ma voiture pour aller à l'école.

E. *Vocabulary*

Match the statements under column A with the corresponding situa-
tion under column B.

Column A	Column B
1. Ça, c'est gentil!	a. On vous invite à vous asseoir pour prendre un repas.
2. Avec plaisir!	b. Le domestique annonce qu'il va servir son maître ou sa maîtresse.

3. Monsieur (Madame) est servi(e)!
4. C'est extraordinaire!
5. À table!
6. Qu'avez-vous?

c. On vous demande de prendre la nourriture sur la table.
d. Vous acceptez de faire ce qu'on vous demande.
e. Vous demandez à qqn ce qui ne va pas bien.
f. Qqn a fait qqch. qui vous plaît.

F. Vocabulary

Rewrite the following sentences, using the phrases to replace the near-equivalents in boldface.

s'apercevoir de qqch.
faire preuve de qqch.
entrer en contact avec qqn
dresser une contravention à qqn
avoir l'air de
être de mauvaise humeur
convenir à qqn

1. Quand la police vous arrête, vous n'êtes pas **très content**.
2. L'ouvrier **ressemblait à** un automate.
3. La police vous **condamne à payer** si vous n'obéissez pas aux règlements.
4. Le Conseil sait quelle profession **est bonne pour** un élève.
5. Les élèves doivent **montrer** de grandes qualités.
6. René est **entré en communication** avec Célestin.
7. Personne ne **remarquera le** départ de René.

G. Vocabulary

Write sentences of your own with the following words and phrases, using one or more in each sentence.

préparer qqch.
laisser refroidir
s'asseoir à table
mettre la serviette au cou
  (sur les genoux)
Monsieur/Madame est servi(e)!
un morceau de viande
un lapin
dresser (mettre) la table

préparer selon les règles
  de l'art culinaire
à table!
servir qqn
se servir
goûter

manger du lapin
mettre les couverts/la nappe

nourrir une personne
la nourriture

la caisse d'épargne
l'argent
une fortune fabuleuse
être bénéficiaire/possesseur
    d'une fortune
des intérêts composés à
    six pour cent
le droit d'héritage
avoir le monopole de qqch.
dépenser
laisser une garantie

se nourrir de pain/de
    viande, etc.

la valeur d'échange
la fortune
être mis en possession
    d'une fortune
produire des intérêts
être riche/millionnaire
laisser un héritage
le commerce
contracter une dette envers qqn
acheter
répondre de qqn

H. Reading comprehension

Rewrite the following statements where necessary to make them agree with the facts as presented in the story.

1. René et Célestin étaient de mauvaise humeur parce qu'ils n'avaient pas pu bouger de leur hélico.
2. Les meilleurs élèves choisissaient eux-mêmes la profession qui leur plaisait.
3. On pouvait changer de catégorie professionnelle et sociale à condition de montrer des qualités supérieures.
4. Le radiophone permettait d'entrer en contact avec des gens dont on ne connaissait pas le numéro.
5. L'usine que René a visitée était très propre parce qu'on n'y fabriquait qu'un nombre limité de modèles.
6. Célestin était devenu fabuleusement riche à cause de l'argent accumulé pendant son sommeil.
7. La conservatrice n'avait pas envie de répondre des dettes des deux hommes.
8. Annie n'a pas beaucoup aimé le retour à la barbarie.

8

A. Use of the present participle clauses in the present and past

Make the following present participle clauses past, using the appropriate auxiliary.

EXAMPLE: Ouvrant la porte, il voit un homme.
Ayant ouvert la porte, il a vu un homme.
Entrant dans la maison, il voit un homme.
Étant entré dans la maison, il a vu un homme.
Se sentant malade, il appelle un médecin.
S'étant senti malade, il a appelé un médecin.

1. Descendant chez le coroner...
2. Consultant un papier...
3. Entendant la jeune fille...
4. S'asseyant sans mot dire...
5. Mettant l'appareil en marche...
6. S'arrêtant devant la porte...
7. Pouvant persuader le chef...

B. *Clauses with the perfect past participle*

Rewrite the following sentences according to the example.

EXAMPLE: Vous avez volé un lapin.
Je vous accuse d'avoir volé un lapin.
Vous êtes parti avec un lapin.
Je vous accuse d'être parti avec un lapin.
Vous vous êtes sauvé avec un lapin.
Je vous accuse de vous être sauvé avec un lapin.

1. Vous êtes allé chez les deux femmes.
2. Vous avez profité de l'absence des deux femmes.
3. Vous êtes entré chez elles.
4. Vous vous êtes approché du lapin.
5. Vous l'avez fait cuire.

C. *Change of meaning in reflexive and nonreflexive*

Translate the following sentences.

1. René s'est senti arrêté.   Il a senti un champ électrique.
2. La Bretagne se trouve en France.   René n'a pas trouvé le tableau à son goût.
3. René ne savait pas ce qui se passait.   L'hélico est passé au-dessus de la Bretagne.
4. René s'est aperçu qu'il y avait un champ électrique.   Il n'a pas pu l'apercevoir.

5. L'agent de police s'est levé.   Il a levé la plaque.
6. Le journaliste s'est occupé de René.   Les visites et les banquets
   occupaient René.
7. L'agent de police s'est servi d'un phonographe.   On a servi des
   brioches au petit déjeuner.

D. *Vocabulary*

*Rewrite the following sentences, using the phrases to replace the
near-equivalents in boldface.*

en l'honneur de	remettre en liberté
au bénéfice de	rire de tout cœur
monter à bord de	être en bonne place
être en robe noire	couper en deux

1. Le banquet fut servi **pour honorer** René et Célestin.
2. Un bal fut donné **pour aider** un laboratoire.
3. Paris est **séparé en deux parties** par la Seine.
4. Le juge **portait une robe noire**.
5. Les tableaux **étaient bien placés**.
6. La jeune fille **a beaucoup ri**.
7. René et Célestin **sont entrés dans** le dirigeable.
8. René et Célestin ont été **de nouveau libres**.

E. *Vocabulary*

*Write sentences of your own with the following words and phrases,
using one or more in each sentence.*

le juge	le coroner
l'agent de police	le geôlier
le gardien	la loi
au nom de la loi	arrêter
accuser	voler
un vol	s'expliquer
interroger	dire la vérité
la prison	la cellule
un an de prison	l'auteur principal
le complice	
le dignitaire	les dignitaires de la presse
le Président de la République	le Conseil municipal

F. *Reading comprehension*

Rewrite the following statements where necessary to make them agree with the facts as presented in the story.

1. Le coroner a accusé René et Célestin d'avoir volé trop vite.
2. René et Célestin avaient peur d'attraper la fièvre jaune.
3. Célestin a été obligé par un appareil électrique de dire la vérité.
4. Le juge a condamné l'auteur principal à un an de prison et son complice Célestin à 6 mois.
5. René a essayé de sortir de la cellule, mais un geôlier les gardait.
6. René et Célestin ont été remis en liberté grâce au lapin.
7. Le journaliste Gabriel Clerc était très gentil. Il s'est tout de suite occupé de René et de Célestin à leur arrivée à Paris.
8. La vie de René est devenue très fatigante à cause des discours, des réceptions et des interviews.

9

A. *Use of the subjunctive with* **seul**

Rewrite the following sentences according to the example.

> EXAMPLE: Vous m'avez compris.   Vous êtes la seule.
> **Vous êtes la seule qui m'ait compris.**

1. Vous m'avez aidé.
2. Vous m'avez tout expliqué.
3. Vous m'avez bien reçu.
4. Vous êtes gentille avec moi.
5. Vous vous êtes intéressée à moi.
6. Vous vous êtes souvenue de nous.

B. *Use of the indicative and of the subjunctive with certain phrases*

Complete the following sentences with the clause in parentheses, using the correct mood and the same tense. Use the indicative with **après que, aussitôt que, depuis que, il y a ... que, parce que, peut-être que, tant que;** *use the subjunctive with* **avant que, jusqu'à ce que, pour que, sans que, à moins que, bien que.**

1. (il était arrivé à Paris)   René était triste depuis que...
2. (ses dettes sont payées)   Il ne pouvait pas quitter la France à moins que...

3. (René est remis en liberté) Gabriel Clerc a tout fait pour que...
4. (René aimait Annie) Il y avait longtemps que...
5. (il part pour l'Australie) Annie a revu René avant que...
6. (il revient) Elle attendait René jusqu'à ce que...
7. (elle a compris) Annie a suivi René parce que...
8. (vous n'êtes pas riche) J'irai avec vous bien que...
9. (vous resterez en Australie) Je resterai avec vous tant que...

C. *Vocabulary*

Translate the following sentences, noting the various uses of **faire**.

1. L'egoïsme des gens faisait peur à René.
2. On voulait lui faire payer ses dettes.
3. Il ne faisait plus de rêves.
4. Annie a fait de son mieux pour lui trouver un poste.
5. Tout ce qu'il devait faire, c'était de faire appliquer les règlements.
6. Ce travail ne faisait pas plaisir à René.
7. Le directeur l'a fait venir dans son bureau.

D. *Reading comprehension*

Rewrite the following statements where necessary to make them agree with the facts as presented in the story.

1. René était mélancolique à Paris parce qu'il n'y connaissait plus personne.
2. Célestin n'a pas pu entrer en possession de sa fortune parce que la Banque de France avait fait opposition.
3. Le directeur des contributions directes autorisait René et Célestin à quitter la France aussitôt qu'ils auraient payé leurs impôts.
4. Gabriel Clerc s'est chargé de payer les impôts à leur place.
5. Annie Thompson a trouvé un poste pour René dans l'administration publique.
6. Célestin voulait aller en Australie parce qu'il y avait un poste d'avocat pour son maître.
7. René a proposé le mariage à Annie parce qu'il l'aimait depuis longtemps.
8. René, Annie et Célestin ont gagné l'Australie sur un paquebot sans confort.

Vocabulary

To facilitate very early reading, this vocabulary includes all irregular verb forms and nearly identical cognates. Excluded are identical cognates. Idioms are listed under the key words.

Abbreviations: *adj.* adjective, *adv.* adverb, *art.* article, *cond.* conditional, *conj.* conjunction, *f.* feminine, *fut.* future, *impf.* imperfect, *impf. subj.* imperfect subjunctive, *impv.* imperative, *inter.* interrogative, *m.* masculine, *n.* noun, *p.p.* past participle, *p. def.* past definite, *p. indef.* past indefinite, *pl.* plural, *prep.* preposition, *pres. ind.* present indicative, *pres. part.* present participle, *pres. subj.* present subjunctive, *pron.* pronoun, *rel.* relative, *v.* verb.

a *pres. ind.* avoir
à to, at, on, with, in, into, by, of, for, from
abaisser lower; **s'abaisser** be lowered, decrease
abbé *m.* priest, abbé
abord: d'abord (at) first
aboyer bark
abri *m.* shelter
absolument absolutely, entirely
acheter buy; **acheter à** buy from
accomplir accomplish; **s'accomplir** be accomplished
accorder grant, allow, accord
accourir (*for forms, see* **courir**) come running
accueillir greet, welcome, receive
accumulateur *m.* battery
actionner drive, run, set in motion (machinery)
adieu *m.* good-bye; **faire ses adieux** say good-bye
aérien, aérienne aerial, air-
affaire *f.* affair; *pl.* dealings, business
affirmer swear to, assert
âgé *adj.* aged, old; **âgé de cent ans** a hundred years old
agent *m.* agent; **agent de police** policeman

agir act; **il s'agit de** (*impersonal v.*) it is about, concerns
agréable pleasant, agreeable
ai, as, a *pres. ind.* avoir
aie, ait *pres. subj.* avoir
aigu, aiguë sharp, keen, piercing
aiguille *f.* needle
aile *f.* wing
aille *pres. subj.* aller
ailleurs elsewhere; **d'ailleurs** besides
aimer like, love; **aimer mieux** prefer, like better
ainsi thus, so, consequently
air *m.* air, look, appearance; **avoir l'air** seem, look like, resemble
ajouter add
allée *f.* garden path, walk
allemand German
aller (*pres. part.* allant; *p.p.* allé; *pres. ind.* vais, vas, va, allons, allez, vont; *pres. subj.* aille, allions, aillent; *impf.* allais; *impv.* va, allons; *fut.* irai; *p. indef. with auxiliary* être) go, get along (in health); **aller au-devant de** go to meet; **aller chercher** fetch, go for (get); **allons!** come now! well! nonsense!; **allons-y** let's go; **s'en**

aller go away, leave; aller
+ inf. be about to + inf.
allumer light
alors so, then, at that time
amant m. lover (in sexual rela-
tionship)
âme f. soul
amener bring
Amérique f. America
ami m., amie f. friend
amitié f. friendship
amour m. love
amoureux, amoureuse in love;
n.m. and f. lover, sweetheart;
devenir (tomber) amoureux
de fall in love with
an m. year
ancien, ancienne old, former
anglais English
année f. year
annonce f. announcement
annuaire m. directory
anxieux, anxieuse uneasy, anx-
ious
août m. August
apercevait impf. apercevoir
apercevoir (pres. part. apercevant; p.p. aperçu; pres. ind.
aperçois, apercevons, aperçoivent; pres. subj. aperçoive,
apercevions, aperçoivent;
impf. apercevais; impv. aperçois, apercevons; fut. aperce-
vrai) see, perceive; s'apercevoir see, perceive, realize
aperçut p. def. apercevoir
apparaître (for forms, see
paraître) appear
appareil m. apparatus, instrument; appareil de télévision
television set
appartenir (for forms, see tenir)
belong
appartient pres. ind. appartenir

apparut p. def. apparaître
appel m. call
appeler (pres. part. appelant;
p.p. appelé; pres. ind. appelle,
appelles, appelle, appelons,
appelez, appellent; pres. subj.
appelle, appelions, appeliez,
appellent; impf. appelais;
impv. appelle, appelons, appelez; fut. appellerai) call;
s'appeler be named
apporter bring
apprendre (for forms, see prendre) learn, teach, inform
appris p.p. apprendre
approcher approach, bring near;
s'approcher de approach
appuyer press, push; s'appuyer
à (sur) lean against (on)
après after, afterward; d'après
according to
après-midi m. afternoon
argent m. silver, money; argent
massif solid silver
argenterie f. silver plate, sil-
verware
arme f. weapon, arm
armée f. army
armoire f. wardrobe
arrêter stop, arrest; s'arrêter
stop
arrivée f. arrival
arriver (p. indef. with auxiliary
être) arrive, happen
asseoir (pres. part. asseyant
(assoyant); p.p. assis; pres. ind.
assieds (assois), assieds (assois),
assied (assoit), asseyons
(assoyons), asseyez (assoyez),
asseyent (assoient); pres. subj.
asseye (assoie), asseyions (as-
soyions), asseyiez (assoyiez),
asseyent (assoient); impf. as-
seyais (assoyais); impv. assieds
(assois), asseyons (assoyons);

fut. **assiérai (assoirai)** sit; **s'asseoir** sit (down)
asseyent *pres. ind.* **asseoir**
assez enough, rather
assieds-toi *impv.* **s'asseoir**
assiette *f.* plate
assis *p.p.* **asseoir;** *adj.* seated, sitting
assister attend; **assister à** be present at, witness
assit *p. def.* **asseoir**
attacher attach, fasten, tie
attendre (*for forms, see* **tendre**) wait (for), expect; **s'attendre à** expect, await
attente *f.* wait, waiting
attirer attract, draw
au à + le *art.*
auberge *f.* inn
aubergiste *m.* innkeeper
aucun, aucune no, not any, not a (*with or without* **ne**)
aujourd'hui today
auprès de beside, near, close to
auquel à + lequel *pron.*
aurai, auras, aura *fut.* **avoir**
aurais, aurait *cond.* **avoir**
aussi also, too, as, and so, therefore (*at the beginning of a sentence*); **aussi ... que** as ... as
aussitôt at once, immediately; **aussitôt que** as soon as
autant as much; **autant que** as much (many) as
auteur *m.* author
autour around, round; **autour de** around
autre other, another; **je n'ai rien d'autre** I have nothing else
autrefois formerly
aux à + les *art.*
avait *impf.* **avoir**
avaler swallow
avant before; **avant de** before; **avant que** before

avec with
avenir *m.* future
avion *m.* plane
avoir (*pres. part.* **ayant;** *p.p.* **eu;** *pres. ind.* **ai, as, a, avons, avez, ont;** *pres. subj.* **aie, aies, ait, ayons, ayez, aient;** *impf.* **avais;** *impv.* **aie, ayons, ayez;** *fut.* **aurai**) have, get, possess; **avoir l'air de** look like, resemble, appear, have the appearance of; **avoir besoin de** need; **avoir faim** be hungry; **avoir froid** be cold; **avoir honte** be ashamed; **avoir raison** be right; **avoir tort** be wrong; **il y a** (**avait,** *etc.*) there is, are (was, were); **il y a** ago; **il y avait +** *word expressing time* + **que** since, for; **qu'avez-vous donc?** what's the matter with you? **quel âge avez-vous?** how old are you? **avoir huit ans** be eight
avril *m.* April
ayant *pres. part.* **avoir**
ayez *impv. and pres. subj.* **avoir**

bachot *m.* *colloquial for* **baccalauréat,** French high school degree qualifying its holders for college entrance; **passer son bachot** take one's college boards (*rough equivalent*)
bain *m.* bath; **salle de bain** bathroom
baiser kiss
baiser *m.* kiss
baisser lower, bend down, bow
bal *m.* ball (dance)
balancer balance, sway, flutter, swing
balle *f.* bullet, ball
bande *f.* strip, tape
barbarie *f.* barbarism

barbe *f.*   beard
barre *f.*   bar, rung, line
barreau *m.*   bar
bas, basse *adj.*   low; *n.m.*   bottom; *adv.*   low; **en bas**   below; downstairs;   **là-bas**   yonder, over there, down there; **de bas en haut**   from top to bottom
bassin *m.*   basin
bataille *f.*   battle
bateau *m.*   boat, ship
bâtiment *m.*   building, structure
bâtir   build, construct
bâton *m.*   stick, club
battement *m.*   beating, beat
battre   beat, strike;   **se battre**   fight, struggle
beau, bel, belle   fine, beautiful, handsome
beaucoup   much, many, a good deal, greatly
bel, belle   *see* beau
Belge *m.*   Belgian
bercer   rock, lull
berger *m.*   shepherd
besoin *m.*   need;   **avoir besoin**   need
bête   stupid
bête *f.*   beast, animal
bibliothèque *f.*   library
bien *adv.*   quite, very, indeed, thoroughly, very willingly;   **eh bien**   well!   very well!;   **bien que**   although;   **être bien**   be comfortable
bien *m.*   good, land;   **faire le bien**   do good
bientôt   soon;   **à bientôt!**   see you soon!
bienvenu *m.*   welcome;   **soyez le bienvenu!**   welcome!
bifteck *m.*   steak
blanc, blanche   white
blé *m.*   wheat
blesser   wound, hurt

blessure *f.*   wound, injury
bleu   blue
bœuf *m.*   ox, beef
boire (*pres. part.* **buvant;** *p.p.* **bu;** *pres. ind.* **bois, bois, boit, buvons, buvez, boivent;** *pres. subj.* **boive, buvions, boivent;** *impf.* **buvais;** *impv.* **bois, buvons;** *fut.* **boirai**)   drink
bois *impv. and pres. ind.*   boire
bois *m.*   wood; *pl.*   woods
boîte *f.*   box
bon, bonne   good, kind;   **à quoi bon?**   what is the good (of)?   what use is it?
bonheur *m.*   happiness, good luck
bonjour *m.*   good morning, good day, how do you do
bonsoir *m.*   good evening
bonté *f.*   goodness, kindness, good will
bord *m.*   board, edge, side;   **à bord**   on board (ship)
bouche *f.*   mouth
bouger   move, budge, stir
boulet *m.*   cannon ball
bourse *f.*   purse;   **la Bourse** (Paris) Stock Echange
bout *m.*   end, tip, hem;   **au bout de**   after
bouton *m.*   button
bras *m.*   arm
brave   brave;   **un brave homme**   a good man
brigadier *m.*   sergeant
brillant   shining, gleaming
briller   shine, gleam, glisten, sparkle
brioche *m.*   brioche (breakfast bun)
briser   break;   **se briser**   break
bronzé   suntanned
brûler   burn
brun   brown

brusque sudden
brusquement suddenly
bu *p.p.* boire
buisson *m.* bush
bureau *m.* study, desk, department, office
but *p. def.* boire
buvais *impf.* boire
buvant *pres. part.* boire

ça = cela; ah ça! I say! here!; **comme ça** that way
çà *adv.* here; **çà et là** here and there
cabinet *m.* private study, office
cacher hide; **se cacher** hide
cachot *m.* dungeon, dark cell
cadavre *m.* corpse
cadran *m.* dial
caisse *f.* cash, cashier's desk; **caisse d'épargne** savings bank
campagne *f.* country
capitaine *m.* captain; **capitaine de gendarmerie** police captain
car for
carnet *m.* notebook
carte *f.* map, card
cartouche *f.* bullet, cartridge
cas *m.* case
casquette *f.* cap
casser break; **se casser** break
casserole *f.* saucepan
cause *f.* cause; **à cause de** because of
causer talk, chat
cave *f.* basement
ce *pron.* it, that, he she, they
ce, cet, cette *adj.* this, that; **ces** those
ceci *pron.* this
ceinture *f.* belt, sash
cela *pron.* that
celle, celui *pron.* he, she, this (one), that (one), the one;

celui-ci this one, the latter; **ceux, celles** *pl.* those, these
cent hundred
centaine *f.* about a hundred
centime *m.* one hundreth of a franc
cependant however, still, yet, nevertheless, meanwhile
cercueil *m.* coffin
cesse: sans cesse continually
cesser cease, stop
ceux *pl.* celui
chacun *pron.* each, each one, everybody
chaise *f.* chair
chaleur *f.* heat, warmth
chambre *f.* room
champ *m.* field
chandelier *m.* candlestick
changement *m.* change
chanson *m.* song
chant *m.* song
chanter sing
chanteur *m.* singer
chapeau *m.* hat
chaque each, every
charbon *m.* coal
charge *f.* load, burden
charger load, burden, entrust; **se charger de** take care of
charmant charming
chasser hunt, drive away (out, off), discharge, dismiss
chat *m.* cat
château *m.* castle
chaud warm
chauffeur *m.* driver (professional)
chef *m.* chief, head
chemin *m.* way, path; **passez votre chemin!** go on your way!
cheminée *f.* chimney, fireplace
cher, chère dear
chercher look for, seek, search; **chercher à** + *inf.* try to; **aller**

chercher fetch; **venir chercher** come for
cheval *m.* horse
cheveu *m.* hair (*pl.* **cheveux**)
chez *prep.* at, in, into or to the house or office of; **chez vous** at home, in your home (house)
chien *m.* dog
chiffre *m.* figure, number
chimiquement chemically
choisir choose, select
choix *m.* choice
choquer shock, offend
chose *m.* thing; **autre chose** something else; **quelque chose** something
-ci *distinguishes between "this" and "that"* (-là); **en ce moment-ci** at this moment; **à ce moment-là** at that moment
ciel *m.* sky, heaven
cimetière *m.* churchyard, cemetery
cinq five
cinquantaine *f.* about fifty
cinquante fifty
cirque *m.* circus
citoyen *m.* citizen
civière *f.* litter, stretcher
clair clear, light
clef, clé *f.* key; **fermer à clef** lock
cloche *f.* bell
cœur *m.* heart; **de tout son cœur** heartily
coin *m.* corner
colère *f.* anger; **être en colère** be angry; **mettre en colère** make angry
colline *f.* hill
combat *m.* fight, struggle
combien how much (many)
comme as, like, how; **comme pour** as though to
commencement *m.* beginning

commencer begin
comment how; **comment!** what!
commettre (*for forms, see* **mettre**) commit
commis *p.p.* **commettre**
communication *f.* communication, connection, paper; **faire une communication** read a paper; **couper la communication** hang up the receiver
compagnie *f.* company
compatriote *m. or f.* compatriot, fellow citizen
complice *m. or f.* accomplice
compliment *m.* compliment; **compliments!** congratulations!
composé *adj.* compound
composer compose; **se composer** be composed, consist
comprendre (*for forms, see* **prendre**) understand
compris *p.p.* **comprendre**
comprit *p. def.* **comprendre**
compter count, expect
concevoir (*pres. part.* **concevant**; *p.p.* **conçu**; *pres. ind.* **conçois, conçois, conçoit, concevons, concevez, conçoivent;** *pres. subj.* **conçoive, concevions, conçoivent;** *impf.* **concevais;** *impv.* **conçois, concevons;** *fut.* **concevrai**) conceive, understand, devise
conducteur *m.* driver (private)
conduire (*pres. part.* **conduisant**; *p.p.* **conduit**; *pres. ind.* **conduis, conduis, conduit, conduisons, conduisez, conduisent;** *pres. subj.* **conduise, conduisions, conduisent;** *impf.* **conduisais;** *impv.* **conduis, conduisons;** *fut.* **conduirai**) lead, take, conduct, drive (a vehicle)
conduise *pres. subj.* **conduire**
conduisit *p. def.* **conduire**

conduit *p.p.* **conduire**
confiance *f.* faith, trust; **avoir
 confiance** trust
confier entrust, confide; **se confier** confide
connaissait *impf.* **connaître**
connaissance *f.* knowledge, ac-
 quaintance
connaître (*pres. part.* **connaissant;** *p.p.* **connu;** *pres. ind.*
 **connais, connais, connaît,
 connaissons, connaissez, connaissent;** *pres. subj.* **connaisse,
 connaissions, connaissent;**
 impf. **connaissais;** *impv.* **connais, connaissons;** *fut.* **connaî-
 trai)** know
connu *p.p.* **connaître**
conseil *m.* advice
conseiller advise
consens *pres. ind.* **consentir**
consentir (*for forms, see* **sentir**)
 consent
conservation *f.* conservation,
 preservation
conspirer plot
contenir (*for forms, see* **tenir**)
 contain
content pleased, happy, satisfied
continu continuous
contraire contrary
contravention *f.* violation; **dresser une contravention** serve a
 summons
contre against, close to
contribution *f.* contribution, tax
 assessment
convenir (*for forms, see* **venir**)
 suit, be proper
corde *f.* rope
corps *m.* body
cortège *m.* procession
côté *m.* side, direction; **à côté
 de** next to, beside; **de l'autre**

côté on the other side; **du côté
 de** in the direction of; **de son
 côté** on his side, as for him
cou *m.* neck
couche *f.* layer
coucher lay; **se coucher** lie
 (down), go to bed, set (sun,
 moon)
coucou *m.* cuckoo
couler run
couleur *f.* color
couloir *m.* hall, corridor
coup *m.* blow, slap, kick, stroke,
 knock, shot, clap (thunder),
 trick; **tout à coup** suddenly;
 coup sur coup one after
 another; **coup d'œil** glance
coupable guilty
coupe *f.* shallow cup, cham-
 pagne glass
couper cut
cour *f.* court, yard, courtyard
courageux, courageuse coura-
 geous, brave
courant *adj.* running; *n.m.*
 current, stream
coure *pres. subj.* **courir**
courir (*pres. part.* **courant;** *p.p.*
 couru; *pres. ind.* **cours, cours,
 court, courons, courez, courent;** *pres. subj.* **coure, cou-
 rions, courent;** *impf.* **courais;**
 impv. **cours, courons;** *fut.*
 courrai) run
courrait *cond.* **courir**
courrier *m.* mail, correspondence, mail boat
cours *m.* course, stream
court short
courut *p. def.* **courir**
couteau *m.* knife
couvert *p.p.* **couvrir**
couvert *m.* place setting; **mettez
 un couvert de plus** set another
 place

couvrir (*pres. part.* couvrant; *p.p.*
couvert; *pres. ind.* couvre,
couvres, couvre, couvrons,
couvrez, couvrent; *pres. subj.*
couvre, couvrions, couvrent;
impf. couvrais; *impv.* couvre,
couvrons; *fut.* couvrirai)
cover, drown
craindre (*pres. part.* craignant;
p.p. craint; *pres. ind.* crains,
crains, craint, craignons,
craignez, craignent; *pres. subj.*
craigne, craignions, craignent;
impf. craignais; *impv.* crains,
craignons; *fut.* craindrai)
fear, be afraid
craquer   crack, groan
creuser   dig
crier   cry, exclaim
croire (*pres. part.* croyant; *p.p.*
cru; *pres. ind.* crois, crois,
croit, croyons, croyez, croient;
pres. subj. croie, croies, croie,
croyions, croyiez, croient;
impf. croyais; *impv.* crois,
croyons; *fut.* croirai) believe,
think
croiser   cross; se croiser   pass
each other
croix *f.*   cross
croyais *impf.* croire
croyant *pres. part* croire
croyons *pres. ind.* croire
cru *p.p.* croire
cruche *f.*   jug
crut *p. def.* croire
cuire   cook; faire cuire   cook
cuisine *f.*   kitchen
cuivre *m.*   copper
culotte *f.*   breeches, shorts
culture *f.*   culture, crop, cultiva-
tion
curé *m.*   parish priest

dame *f.*   lady

dans   in, within, into
de   of, from, by, with, in, to,
than, some, any; de l', de la,
des, du   of (from) the, some,
any
débarquement *m.*   landing
debout   standing,   upright;
debout! get up!;   se tenir
debout   stand up
débris *m.*   debris,   wreckage,
remnant, rubbish
déchirer   tear
décidé *adj.*   resolved
décidément (*interjection*)   to be
sure, one thing is sure
décider   decide
découverte *f.*   discovery
découvrir (*for forms, see* couvrir)   discover
décrocher   unhook, lift off
dedans   within, inside
défendre (*pres. part.* défendant;
p.p. défendu; *pres. ind.* défends, défends, défend, défendons, défendez, défendent;
pres. subj. défende, défend-
ions, défendent; *impf.* défen-
dais; *impv.* défends, défendons;
fut. défendrai)   defend
dégât *m.*   damage
dehors   outside
déjà   already
déjeuner *m.*   lunch; petit déjeuner   breakfast
déjeuner   have lunch (breakfast)
délivrer   free, liberate
demain   tomorrow
demander   ask (for)
demeure *f.*   home, house
demeurer   live, inhabit, remain,
stay
demi   half
demoiselle *f.*   young (or unmar-
ried) lady, miss
dent *f.*   tooth

départ *m.* departure, leaving
département *m.* administrative division, about as big as a county
dépêcher: se dépêcher hurry
dépenser spend
dépoli frosted, ground (glass)
depuis since, for; **depuis que** since
dernier, dernière last
derrière *adv. and prep.* behind, rear
des **de + les**
dès: dès que as soon as
descendre (*pres. part.* **descendant;** *p.p.* **descendu;** *pres. ind.* **descends, descends, descend, descendons, descendez, descendent;** *pres. subj.* **descende, descendions, descendent;** *impf.* **descendais;** *impv.* **descends, descendons;** *fut.* **descendrai**) go down, descend
désert deserted
désespoir *m.* despair
déshabiller: se déshabiller undress
désirer desire, wish
desséché *adj.* dried, withered
dessous under, underneath, beneath; **au-dessous de** underneath
dessus above, on top; **au-dessus de** above, on top of, over
détruire (*pres. part.* **détruisant;** *p.p.* **détruit;** *pres. ind.* **détruis, détruis, détruit, détruisons, détruisez, détruisent;** *pres. subj.* **détruise, détruisions, détruisent;** *impf.* **détruisais;** *impv.* **détruis, détruisons;** *fut.* **détruirai**) destroy
deux two
deuxième second
devant in front of, before
devenir (*for forms, see* **venir**) become, grow
deviendra *fut.* devenir
devienne *pres. subj.* devenir
deviens *pres. ind.* devenir
devint *p. def.* devenir
devoir (*pres. part.* **devant;** *p.p.* **dû;** *pres. ind.* **dois, dois, doit, devons, devez, doivent;** *pres. subj.* **doive, devions, doivent;** *impf.* **devais;** *fut.* **devrai**) must, have to, expect to, owe (money)
devoir *m.* duty
dévouer devote
devriez *cond.* devoir
diable *m.* devil
dictée *f.* dictation
dicter dictate
Dieu God; **mon Dieu!** my goodness! Heavens!
difficile difficult
digne worthy
dimanche *m.* Sunday
diminuer decrease, diminish, lessen
dire (*pres. part.* **disant;** *p.p.* **dit;** *pres. ind.* **dis, dis, dit, disons, dites, disent;** *pres. subj.* **dise, disions, disent;** *impf.* **disais;** *impv.* **dis, disons, dites;** *fut.* **dirai**) say, tell; **vouloir dire** mean
diriger direct; **se diriger** make one's way, go in the direction
dis *pres. ind.* dire
disait *impf.* dire
disant *pres. part.* dire
discours *m.* speech
discuter discuss; **inutile de discuter** no use arguing
dise *pres. subj.* dire
disparaissent *pres. ind. and subj.* disparaître
disparaître (*for forms, see* **paraître**) disappear, vanish

disparu *p.p.* **disparaître**
distinguer distinguish, make out
distraction *f.* amusement, pastime
dit *pres. ind. and past def.* **dire**
dix ten
dixième tenth
doigt *m.* finger
dois *pres. ind.* **devoir**
domestique *m. or f.* servant
dommage *m.* damage, shame, pity; **c'est dommage!** it's a pity
donc therefore, indeed, so
donner give, strike, deal (a blow), devote; **donner sur** face, look out upon
dont of whom (which), whose, with which
dormeur *m.* sleeper
dormir (*pres. part.* **dormant;** *p.p.* **dormi;** *pres. ind.* **dors, dors, dort, dormons, dormez, dorment;** *pres. subj.* **dorme, dormions, dorment;** *impf.* **dormais;** *impv.* **dors, dormons;** *fut.* **dormirai)** sleep
dort *pres. ind.* **dormir**
dos *m.* back
dot *f.* dowry
douanier *m.* customs officer
douceur *f.* sweetness, softness, gentleness
douleur *f.* pain, grief, suffering
douloureux, douloureuse painful, agonizing, sorrowful
doute *m.* doubt; **sans doute** no doubt, probably
doux, douce sweet, gentle, soft
douzaine *f.* dozen
drap *m.* sheet
dresser set up, erect, raise, set (a table); **dresser une contravention** serve a summons
droit straight, right; **tout droit**

devant lui straight ahead of him
droit *m.* right, law; **licence en droit** law degree
droite *f.* right hand, right side; **à droite** at (on) the right
du = de + le
dû *p.p.* **devoir**
dur hard
durement *adv.* hard
durer last
dut, durent *p. def.* **devoir**

eau *f.* water
échange *m.* exchange
échapper escape; **échapper à quelqu'un** escape somebody; **s'échapper** escape; **s'échapper de prison** escape from prison
échelle *f.* ladder
éclairer light (up)
éclat *m.* burst, sound
éclater burst, break out
école *f.* school
écolier *m.* schoolboy, student
économie *f.* economy; *pl.* savings
écouter listen
écran *m.* screen
écrier: s'écrier exclaim, cry out
écrire (*pres. part.* **écrivant;** *p.p.* **écrit;** *pres. ind.* **écris, écris, écrit, écrivons, écrivez, écrivent;** *pres. subj.* **écrive, écrivions, écrivent;** *impf.* **écrivais;** *impv.* **écris, écrivons;** *fut.* **écrirai)** write
écrit *pres. ind.* **écrire**
écrivait *impf.* **écrire**
écrivit *p. def.* **écrire**
effet *m.* effect; **en effet** indeed
effleurer graze
église *f.* church

élève m. or f.   pupil, student
élever   raise;   **s'élever**   arise, rise
elle   she
embrasser   kiss, embrace
émetteur adj.   sending, transmitting
emmener   take away
empêcher   prevent, keep
emploi m.   use, employment, occupation
employer (pres. part. **employant;** p.p. **employé;** pres. ind. **emploie, emploies, emploit, employons, employez, emploient;** pres. subj. **emploie, employions, emploient;** impf. **employais;** impv. **emploie, employons;** fut. **emploierai**)   use, utilize, employ
emprunter   borrow
en prep.   in, into, at, to, by, while, on, off; pron.   of her (him, it, them), with it, from there, some, any; conj.   with gerund (form of pres. part.)   by, while, in, on
encore   again, yet, still;   **encore un**   another
encre f.   ink
endormi p.p.   endormir
endormir (for forms, see **dormir**)   put to sleep, make sleep;   **s'endormir**   go to sleep, fall asleep
endroit m.   place, spot
enfant m. or f.   child
enfer m.   hell
enfermer   lock in, shut up (in)
enfin   finally, at last
enfoncer: s'enfoncer   sink in
enlever   take away, remove
ennemi m.   enemy
ennuyer (pres. part. **ennuyant;**

p.p. **ennuyé;** pres. ind. **ennuie, ennuies, ennuie, ennuyons, ennuyez, ennuient;** pres. subj. **ennuie, ennuyions, ennuient;** impf. **ennuyais;** impv. **ennuie, ennuyons;** fut. **ennuierai**)   bore;   **s'ennuyer**   be bored
ennuyeux, ennuyeuse   boring, tedious, dull
énorme   huge, enormous
enregistreur adj.   recording, self-registering
ensemble   together
ensuite   then, afterward, next
entendre (for forms, see **tendre**)   hear;   **se faire entendre**   make oneself heard
enterrement m.   burial
entourer   surround
entre   between, among;   **un d'entre eux**   one of them
entrée f.   entrance, entry;   **porte d'entrée**   entrance way, gateway
entrer   enter, go in (into);   **faire entrer**   show in
entretenir   support, keep up
entr'ouvert   half open, ajar
envers   toward
envie f.   envy, longing, desire;   **avoir envie de**   long for, desire, feel like
environ   about
envoler: s'envoler   fly away, take off
envoyer (pres. part. **envoyant;** p.p. **envoyé;** pres. ind. **envoie, envoies, envoie, envoyons, envoyez, envoient;** pres. subj. **envoie, envoyions, envoient;** impf. **envoyais;** impv. **envoie, envoyons;** fut. **enverrai**)   send
épais, épaisse   thick, dense
épaisseur f.   thickness

épargne *f.* savings; **caisse d'épargne** savings bank
épaule *f.* shoulder
épée *f.* sword
épreuve *f.* test, trial
es, est *pres. ind.* **être**
escalier *m.* staircase, stairs
espèce *f.* sort, kind
espérer hope
espoir *m.* hope
esprit *m.* mind, spirit
essayer try
essence *f.* gasoline
estomac *m.* stomach
estrade *f.* platform, stand
et and
étage *m.* story, floor
étaient *impf.* **être**
état *m.* state
été *p.p.* **être**
été *m.* summer
éteignit *p. def.* **éteindre**
éteindra *fut.* **éteindre**
éteindre (*pres. part.* **éteignant;** *p.p.* **éteint;** *pres. ind.* **éteins, éteins, éteint, éteignons, éteignez, éteignent;** *pres. subj.* **éteigne, éteignions, éteignent;** *impf.* **éteignais;** *impv.* **éteins, éteignons;** *fut.* **éteindrai**) extinguish, put out; **s'éteindre** go out
éteint *p.p.* **éteindre**
étendre (*for forms, see* **tendre**) stretch; **s'étendre** stretch out, extend
étendue *f.* expanse, extent
êtes *pres. ind.* **être**
étoile *f.* star
étoilé *adj.* starlit
étonnant astonishing
étonner astonish
étouffer stifle, suppress, choke
étrange strange

étranger, étrangère *m. or f.* stranger, foreigner; *adj.* stranger, foreign
être (*pres. part.* **étant;** *p.p.* **été;** *pres. ind.* **suis, es, est, sommes, êtes, sont;** *pres. subj.* **sois, sois, soit, soyons, soyez, soient;** *impf.* **étais;** *impv.* **sois, soyons, soyez;** *fut.* **serai**) be; **être à** belong to
étroit narrow
étude *f.* study
étudier study
eu *p.p.* **avoir**
eut *past. def.* **avoir**
eût *impf. subj.* **avoir**
eux they, them; **eux-mêmes** themselves
évader: s'évader escape
évasion *f.* escape
éveiller wake up; **s'éveiller** wake up
évêque *m.* bishop
examen *m.* examination, test
expérience *f.* experiment
expliquer explain

fabrication *f.* make, manufacture
fabrique *f.* factory
fabriquer make, manufacture
face *f.* face; **en face de** opposite, in front of
fâché *adj.* angry
fâcher: se fâcher get (become) angry; **se fâcher contre** be angry with (at)
facile easy
façon *f.* way, manner; **à sa façon** in one's own manner
faible weak, feeble
faiblesse *f.* weakness, yielding
faillir (*used in the p. def. only*) **elle**

faillit l'emporter it nearly carried it off
faim *f.* hunger; **avoir faim** be hungry
faire (*pres. part.* faisant; *p.p.* fait; *pres. ind.* fais, fais, fait, faisons, faites, font; *pres. subj.* fasse, fassions, fassent; *impf.* faisais; *impv.* fais, faisons, faites; *fut.* ferai) make, do; **faire** + *inf.* cause (have, make) someone do something, or something be done; **faire attention** pay attention; **faire de son mieux** do one's best; **faire des kilomètres** walk miles; **faire entrer** show in; **faire mal** hurt, injure, do harm; **faire du mal à quelqu'un** injure, do harm (to); **faire le mal** do evil; **faire marcher** set going, start; **faire mourir** kill, put to death; **faire une bonne nuit** have a good night's sleep; **faire peur** frighten, scare; **faire de la place** make room; **faire plaisir** give pleasure; **faire une promenade** take a walk; **faire des questions** ask questions; **faire savoir** inform; **faire semblant** pretend; **faire un somme** take a nap; **faire venir** send for; **faire voir** show; **se faire** take place, happen, become, come about; **ça ne vous fait rien** it does not matter to you; **comment se fait-il** how come; **faites-vous arrêter** get yourself arrested; **il fait chaud** it is warm; **il fait froid** it is cold; **il fait mauvais temps** the weather is bad; **le mariage se fait** the wedding takes place; **pourquoi faire**

what for; **que faire** what is to be done; **qu'est-ce que ça me fait?** what difference does that make to me?; **s'il se peut faire** if it can be done; **il se fait tard** it is getting late
faisais, faisait *impf.* faire
faisant *pres. part.* faire
fait *p.p. and pres. ind.* faire
faites *pres. ind.* faire
falloir (*impersonal*) be necessary, must
fasse *pres. subj.* faire
fatigué *adj.* tired, weary
fatiguer tire; **se fatiguer** get (become) tired
faudra *fut.* falloir
faudrait *cond.* falloir
faut *pres. ind.* falloir
faute *f.* mistake, fault
fauteuil *m.* armchair
faux, fausse false, wrong
faux *f.* scythe
femme *f.* woman, wife
fenêtre *f.* window
fer *m.* iron
ferai *fut.* faire
ferait *cond.* faire
ferme *f.* farm
fermer close, shut
fête *f.* holiday, feast, celebration
feu *m.* fire
feuille *f.* leaf, sheet, page
février *m.* February
fiancé *m.*, **fiancée** *f.* betrothed
fiancer engage, betroth; **se fiancer** get engaged
fidèle faithful, loyal
fier, fière proud
figure *f.* face
fil *m.* thread; wire
fille *f.* girl, daughter
fils *m.* son
fin *f.* end; **à la fin!** after all!
finir finish, end; **finir de par-**

ler finish speaking; finir
par + inf. finally do something, end up doing something;
en finir avec have done with,
put an end to; finissons-
en! let's put an end to it!
finissait impf. finir
fit, firent past def. faire
fixe fixed, staring
fleur f. flower
fois f. time; une fois once; à la
fois at a time, at the same time
fol, folle see fou
fonction f. function, duty,
office; relever de ses fonctions
relieve of someone's duties
fonctionnaire m. official, state
employee
fond m. bottom, back
fondre melt
font pres. ind. faire
fontaine f. fountain
force f. force, strength, might;
de toutes ses forces with all
his might
forêt f. forest
formidable dreadful, formidable
fort strong; être fort en be
good at; ça, c'est trop fort
that's too much
fossé m. ditch
fou, fol, folle mad, insane
foule f. crowd
fraîcheur f. freshness, coolness
frais, fraîche fresh, cool
franc, franche frank
franc m. franc (French currency)
français French
frapper hit, strike, knock
frère m. brother
frigorifique refrigerating
froid cold; avoir froid be cold;
il fait froid it is cold

froid m. cold
front m. forehead
frotter rub
fumée f. smoke
fumer smoke
fus, fut p. def. être
fût impf. subj. être

gagner win, gain, take possession of, reach
gaiement merrily
galères f.pl. galleys, hard labor
galérien m. convict
gant m. glove
garçon m. boy, waiter
garde m. guard, watchman, warden
garde f. watch, guard, attention, heed, care; prendre
garde heed, be on one's guard
garder keep, watch over, take
care of
gardien m. keeper, warden
gare f. station (railway)
garnir furnish, fit, garnish
gâteau m. cake
gâter spoil, ruin
gauche left; à gauche on the
left
gendarme m. gendarme (semi-military police corps)
gendarmerie f. semi-military
police corps; capitaine de
gendarmerie police captain
gendre m. son-in-law
genou m. knee
gens f. pl. people; les jeunes
gens young people
gentil nice, kind
geôlier m. jailer
geste m. gesture
glace f. ice
glissement m. slipping, gliding
glisser slip, glide
goût m. taste

goûter   taste
goutte f.   drop
grâce f.   grace, thanks; grâce
  à   thanks to
grade   m.   rank;   monter   en
  grade   be promoted
grand   big,   large,   tall,   great;
  grand ouvert   wide open
grandeur f.   size
gratte-ciel m.   skyscraper
grattement m.   scraping
grave   grave, serious
grille f.   grid, grating
grimper   climb
gris   grey
gros, grosse   big, stout, plump,
  fat
guère   hardly, scarcely (with ne)
guérir   heal, cure, become well
guerre f.   war

habiller   dress; s'habiller   dress,
  get dressed
habit   m.   coat,   clothing;   pl.
  clothes
habitant m.   inhabitant, dweller
habitation   f.   dwelling,   house,
  residence
habiter   inhabit, live in, dwell in
habituer   accustom;   s'habituer
  get accustomed (used)
haie f.   hedge
haine f.   hatred, hate
haut   high, tall, loud; n.m.   top
hauteur f.   height; à la hauteur
  de   at the level of
hein!   eh! what?
hélas!   alas, unfortunately
hélice f.   propeller
herbe f.   grass
héritage m.   inheritance
heure f.   hour, o'clock; de bonne
  heure   early
heureusement   fortunately,
  happily

heureux,   heureuse   happy,   for-
  tunate; c'est heureux que   it is
  a good thing that
hier   yesterday
histoire f.   history, story
hiver m.   winter
homme m.   man
honnête   honest, honorable
honneur m.   honor
honte f.   shame; avoir honte   be
  ashamed
hors (de)   out of, without
huit   eight
humide   damp, wet
hutte f.   hut, hovel
hygromètre m.   hygrometer

ici   here; par ici   this way
idée f.   idea
il   he, it, there; ils   they
île f.   island
importer   matter;   que   m'importe?   what does it mater to
  me?;   n'importe   no matter;
  n'importe où   anywhere
impôt m.   tax
inconnu   adj.   unknown;   n.m.
  stranger
indiquer   indicate
infini   infinite
infirmier m., infirmière f.   male/
  female nurse
inquiéter   worry; s'inquiéter   become worried, worry
inquiétude f.   uneasiness, worry
instant   m.   instant,   moment,
  minute; à l'instant   instantly; à
  l'instant   même   at this very
  moment;   par   instants   now
  and then
instruit   educated, learned
intéresser   interest;   s'intéresser   become (be) interested
intérêt m.   interest
interroger   question

interrompre interrupt
inutile useless
invité *m.* guest
irai, iras, ira *fut.* aller

jais *m.* jet (used in making beads)
jamais never, ever; **ne ... jamais** never
jambe *f.* leg
janvier *m.* January
jardin *m.* garden
jaune yellow
je I
jeter throw, hurl, cast, fling; **jeter un cri** utter a cry
jeune young
jeunesse *f.* youth
joie *f.* joy
joignit *p. def.* joindre
joindre clasp, join
joint *p.p.* joindre
joli pretty
jouer play, gamble
jour *m.* day; **tous les jours** every day
journal *m.* newspaper
journée *f.* day; **toute la journée** all day long
joyeux, joyeuse joyful, happy, merry
juge *m.* judge
juger judge
juillet *m.* July
jupe *f.* skirt
jurer swear, curse
jusque until; **jusqu'à** until, as far as; **jusqu'à ce que** until; **jusqu'à minuit** to midnight
jusque-là until then
juste *m.* just (upright) person; *adj.* just, correct, fair

kilomètre *m.* kilometer (0.62 mile)

la *art.* the; *pron.* her, it
là there; **-là** *distinguishes between "that" and "this"* (-**ci**); **ce matin-là** that morning
lâche coward
laid ugly, plain, homely
laine *f.* wool
laisser let, leave, allow; **laisser dire** let someone talk; **laisser tomber** drop
lait *m.* milk
langue *f.* tongue
lapin *m.* rabbit
large wide; **une large place** a large place
laver wash
lazaret *m.* quarantine hospital
le *art.* the; *pron.* him, it
lecture *f.* reading
léger, légère light
léguer bequeath
légume *m.* vegetable
lendemain *m.* next day, the day after
lent slow
lenteur *f.* slowness
lequel, lesquels, laquelle, lesquelles *rel. pron.* who, whom, which, that; *inter. pron.* which one, who, whom
les *pron.* them; *art.* they
leur *pron.* them, to them; *adj.* their
lever raise, lift; **se lever** get up, rise
levier *m.* lever
lèvre *f.* lip
libérer free
libre free; **pas libre** the line is busy
licence *f.* college degree
lier bind, tie
lierre *m.* ivy
lieu *m.* place, spot; **au lieu de** instead of

ligne *f.* line, row
lire (*pres. part.* **lisant;** *p.p.* **lu;** *pres. ind.* **lis, lis, lit, lisons, lisez, lisent;** *pres. subj.* **lise, lisions, lisent;** *impf.* **lisais;** *impv.* **lis, lisons, lisez;** *fut.* **lirai**) read
lisait *impf.* **lire**
lit *pres. ind. and p. def.* **lire**
lit *m.* bed
livre *m.* book
loger house; **se loger** penetrate
loi *f.* law
loin far, far away; **au loin** far off, in the distance; **de loin** from a distance; **loin de là** far from it
lointain *adj.* distant, far off
long, longue long; **le long de** along, the length of
longtemps long, a long time
longueur *f.* length
lui he, him, for him, to him, from him, for her, to her, from her; **lui-même** himself
lumière *f.* light
lune *f.* moon; **rayon de lune** moonbeam
lunettes *f.pl.* eye glasses
lutte *f.* struggle, fight
lutter struggle, fight

ma *see* **mon**
machine *f.* machine, engine; **machine à vapeur** steam engine
madame (**Mme**) madame, Mrs. + name
magasin *m.* store, shop
mai *m.* May
maigre thin, lean
main *f.* hand; **à la main** in one's hand

maintenant now
maintenir (*for forms, see* **tenir**) keep, maintain
maire *m.* mayor
mairie *f.* town hall
mais but, however; **mais!** why!; **mais non!** of course not!
maison *f.* house, home
maître *m.*, **maîtresse** *f.* master, mistress
mal *adv.* badly, ill, wrong, bad; **faire mal** injure, hurt
mal *m.* evil; **faire le mal** do evil; **mal de mer** sea sickness
malade ill, sick
maladie *f.* illness, sickness, disease
malheur *m.* misfortune, bad luck, unhappiness
malheureux, malheureuse unhappy, unfortunate
manche *m.* handle
manger eat
manquer lack, be wanting, fail; **vous me manquez** I miss you
manteau *m.* cloak
marchand *m.* shopkeeper
marche *f.* motion, movement, progress; **mettre en marche** start; **se mettre en marche** start out, set out
marcher walk, go, advance, step
marée *f.* tide
marémoteur, marémotrice *adj.* usine **marémotrice** tidal plant
mari *m.* husband
marier marry, wed; **se marier** get married
marin *m.* sailor
massif, massive solid; **argent massif** solid silver
matelas *m.* mattress
matin *m.* morning
maudire (*pres. part.* **maudissant;** *p.p.* **maudit;** *pres. ind.* **maudis,**

maudis, maudit, maudissons,
maudissez, maudissent; *pres.*
subj. maudisse, maudissions,
maudissent; *impf.* maudissais;
impv. maudis, maudissons; *fut.*
maudirai) curse
maudit *p.p.* maudire
mauvais bad, wretched
me me, to me, from me, myself,
to myself
mécontent displeased
médecin m. physician, doctor
meilleur better, best
même *adj.* same, very; *pron.*
-self (moi-même, etc);
adv. even
mener lead
mentir (*pres. part.* mentant; *p.p.*
menti; *pres. ind.* mens, mens,
ment, mentons, mentez, mentent; *pres. subj.* mente, men-
tions, mentent; *impf.* mentais;
impv. mens, mentons; *fut.*
mentirai) lie, tell a lie
mer *f.* sea
merci thanks, thank you
mère *f.* mother
mériter deserve
mes *see* mon
messieurs (*pl.* monsieur) gen-
tlemen
mètre *m.* meter
mettre (*pres. part.* mettant; *p.p.*
mis; *pres. ind.* mets, mets, met,
mettons, mettez, mettent; *pres.*
subj. mette, mettions, mettent;
impf. mettais; *impv.* mets, mettons; *fut.* mettrai) put, put
on, place, set; mettre un
couvert set a place; se mettre
+ *inf.* begin (start) to + *inf.;*
se mettre au lit go to bed; se
mettre en route start out; se
mettre à table sit down to
table

meuble *m.* piece of furniture
meunier *m.* miller
meurs *pres. ind. and impv.*
mourir
meurt, meurent *pres. ind.*
mourir
midi noon
mien, mienne mine
mieux better, best; le mieux
(*n.m.*) the best
milieu *m.* middle, midst; au
milieu de in the middle of
mille thousand
mine *f.* appearance, air; de belle
mine good-looking
minuit *m.* midnight
minutieux, minutieuse thorough
mis *p.p.* mettre
mis, mit, mirent *p. def.* mettre
misérable wretched; *n.m.*
wretch, scoundrel
misère *f.* misery, poverty, distress
mît *impf. subj.* mettre
mode *f.* style, fashion; à la
mode in style
moi I, me
moindre *adj.* less, least
moins *adv.* less, least; au
moins at least; de moins en
moins less and less
mois *m.* month
moitié *f.* half; à moitié partly,
half
mon, ma, mes my
monde *m.* world; crowd; tout le
monde everybody
monnaie *f.* currency
monseigneur *m.* your or his
Grace (*to a bishop*)
monsieur *m.* sir, Mr. + name
montagne *f.* mountain
montant *m.* amount
montant *m.* door post
monter go up, rise, mount, as-

cend; **monter à bord** board
montre f. watch
montrer show, point out (at)
morceau m. piece, morsel
mort m. dead man
mort f. death
mort p.p. **mourir**
mot m. word; **sans mot dire**
without saying a word
mouiller wet, moisten, dampen
moulin m. mill
mourant m. dying person
mourant pres. part **mourir**
mourir (pres. part. **mourant;** p.p.
mort; pres ind. **meurs, meurs,
meurt, mourons, mourez,
meurent;** pres. subj. **meure,
mourions, meurent;** impf.
mourais; impv. **meurs,
mourons;** fut. **mourrai**) die
mourrai fut. **mourir**
mourrait cond. **mourir**
moyen adj. average, middle
moyen m. means, way; **au
moyen de** by means of
mur m. wall
muraille f. wall

nager swim
naître be born
navire m. ship, boat
ne: ne ... pas no, not; **ne ...
jamais** never; **ne ... plus** no
more, no longer; **ne ...
que** only; **ne ... personne** no
one, nobody; **ne ... rien** nothing, not anything; **ne ... ni ...
ni** neither ... nor; **ne ...
guère** scarcely, hardly, barely
né p.p. **naître**
neuf nine
nez m. nose

ni nor; **ne ... ni ... ni ...** neither
... nor
noce f. wedding
noir black
noix f. nut, walnut
nom m. name
nombreux, nombreuse numerous, many
nommer call, name, appoint
non no
nord m. north
notre (pl. **nos**) adj. our
nôtre (**le nôtre**) pron. ours
nourrir feed, nourish
nourriture f. food, nourishment
nous we, us, ourselves, to ourselves, each other, to each
other, one another; **nous-
mêmes** ourselves
nouveau, nouvelle new; **de
nouveau** again
nouvel see **nouveau**
nouvelle f. piece of news; **de
leurs nouvelles** news of them
nu naked
nuage m. cloud
nuire hurt, be harmful
nuit f. night
numéro m. number

obéir obey
objet m. object, thing
obscur obscure, dark
obtenir (for forms, see **tenir**) ob-
tain, get, achieve
occuper occupy; **s'occuper de**
occupy (busy, trouble) oneself
with
odeur f. smell, odor
œil m. eye
offert p.p. **offrir**
offrir (for forms, see **couvrir**) offer
oiseau m. bird

ombre *f.* shade, shadow, darkness
on one, someone, we, you, they, people
ont *pres. ind.* avoir
onze eleven
opposition *f.* opposition; **faire opposition** stop payment
or *m.* gold
orage *m.* storm
ordinaire ordinary, common, usual; **d'ordinaire** usually
oreille *f.* ear
orme *m.* elm tree
orthographe *f.* spelling
ôter remove, take away
ou or
où where, when; *rel. pron.* in (to) which, to which, whither; **d'où** whence
oublier forget
ouest *m.* west
oui yes
outil *m.* tool, instrument
ouvert *p.p.* ouvrir
ouverture *f.* opening
ouvrier *m.* workman
ouvrir *(for forms, see* **couvrir***)* open

pain *m.* bread
paix *f.* peace
panneau *m.* panel
papier *m.* paper
paquebot *m.* liner
par by, through, in, on, out, of; **par jour** a day; **par la fenêtre** out of the window; **par là** that way; **par semaine** weekly
paradis *m.* Paradise
paraissait *impf.* **paraître**
paraître *(pres. part.* **paraissant;** *p.p.* **paru;** *pres. ind.* **parais, parais, paraît, paraissons,**

paraissez, paraissent; *pres. subj.* **paraisse, paraissions, paraissent;** *impf.* **paraissais;** *impv.* **parais, paraissons;** *fut.* **paraîtrai)** appear, seem
parce que because
pareil, pareille such, like, similar, the same
parent *m.* parent, relative
paresseux, paresseuse lazy
parfait perfect
parler speak, talk
parmi among
parole *f.* word, speech
part *f.* part, share; **quelque part** somewhere
partie *f.* part, portion; **la plus grande partie** most
partir *(pres. part.* **partant;** *p.p.* **parti;** *pres. ind.* **pars, pars, part, partons partez, partent;** *pres. subj.* **parte, partions, partent;** *impf.* **partais;** *impv.* **pars, partons;** *fut.* **partirai;** *p. indef. with auxiliary* **être)** leave
partout everywhere
paru *p.p.* **paraître**
parut *p. def.* **paraître**
pas *m.* step, pace
pas no, not; *see* ne
passager *m.* passenger
passant *m.* passer-by
passé *m.* past
passer pass; **passer un examen** take an exam; **se passer** take place, happen; **se passer de** do without; **passez votre chemin** go on your way
patrie *f.* homeland, fatherland
pâturage *m.* pasture
pauvre poor, wretched; *n.m.* poor person, beggar
payer pay (for)
pays *m.* country

paysage *m.* landscape
paysan *m.* peasant
peau *f.* skin
pêche *f.* fishing
pêcher fish
peine *f.* difficulty; **à peine** hardly, scarcely, barely
peint *adj.* painted
peinture *f.* painting
pendant during, for; **pendant que** while
pendre (*pres. part.* **pendant;** *p.p.* **pendu;** *pres. ind.* **pends, pends, pend, pendons, pendez, pendent;** *pres. subj.* **pende, pendions, pendent;** *impf.* **pendais;** *impv.* **pends, pendons;** *fut.* **pendrai**) hang
pénible painful, distressing
pensée *f.* thought
penser think, reflect
perdre (*pres. part.* **perdant;** *p.p.* **perdu;** *pres. ind.* **perds, perds, perd, perdons, perdez, perdent;** *pres. subj.* **perde, perdions, perdent;** *impf.* **perdais;** *impv.* **perds, perdons;** *fut.* **perdrai**) lose, undo, ruin; **perdre de vue** lose sight of; **se perdre** get lost; **se perdre en** waste time in; **une balle perdue** a stray bullet; **les yeux perdus** eyes gazing vacantly
père *m.* father
personne *f.* person; **ne ... personne** nobody, no one
perte *f.* loss
peser weigh
petit small, little
pétrole *m.* oil
peu little, few, not very
peuplier *m.* poplar tree
peur *f.* fear; **avoir peur** be afraid; **faire peur** frighten

peut-être perhaps, maybe
peux *pres. ind.* **pouvoir**
phare *m.* lighthouse
phrase *f.* sentence
pièce *f.* piece, coin, room; **pièce de théâtre** play
pied *m.* foot; **à pied** on foot
pierre *f.* stone
pilule *f.* pill
piquer prick, stitch
piqûre *f.* injection, shot
pire worse, worst
pis worse, worst
pitié *f.* pity; **avoir pitié** to pity, have pity
placard *m.* closet
place *f.* place, square; **en bonne place** well placed
plaignait *impf.* **plaindre**
plaindre (*pres. part.* **plaignant;** *p.p.* **plaint;** *pres. ind.* **plains, plains, plaint, plaignons, plaignez, plaignent;** *pres. subj.* **plaigne, plaignions, plaignent;** *impf.* **plaignais;** *impv.* **plains, plaignons;** *fut.* **plaindrai**) pity; **se plaindre** complain, groan
plaine *f.* plain
plaint *pres. ind. and p.p.* **plaindre**
plaire (*pres. part.* **plaisant;** *p.p.* **plu;** *pres. ind.* **plais, plais, plaît, plaisons, plaisez, plaisent;** *pres. subj.* **plaise, plaisions, plaisent;** *impf.* **plaisais;** *impv.* **plais, plaisons;** *fut.* **plairai**) please; **s'il vous plaît** (if you) please
plaise *pres. subj.* **plaire**
plaisir *m.* pleasure
planche *f.* board, plank
plancher *m.* floor
plaque *f.* plate, sheet

plâtre *m.*   plaster
plein full
pleurer weep, cry
pluie *f.*   rain
plupart: la plupart most
plus more; **le plus** most; **plus que** more than; **plus de** more than; **de plus** in addition, more, besides, moreover; **de plus en plus** more and more; **non plus** either, neither; **ne ... plus** no longer, no more
plusieurs several
poche *f.*   pocket
point *m.*   point; **point du jour** daybreak
poisson *m.*   fish
poitrine *f.*   chest
politique *f.*   politics
pont *m.*   bridge, deck
porte *f.*   door
porte-clefs *m.*   turnkey
porter carry, bear, wear, bring
porteur *m.*   bearer
poser lay, put, place; **poser une question** ask a question; **se poser** land
posséder possess
poudre *f.*   powder
poulet *m.*   chicken
pour for, to, in order to; **pour que** in order that, so that
pourquoi why
pourrai *fut.* **pouvoir**
pourrais *cond.* **pouvoir**
pourtant however
pousser push, grow; **pousser un cri** scream, utter a cry
poussière *f.*   dust
pouvoir *m.*   power, might
pouvoir (*pres. part.* **pouvant;** *p.p.* **pu;** *pres. ind.* **peux (puis), peux (puis), peut, pouvons, pouvez,**

peuvent; *pres. subj.* **puisse, puissions, puissent;** *impf.* **pouvais;** *fut.* **pourrai**) can, may, be able; **il se peut** it may be
pratique practical
précédent preceding, before
précis precise, exact; **à six heures précises** at exactly six o'clock
prédire predict
préfecture *f.:* **préfecture de police** police headquarters
premier first
prenais *impf.* **prendre**
prendre (*pres. part.* **prenant;** *p.p.* **pris;** *pres. ind.* **prends, prends, prend, prenons, prenez, prennent;** *pres. subj.* **prenne, prenions, prennent;** *impf.* **prenais;** *impv.* **prends, prenons;** *fut.* **prendrai**) take (up, on), seize, catch, capture; **prendre garde** take care, beware, heed; **prendre au sérieux** take seriously; **se prendre au sérieux** take oneself seriously
prenne *pres. subj.* **prendre**
prénom *m.*   first name
près near, nearly; **près de** near, almost, close
présenter present, introduce; **se présenter** introduce oneself
presque almost
pressé *adj.*   in a hurry
presser press, squeeze **se presser** hurry
pression *f.*   pressure
prêt ready
prétendre claim, assert
prêtre *m.*   priest
preuve *f.*   proof
prier pray, beg, ask

prière *f.* prayer
pris *p.p.* **prendre**
prisonnier *m.* prisoner
prit *p. def.* **prendre**
prix *m.* price, value; **à bas prix** at a low price, cheap
prochain *adj.* next
produire (*pres. part.* **produisant;** *p.p.* **produit;** *pres. ind.* **produis, produis, produit, produisons, produisez, produisent;** *pres. subj.* **produise, produisions, produisent;** *impf.* **produisais;** *impv.* **produis, produisons;** *fut.* **produirai**) produce, create, cause
produisit *p. def.* **produire**
profond deep, profound
profondeur *f.* depth
projet *m.* project
promenade *f.* walk, promenade; **faire une promenade** take a walk
promener: se promener take a walk
promesse *f.* promise
promettre (*for forms, see* **mettre**) promise
promis, promit *p. def.* **promettre**
propager spread, propagate
proposition *f.* proposal
propre own (*preceding n.*); clean (*following n.*)
protéger protect
pu *p.p.* **pouvoir**
puis then, after
puis *pres. ind.* **pouvoir**
puisque since
puisse *pres. subj.* **pouvoir**
put *p. def.* **pouvoir**
pût *impf. subj.* **pouvoir**

qu' = **que**
quai *m.* wharf

quand when; **quand même** anyway
quarantaine *f.* about forty
quarante forty
quart *m.* quarter, one fourth
quartier *m.* district, quarter
quatorze fourteen
quatre four
quatrième fourth
que *rel. pron.* whom, which, that; *inter. pron.* what?; *adv.* how! what! (*in exclamations*); *conj.* that, than, as, whether, so that; **ce que** what, that which, which; **ne ... que** only
quel, quelle *adj.* what, which, what! what a...! (*in exclamations*)
quelque *adj.* some, a few, any
quelquefois sometimes
quelqu'un someone, somebody, anybody, anyone; **quelques-uns** some
qui *rel. pron.* who, whom, which, that; *inter. pron.* who?, whom? **ce qui** what, which, that which
quinze fifteen
quitter leave
quoi *pron.* what, which; **quoi!** what!
quoique although, though

raconter tell, relate
rage *f.* rage, fury, madness; **mettre en rage** enrage, madden
raide stiff
raison *f.* reason; **avoir raison** be right; **perdre la raison** lose one's mind, become insane
ralentir slow down, reduce, lessen
rallumer light again
ramasser pick up

ramener bring back
rang *m.* rank, row, line
rangée *f.* row, line
rappeler recall, call back; **se rappeler** remember
rassurer reassure
rayon *m.* radius, ray; **rayon de lune** moonbeam
réaliser carry out
récepteur *adj.* receiving; *n.m.* receiver (telephone)
recevoir (*pres. part.* **recevant;** *p.p.* reçu; *pres. ind.* **reçois,** reçois, reçoit, recevons, recevez, reçoivent; *pres. subj.* **reçoive,** recevions, reçoivent; *impf.* recevais; *impv.* reçois, recevons; *fut.* recevrai) receive
recharger recharge, reload, load again
rechercher search, seek
reçois, reçoit, reçoivent *pres. ind.* **recevoir**
recommencer start again, begin again
reconnaissable recognizable
reconnaissance *f.* gratitude
reconnaissant grateful
reconnaissent *pres. ind.* **reconnaître**
reconnaissiez *impf. and pres. subj.* **reconnaître**
reconnaître (*for forms, see* **connaître**) recognize, admit
reconnu *p.p.* **reconnaître**
reconnut *p. def.* **reconnaître**
reçu *p.p.* **recevoir**
reçut *p. def.* **recevoir**
redescendre come (go) down again
redevenir (*for forms, see* **devenir**) become again
redire (*for forms, see* **dire**) repeat, say (tell) again
réduire reduce

refermer close again
réfléchir think about
refroidir cool, get cold
regagner go back, regain, recover
regard *m.* look, glance
regarder look, concern; **cela me regarde** that concerns me
règlement *m.* rule, regulation
régler regulate, settle, adjust
région *f.* region, area
regretter regret, be sorry
relever pick up again; **relever de ses fonctions** relieve from one's duties; **se relever** rise again
relire reread, read again
remarquer notice, remark
remède *m.* remedy, medicine
remercier thank
remettre (*for forms, see* **mettre**) put back again, replace; **remettre en liberté** set free
remis *p.p.* **remettre**
remit *p. def.* **remettre**
remonter climb (up) again, go back up, come up again
remplacer replace
remplir fill
remuer stir, move
rencontre *f.* meeting; **aller à la rencontre** go to meet
rencontrer meet, encounter, hit (an obstacle)
rendez-vous *m.* appointment, meeting
rendormir: se rendormir (*for forms, see* **dormir**) go back to sleep
rendre give back, return, render, make
renoncer give up
rentré *adj.* sunken
rentrée *f.* return

rentrer go back in, come back, return, go back home

renvoyer send back, dismiss

reparaître (*for forms, see* **paraître**) reappear, appear again

répartir distribute

reparu *p.p.* **reparaître**

repas *m.* meal

repasser pass again; **passer et repasser** go back and forth

répondre (*pres. part.* **répondant;** *p.p.* **répondu;** *pres. ind.* **réponds, réponds, répond, répondons, répondez, répondent;** *pres. subj.* **réponde, répondions, répondent;** *impf.* **répondais;** *impv.* **réponds, répondons;** *fut.* **répondrai**) answer, reply; **répondre de** answer for

réponse *f.* answer, reply

repos *m.* rest

reposer lie; **se reposer** rest

reprendre (*for forms, see* **prendre**) take back, take (up) again, seize again, recapture

représentation *f.* performance

reprirent *p. def.* **reprendre**

respiration *f.* breathing

respirer breathe

rester remain, stay (*p. indef. with auxiliary* **être**)

retard *m.* delay; **être en retard** be late

retenir (*for forms, see* **tenir**) keep back, retain, hold back; **se retenir** control oneself

retient *pres. ind.* **retenir**

retint *p. def.* **retenir**

retomber fall back, fall back again, fall again

retour *m.* return

retourner return, turn (again), go back; **se retourner** turn round

retrouver find again, recover; **se retrouver** be again, find oneself

réunion *f.* meeting, gathering

réussir succeed

rêve *m.* dream

réveil *m.* awakening

réveiller awaken; **se réveiller** awake, wake up

revenir (*for forms, see* **venir**) come back, return

rêver dream

reverrai *fut.* revoir

reviendrait *cond.* revenir

reviendriez *cond.* revenir

revient, reviennent *pres. ind.* revenir

revins, revint *p. def.* revenir

revivre come to life again

revoir (*for forms, see* **voir**) see again; **au revoir** good-bye, see you

revu *p.p.* revoir

richesse *f.* wealth

rideau *m.* curtain, screen

rien nothing, anything; **ne ...**
rien nothing

rire (*pres. part.* **riant;** *p.p.* **ri;** *pres. ind.* **ris, ris, rit, rions, riez, rient;** *pres. subj.* **rie, ries, rie, riions, riiez, rient;** *impf.* **riais;** *impv.* **ris, rions;** *fut.* **rirai**) laugh; **rire de tout son cœur** laugh heartily; *n.m.* laugh

robe *f.* dress, gown

roc *m.* rock

rocher *m.* rock

roi *m.* king

roman *m.* novel

rond round

rose *f.* rose

rose   pink
rôti   roasted; **poulet rôti** roasted
chicken
roue *f.*   wheel
rouge   red
rouler   roll
rouvrir (*for forms, see* ouvrir)
open again
rue *f.*   street

sa   *see* son
sable *m.*   sand
sac *m.*   bag; knapsack
sachant   *pres. part.* savoir
sache   *pres. subj.* savoir
sain   healthy
sais   *pres. ind.* savoir
saisir   seize
sale   dirty
salle *f.*   room, hall; **salle à manger** dining room; **salle de
bain** bathroom
salon *m.*   living room
saluer   greet
sang *m.*   blood
sans   without; **sans que** without
santé *f.*   health
satisfaire (*for forms, see* faire)
satisfy
satisfait   *p.p.* satisfaire
sauf   except
saura   *fut.* savoir
sauter   jump
sauvage   wild
sauver   save; **se sauver** escape,
run off
savant *m.*   scientist
savant   learned
savoir (*pres. part.* sachant; *p.p.*
su; *pres. ind.* sais, sais, sait, sa-
vons, savez, savent; *pres. subj.*
sache, sache, sachions, sa-
chent; *impf.* savais; *impv.*

sache, sachons; *fut.* saurai)
know, know how, can, be
able; **ne savoir que dire** (faire)
not to know what to say (do);
faire savoir inform
se   himself, herself, itself, oneself, themselves, to himself,
etc. to each other, one another
sec, sèche   dry
sécher   dry
secouer   shake
Seigneur *m.*   Lord
seize   sixteen
séjour *m.*   stay, sojourn
sel *m.*   salt
selon   according to
semaine *f.*   week
semblable   *adj.* similar,   like;
n.m. fellow creature
semblant *m.*   semblance;   **faire
semblant** pretend
sembler   seem
sentiment *m.*   feeling
sentir (*pres. part.* sentant; *p.p.*
senti; *pres. ind.* sens, sens,
sent, sentons, sentez, sentent;
pres. subj. sente, sentions, sentent; *impf.* sentais; *impv.* sens,
sentons; *fut.* sentirai)   feel,
smell
sept   seven
serai   *fut.* être
serait   *cond.* être
serrer   clasp, press, squeeze,
clutch
serrure *f.*   lock
serviette *f.*   napkin
servir (*pres. part.* servant; *p.p.*
servi; *pres. ind.* sers, sers, sert,
servons, servez, servent; *pres.
subj.* serve, servions, servent;
impf. servais; *impv.* sers, servons; *fut.* servirai)   serve, be
useful; **servir de** serve as; **se

servir help oneself; **se servir de** use, make use of
serviteur *m.* servant
ses *see* **son**
seuil *m.* doorstep, threshold
seul alone, single, only
seulement only, however, but
si if, whether, so
siècle *m.* century
sien, sienne (le sien, la sienne, etc.) his, hers, its
siffler whistle
silencieux, silencieuse silent, quiet
sixième sixth
sœur *f.* sister
soie *f.* silk
soif *f.* thirst; **avoir soif** be thirsty
soigner care for, look after, attend to
soin *m.* care, attention
soir *m.* evening
soirée *f.* evening
sois *pres. subj. and impv.* être
soixante sixty
sol *m.* floor
solaire solar
soldat *m.* soldier
soleil *m.* sun
solide strong, solid
sombre dark, somber, gloomy, dismal
somme *m.* nap; **faire un somme** take a nap
sommeil *m.* sleep; **avoir sommeil** be sleepy
sommes *pres. ind.* être
son, sa, ses his, her, its
son *m.* sound
sonner ring, strike, sound
sonnerie *f.* ring, sound of a bell
sonore loud, sonorous
sont *pres. ind.* être
sortir (*pres. part.* **sortant;** *p.p.*

sorti; *pres. ind.* **sors, sors, sort, sortons, sortez, sortent;** *pres. subj.* **sorte, sortions, sortent;** *impf.* **sortais;** *impv.* **sors, sortons;** *fut.* **sortirai;** *p. indef. with auxiliary* **être**) go out, come out, leave, issue
sou *m.* cent (*rough equivalent*; a sou is worth five centimes; the word is no longer in use)
soucier: se soucier care, worry about
soudain sudden
souffert *p.p.* **souffrir**
souffrir (*pres. part.* **souffrant;** *p.p.* **souffert;** *pres. ind.* **souffre, souffres, souffre, souffrons, souffrez, souffrent;** *pres. subj.* **souffre, souffrions, souffrent;** *impf.* **souffrais;** *impv.* **souffre, souffrons;** *fut.* **souffrirai**) suffer
soulever lift, raise up
soumettre (*for forms, see* **mettre**) submit, subject, undergo
souper *m.* supper
soupir *m.* sigh
sourd dull, muffled
sourire (*for forms, see* **rire**) smile
sous under
sous-lieutenant *m.* second lieutenant
souterrain *adj.* underground; *n.m.* underground passage
souvenir: se souvenir (*for forms, see* **venir**) remember, recall
souvent often
soyez *impv. and pres. subj.* être
squelette *m.* skeleton
stupéfait astonished, amazed
stupeur *f.* daze, amazement
su *p.p.* **savoir**
sud *m.* south

suffire (*pres. part* **suffisant;** *p.p.*
suffi; *pres. ind.* **suffis, suffis,
suffit, suffisons, suffisez, suffisent;** *pres. subj.* **suffise, suffi-
sions, suffisent;** *impf.* **suffisais;**
impv. **suffis, suffisons;** *fut.*
suffirai) suffice, be sufficient
suis *pres. ind.* **être**
suis, suit *pres. ind.* **suivre**
suite *f.* succession; **tout de
suite** at once, right away
suivant following, according to
suivre (*pres. part.* **suivant;** *p.p.*
suivi; *pres. ind.* **suis, suis, suit,
suivons, suivez, suivent;** *pres.
subj.* **suive, suivions, suivent;**
impf. **suivais;** *impv.* **suis,
suivons;** *fut.* **suivrai)** follow
sujet *m.* subject; **au sujet de** on
the subject of, about, concern-
ing
supérieur higher, superior
supporter stand
supprimer suppress, do away
with, abolish
sur on, upon, over, above
sûr sure
surprendre (*for forms, see* **prendre)** surprise
surpris *p.p.* **surprendre**
surtout above all, especially
surveiller watch (over), keep an
eye on
sut *p. def.* **savoir**
sût *impf. subj.* **savoir**

ta *see* **ton**
tabac *m.* tobacco
tableau *m.* painting
tache *f.* spot, stain
tant so much (many), so; **tant
de** so many; **tant que** as long
as
taper type
tard late

tas *m.* heap, pile
te you, to (for, from) you, yourself, to yourself
teinte *f.* shade, tint
teinté *adj.* colored, tinted
teinter tint, color
tel, telle, tels, telles such, so; **un
tel** such a
téléphoniste *f.* operator
temps *m.* time, weather; **de
temps en temps** from time to
time; **à temps** in time; **il fait
mauvais temps** the weather is
bad; **en même temps** at the
same time; **de mon temps** in
my day
tendre (*for forms, see* **prendre)** stretch, extend, spread;
tendre la main hold out one's
hand
tenir (*pres. part.* **tenant;** *p.p.*
tenu; *pres. ind.* **tiens, tiens,
tient, tenons, tenez, tiennent;**
pres. subj. **tienne, tenions,
tiennent;** *impf.* **tenais;** *impv.*
tiens, tenons; *fut.* **tien-
drai)** hold, keep, have, remain; **tenir bon** stand firm;
tenez! look here! now look!;
tiens! look here! now look; **se
tenir (debout)** stand (up); **se
tenir tranquille** stand still,
keep quiet
terrain *m.* soil, ground, field
terre *f.* ground, earth; **par/à
terre** on the ground
tes *see* **ton**
testament *m.* will
tête *f.* head
**tien, tienne (le tien, la tienne, les
tiens, les tiennes)** yours
tiendra *fut.* **tenir**
tiens *pres. ind. and impv.* **tenir**
tint *p. def.* **tenir**
tirer draw, pull out, take out of,

fire (gun); **se tirer** escape, recover
tiroir *m.* drawer
titre *m.* title
toi you; **toi-même** yourself
toit *m.* roof
tomber fall; **tomber sur** come across, hit; **laisser tomber** drop, let fall; **se laisser tomber** drop (*p. indef. with auxiliary* **être**)
ton, ta, tes your
tonnerre *m.* thunder; **coup de tonnerre** thunderclap
tort *m.* wrong; **avoir tort** be wrong
tôt early
toujours always; **toujours pas** still not; **pas toujours** not always
tour *f.* tower
tournant *m.* turn, bend
tout, tous, toutes, toutes *adj. and pron.* all, the whole, every, everyone, everything; *adv.* very, quite, entirely, wholly; **rien du tout** nothing at all; **pas du tout** not at all; **tout à fait** quite, wholly, completely; **tout de même** just the same; **tout le monde** everybody; **tous les deux** both; **tout en** + *gerund* while + *gerund*
toux *f.* cough
traîner drag, crawl, wander
traiter treat
tranchant sharp, cutting
tranquille quiet, still; **soyez tranquille** don't worry
tranquillité *f.* quiet, peace
travail *m.* work
travailler work
travers: à travers across, through

traverser cross, go (come) through
treize thirteen
treizième thirteenth
tremblement *m.* quake
trente thirty
très very, quiet
tribunal *m.* court, tribunal
triste sad
tristesse *f.* sadness
trois three
troisième third
tromper deceive; **se tromper** be mistaken
tronc *m.* trunk
trop too much (many), too
trottoir *m.* sidewalk
trou *m.* hole
troublé *adj.* disturbed
trouver find, judge, think; **se trouver** be found, be, happen to be; **se trouver mieux** feel better
tu you
tuer kill
tuyau *m.* pipe

un, une *art.* a, an; *adj.* one; **l'un l'autre** each other; **les uns les autres** each other, one another
unième first
unir unite
usine *f.* plant; **usine marémotrice** tidal plant
utile useful

va *pres. ind. and impv.* **aller**
vague *f.* wave
vais *pres. ind.* **aller**
valeur *f.* value, worth
valoir (*pres. part.* **valant;** *p.p.* **valu;** *pres. ind.* **vaux, vaux,**

vaut, valons, valez, valent; *pres. subj.* vaille, valions, vaillent; *impf.* valais; *fut.* vaudrai) be worth; il vaut mieux it is better, it is worth more more

vapeur *f.* steam; machine à vapeur steam engine

vase *m.* bowl, vase

vaudrait *cond.* valoir

vaut *pres. ind.* valoir

vécu *p.p.* vivre

vécut *p. def.* vivre

veille *f.* day (evening) before

veiller watch, keep an eye on, take care

vendre (*for forms, see* rendre) sell

venir (*pres. part.* venant; *p.p.* venu; *pres. ind.* viens, viens, vient, venons, venez, viennent; *pres. subj.* vienne, venions, viennent; *impf.* venais; *impv.* viens, venons; *fut.* viendrai; *p. indef.* with auxiliary être) come; venir de + *inf.* have just + *p.p.*

vent *m.* wind

venue *f.* coming, approach

vérité *f.* truth

vérole *f.* pox; petite vérole smallpox

verrai *fut.* voir

verre *m.* glass

vers toward, to, about

vert green

veste *f.* jacket

vêtement *m.* garment; *pl.* clothes

vêtir clothe, dress

veuille *pres. subj.* vouloir

veuillez *pres. subj. and impv.* vouloir

veux, veut *pres. ind.* vouloir

viande *f.* meat

vide empty

vider empty

vie *f.* life

vieil *see* vieux

vieillesse *f.* old age

vieillir get old

viendrai *fut.* venir

viendrais, viendrait *cond.* venir

vienne, viennes *pres. subj.* venir

vieux, vieil, vieille old, former

vif, vive alive, quick, lively

ville *f.* town, city

vin *m.* wine

vingt twenty

vint *p. def.* venir

vis, vit, vivent *pres. ind.* vivre

vis, vit, virent *p. def.* voir

vis *impv.* vivre

visage *m.* face

vite quick, fast

vitesse *f.* speed; à toute vitesse at full speed; à grande vitesse at a great speed

vivant *adj.* alive, living

vivement quickly

vivre (*pres. part.* vivant; *p.p.* vécu; *pres. ind.* vis, vis, vit, vivons, vivez, vivent; *pres. subj.* vive, vivions, vivent; *impf.* vivais; *impv.* vis, vivons; *fut.* vivrai) live, be alive

vivres *m. pl.* food

voici here is (are), that is, those are

voir (*pres. part.* voyant; *p.p.* vu; *pres. ind.* vois, vois, voit, voyons, voyez, voient; *pres. subj.* voie, voies, voie, voyions, voyiez, voient; *impf.* voyais; *impv.* vois, voyons; *fut.* verrai) see; faire voir show

voisin *adj.* next, near-by,

neighboring; *n.m.* neighbor (*f.* voisine)

voiture *f.* car, cart

voix *f.* voice; à/d'une voix basse in a low voice

vol *m.* theft

vol *m.* flight

voler steal

voler fly

volet *m.* shutter

voleur *m.* thief

volonté *f.* will power, will

vont *pres. ind.* aller

votre your

vôtre (le vôtre, la vôtre, les vôtres) yours

voudrai *fut.* vouloir

voudrais *cond.* vouloir

vouloir (*pres. part.* voulant; *p.p.* voulu; *pres. ind.* veux, veux, veut, voulons, voulez, veulent; *pres. subj.* veuille, voulions, vouliez, veuillent; *impf.* voulais; *impv.* veuille, veuillons, veuillez; *fut.* voudrai) will, want, wish, like; vouloir

bien be willing; je veux bien! with pleasure!; que voulez-vous! what do you expect! what can you do!

voulut *p. def.* vouloir

vous you; vous-même (vous-mêmes) yourself (yourselves)

voyage *m.* trip, travel

voyageur *m.* traveler

voyant *pres. part.* voir

voyons *pres. ind.* voir

vrai true, real

vu *p.p.* voir

vue *f.* view, sight; perdre de vue lose sight

y there, at it, in it, to it, at them, to them; il y a there is (are); il y a deux mois two months ago; il y a deux mois que je suis ici I have been here two months

yeux (*pl. of* œil *m.*) eyes; ouvrir de grands yeux open one's eyes wide, stare in astonishment; les yeux perdus with eyes gazing vacantly

Grammatical Index

Abbreviations: DS Dantès; CE Les Chandeliers de l'évêque; AM L'Attaque du moulin; HA L'Homme qui dormit cent ans.

Date Due

MK			
FEB 16 '84			
NOV 21 '85			